U0583523

本书受国家自然科学基金面上项目"基于农户收入质量的农村信贷约束模拟检验及政策改进研究"（项目编号：71373205）资助。

中国"三农"问题前沿丛书

中国农户创业选择

基于收入质量与信贷约束作用视角

FARM HOUSEHOLD'S ENTREPRENEURIAL

CHOICE IN CHINA

Based on the Impacts of Income Quality and Credit Constraints

彭艳玲　孔　荣　著

社会科学文献出版社
SOCIAL SCIENCES ACADEMIC PRESS (CHINA)

目 录

CONTENTS

第一章

导论

一　研究背景

"三农"问题作为多年来我国中央一号文件关注的重点，是当代中国经济社会发展的难题，也是政府亟待解决的迫切问题，更是社会学、经济学、管理学多学科领域内需综合研究的重要课题。解决"三农"问题的核心是增加农民收入。创业作为加快农业产业结构调整、社会主义新农村建设和城乡一体化建设的有效途径，是解决当前农民增收慢、农村富余劳动力转移、农村社会经济发展动力不足等问题的一把"新钥匙"。党的十七大报告中明确提出，要"实施扩大就业的发展战略，促进以创业带动就业"。2014年夏季达沃斯论坛开幕式上总理李克强提出，"要借改革创新的'东风'，推动中国经济科学发展，在960万平方公里土地上掀起'大众创业''草根创业'新浪潮，形成'万众创业''人人创新'的新态势"。2015年的中央一号文件再次强调"通过促进农民创业增加农民收入"的重要性，并相继颁发了五份鼓励创业的文件支持农民创业，突出了农民创业作为农村经济活力的源泉和促进就业的加速器在经济发展中的重要地位。

作为新常态下经济发展的新引擎，创业发展对我国社会主义新农村建设发挥了重要作用。农民是新农村建设的主体，建设社会主义新农村，急需培养千千万万高素质的新型农民。农民创业的推进，将有利于农民自身社会地位的提升和自我价值的实现、有利于农村劳动力就地就近转移、有利于农村人力资本的提升，为新农村建设注入新鲜血液，有利于社会主义新农村建设的发展。社会主义新农村建设需要农民创业，农民创业也需要新农村这个大舞台。同时，党的十八大报告和十八届三中全会报告中也提出，要"发挥农民积极性、主动性、创造性，构建新型农业经营体系；增加农民财产性收入；推进城乡要素平等交换和公共资源均衡配置，完善城镇化健康发展；让农民平等参与现代化进程，共同分享现代化成果"。这一系列发展要求为改善农户创业环境创造了良好的契机。然而，从当前农村的实际情况分析，大部分农民有意愿有能力想创业，却因为初始创业资金缺乏而无法开展创业活动。资本是农户创业不可或缺的条件，而对于多数个体来说，获得创业的初始资金存在很大的困难，83.4%的农民表示缺乏资金是创业的第一难题（王西玉等，2003）。已有研究发现，农民创业者中从正规金融渠道得到的资金仅占初始投资的10%左右（郝朝艳等，2012）。另外，农民创业者自身能力条件和农村环境的特殊性，使得农村创业发展始终受限。例如，长期以来的城乡二元体制结构将农民束缚在了土地上，限制了其多元化发展，桎梏了他们的创新思想；同时，产业结构演变上，工业的过度扩张掠夺了大量的农业与农村资源，造成了农民财富的迅速下降和城市财富的过度集中，限制了农民的发展。部分研究表明，我国农民创业处于初级阶段，其创业水平不高，但仍有巨大的创业潜力（黄德林等，2007）。然而，长期以来的农村特殊环境对农民创业形成了阻力，限制了农民创业潜力的发挥。环境的差异和农民个体的差异，造成了现有农民创业活动与一般意义上的商业注册或组织创建的创业活动之间的显著差异性。换言之，农村创业之所以有别于一般创业活动，关键在于农村创业者、农村环境的特殊性以及二者交互作用形成的动态能力异质性（吴小立、于伟，2016）和资源稀缺性。农民创业实质上就是在异质环境中，在内外因素的共同影响下，实现机会、资源、创业者能力等不同要素间的变换匹配和动态性平衡的过程（危旭芳、罗必良，2014）。创业是一个动态过程，在该过程中，农村创业者的个体特质主导了创业导向，而能力的低层次、资源的有限性、创业环境的复杂性等跨层次因素进一步对创业行为产生重要影响（蔡敦浩等，2008）。因此，农村创业不仅涉及创业者特质、能力基础，也需要重视要素资源和环境的特殊性以及各层次因素的交互效应在创业过程中的引致作用。但已有的研究多从单因素外部分析，强调一般环境因素对农民创业行为、创业过程、创业绩效的影响（陈浩义等，2014），较少立足于农户本身，剖析其当前创业面临的特殊环境和存在的主要问题，并从创业动态过程角度，研究创业者自身能力与创业外部资源及其交互作用对个体创业行为选择的多维度影响，且已有研究局限于相对简单的对因果关联的探讨，不仅难以诠释农民创业过程中跨层次多因素间的交互作用，而且无法获得关于创业的全面和系统性认识（吴小立、于伟，2016）。

本研究选题正是基于以上研究背景，从农户这一微观层面入手，立足于创业现状与存在的主要问题，在秉承理论与实践、定性分析与定量分析相结合的学术宗旨基础上，试图从收入质量提升和信贷约束缓解两方面分别论证其对农户选择创业与否以及对农户具体创业行业、组织形式、资金来源选择的意愿、行为、一致性影响，同时论证收入质量与信贷约束交互效应对农户选择创业与否和对农户具体创业行业、组织形式、资金来源选择的意愿、行为、一致性影响。其中，对于创业行业、组织形式、资金来源的分析依据计划创业者、在创业者、重新创业者三类农户个体分类展开论证。

二　研究目的与意义

（一）研究目的

"三农"问题的解决应重视农户创业发挥的推动作用，通过创业带动农户增收和改善农村就业。本研究针对我国农村金融市场环境有效性不足、政府引导性不强所导致的农户创业积极性不高、农户自身家庭的收入质量低、资金流动性约束严重等现状，在以往创业研究文献基础上，立足于本次研究选题，通过多地区入户数据调查研究，深入探讨农户创业问题以及收入质量、信贷约束及其交互作用在创业过程中产生的影响，其目的体现在以下几方面。

（1）通过规范性分析，解析农户创业选择机制，构建收入质量、信贷约束对农户创业选择的交互影响理论框架，提出本研究的研究假设，为实证分析奠定理论基础。

（2）运用规范性分析和计量经济分析方法，客观有效评估农户的收入质量和识别农户的信贷约束类型，比较不同农户之间的差异性特征。

（3）运用数理框架剖析不同类型农户的收入质量及其单维度差异，佐证农户收入质量影响农户创业选择的逻辑关系；同时，分析不同类型信贷约束下农户创业选择的差异，实证信贷约束缓解对创业的促进作用，论证信贷约束影响农户创业选择的逻辑关系。

（4）在论证农户收入质量、信贷约束与创业选择的逻辑关系基础上，运用理论框架推导交互作用下的农户创业选择状态，并实证检验收入质量与信贷约束的交互作用对农户创业选择的影响，揭示农户创业选择的外在影响机制与内在决定机制，从而推进农户创业理论范式新发展，为激发农民创业持续性活力和促进创业资源供给提供理论和实践参考。

（二）研究意义

1. 理论意义

首先，基于农户能力和资源及其交互作用研究农民创业，不仅有利于剖析立足于我国农村的农户创业行为的外在影响机制及内在决定性机制，推进农户创业理论范式新发展，而且有助于探索决定农户创业行为的外部环境资源因素、特质能力及其作用机制，对激发农民创业持续性活力和促进创业资源供给具有理论及实践意义。

其次，为丰富创业相关的学术问题提供一定帮助，并能够促进政府积极改善农村创业环境，加大政府对农户创业支持政策的导向力度，充分调动农户的积极性、主动性、创造性，增强农村社会的发展活力，从而实现以创业带动农村就业与增收；为进一步提高农村金融机构对农户及其家庭收入质量的正确认识，完善农户借贷的信用评价体系，加大对农户创业投资的资金支持力度，促进农户创业转换，提高金融资源配置效率，增加农户平等参与市场的机会，激发非公有制经济活力和创造力，改善社会收入分配结构，推动农村社会发展提供一定的理论和政策参考。

最后，为其他相关学科研究提供研究基础。农户创业、收入质量、信贷约束等问题的深入研究，往往牵涉多学科内容的融合和渗透，如社会学、经济学、管理学、金融学、行为科学、心理学、组织行为学等。因此，对我国农户创业、收入质量、信贷约束问题的研究可以为这些学科的研究嵌入新的因素，也可以为诸如收入分配结构调整、农业产业化发展、农村金融资源配置、农村城镇化推进、农民市民化转变等带来有益的学术启发。

2. 现实意义

首先，农户创业是加速农业产业化、农村城镇化发展的有效载体。农户创业首先解决了创业者本人甚至一个家庭或多个家庭的生产和发展问题，增加个人财富的同时也增加社会财富，亦为社会创造更多就业机会。同时，农户无论是在涉农还是在非农行业创业，都会为农村经济发展培育新的增长点，形成很多有特色的专业户、专业村、专业镇，带动整体经济的发展。另外，农户创业能够带动更多的投资转向农村，提高农村经济发展的内生性动力和自我造血功能，为农村经济社会发展添加原动力，也为农业产业化、规模化经营奠定基础。

其次，农户创业是增加农民平等参与市场机会，提高资源配置效率和公平性，促进商品和要素自由流动的重要途径。农户通过投资兴办乡镇企业、农产品加工业、农村与农业产业服务业等实施创业，不仅增加收入，改善经济条件，而且能够发挥"示范带动"效应，吸引和带动更多的个体发挥创造力参与市场促进创业转换活动，从而增加农户参与市场的机会，加快企业家才能、劳动力、资本以及土地等要素的流动，提高市场上商品的流通速度。

再次，农户创业是农村非公有制经济发展的重要体现，鼓励、支持、引导非公有制经济发展，激发非公有制经济活力和创造力是社会主义新农村经济发展的客观要求。农户创业是以农户自主创业、自主经营和自我发展为前提，充分地调动了农户参与市场经济活动的积极性和创造性，标志着农户从封闭的小生产者转向了社会生产的投资者，从自然人转变为理性"经济人"。在个体积极性极大发挥的基础上，更大规模地促进劳动联合和资本联合，拓展了社会所有者形态，使非公有制经济和公有制经济发展有机结合，形成互为补充、共同发展的混合所有制经济，进一步激发了非公有制经济的活力，切合了社会主义新农村经济发展的客观要求。

最后，农户创业是统筹城乡发展、构建和谐社会、拉动经济增长、缩小城乡差距、解决"三农"问题、增加农民收入、解决农村内部深层次矛盾的内在要求。例如，投资兴办乡镇企业、农产品加工业、农村与农业产业服务业所产生的收入效应、消费效应和就业效应，对刺激农村消费、扩大内需和拉动经济增长具有明显的带动作用，同时对促进农村非农产业的发展，消除传统的城乡二元结构、缩小城乡差距、工农差距，推动城乡经济统筹发展发挥了显著的促进作用。

三 国内外研究现状分析与评述

（一）国外研究综述

自 18 世纪理查德·坎蒂伦提出"企业家"（entrepreneur）这

个名词以来，创业研究就吸引了众多学者和研究者的关注与讨论。梳理文献研究发现，关于创业的定义主要围绕"能力""特质""机会""创建"等关键词展开。能力观点认为，创业是成功预测未来的能力（Knight，1921），是正确地预测下一个不完全市场和不均衡现象在何处发生的套利行为和能力（Kirzner，1973）；特质观点认为，创业是首创精神、想象力、灵活性、创造性、乐于理性思考和在变化中发现机会的能力（Bygrave，1989）；机会观点认为，创业就是洞察机会并根据已控制的资源去获取机会（Stevenson et al.，1999），是发现和利用有利可图的机会（Shane and Venkataraman，2000）；创建观点认为，创业是进行新的结合，如开展新业务、建立新组织（Low and MacMillan，1988；Schumpeter，1934），是发起、维持和开展以利润为导向的商业活动（Cole，1968）。虽然许多国外学者从不同的角度对创业进行了定义，但不同学者的侧重面各有差异。Stevenson 等（1989）将创业定义为"创业者在不同组织之间以及组织内识别与实现机会的过程，且该过程与创业者当下所拥有的资源无关"。换言之，创业就是创业者在识别机会的基础上，通过采取一系列行动来突破所面临资源约束的限制，从而实现机会发展和建立新组织目标的一系列过程的集合。该观点获得了很多创业学者的认可。Gartner（1993）亦认为，创业是创业者在组织与环境的综合作用下实现创新、创建新企业的过程。尽管学者对创业概念的界定不一致，但对创业领域的关注凸显出共性。概括来说，现有关于一般创业的文献研究内容主要集中考察创业者特质、创业机会、创业意向、创业绩效、创业决策与风险以及创业环境的影响。但相较于创业一般理论而言，国际上针对农村群体创业的文献研究较少，尽管发达国家中农民创业活动很少，但这些国家的学者对发展中国家的农民创业有所关注和探讨，其内容主要集中在以下三个方面。

（1）农民创业及其影响因素研究

Entwisle 等（2009）从性别差异性角度进行分析，发现性别对创业活动的发生具有重要影响，农村商业活动绝大多数由男性主导。Kaushik 等（2006）认为，农民创业技能、创业态度、受教育程度是影响农民（尤其是农村女性劳动力）创业的主要因素。Papzan 等（2008）指出个性品质和管理能力是影响农民创业的重要因素。Wolf（2007）则从农民创业能力视角提出，个人技能、管理技能、机会识别能力、市场风险预测与控制、危机意识、资金风险化解、创新能力、合作精神、合作技能等是促成农民成功创业的重要品质。Jourunn（2011）对在多功能农业环境下创业展开的研究表明，资源基础和动态能力是影响农民创业的重要因素。Vishalk. Gupta 和 Anne S. York（2008）对法国两个地区的农民进行调查后得出结论，即社会大众的观点和态度对农民创业模式选择有重要影响。Hazel（2010）则对土耳其卡帕多西亚进行研究，发现农村社区环境与农民文化对农民创业行为有综合影响。Gabriel（2012）研究了罗马尼亚社会与经济变迁下，经济目标及其与传统文化的交互作用对农民创业行为的重要影响。

（2）农民创业与经济发展的关系研究

Ma（2002）从人力资本角度研究农民创业，认为发展中国家劳动力的回流促进了农村经济社会的发展。Hennon（2008）指出，农村创业策略的实施，一方面，可以促进农村非农产业发展，使农村经济走向多元化发展道路；另一方面，还能保证农民的身份得以保留，不受到影响。Mohapara 和 Rozlle（2007）在研究中国农民自我雇佣行为对农民创业和农村经济发展的影响中得出结论：中国农民的自我雇佣行为呈不断增长趋势，大多数农民的自我雇佣行为都是有效率的；农民的自我雇佣行为在一定程度上促进了中国农民创业的发展，农民自我雇佣行为对农村经济增长具有正向影响。农民创业促进传统农村经济转型，挖掘了当地农民潜能，提供了就业机会（Fortunato，2014）。

（3）农民创业与金融资源的关系研究

Sarah 和 Anderso（2002）认为，农民创业实质上是创业者嵌入当地社会结构中，利用和开发环境中现有资源，识别与创造机会的过程。Blanchflower 和 Oswald（1998）利用 NCDS（National Child Development Study）、BSA（British Social Attitudes）等数据进行分析，发现外部资金获取对农民创业至关重要，例如，大量的财产继承可以帮助个体获得初始资本，而对于大多数小农经济中的农民来说，大量财产的继承似乎不太可能，然而如果能够通过外部环境条件获得资金援助，作为创业初始资本，则会有很多的农村创业活动发生。另有学者指出，微观信贷支持和外部政策环境等因素与农民成功创业息息相关（Afrin et al.，2008；Radiah et al.，2009）。

（二）国内研究综述

从 20 世纪 80 年代起，农民创业研究开始引起国内学术界的关注，随着"三农"问题日渐突出，农民创业研究迅速成为学界和政界研究的热点和焦点。农民创业领域的研究成果层出不穷，总体来说，国内学者关于农民创业的研究主要集中在以下三个方面。

（1）农民创业及其影响因素研究

对于农民创业的关注主要集中在创业动机、创业意愿、创业行为、创业绩效及其影响因素。一是关于农民创业动机研究。根据麦克利兰的动机需求理论，个人创业动机主要来源于个人成就与权利需要，也正因为内部需求推动力引发了多数自发的创业行为。穷则思变是农民创业的原动力（黄中伟，2004）。具体而言，生存需要是农民创业的主要动机，自我实现和发展是农民创业的重要动机，解决就业是农民创业的动机之一（罗明忠等，2012）。郭军盈（2006）的微观调查显示，73.6% 的农民创业是为了改善生活条件、增加收入，26.4% 的农民创业是为了发展。二是关于农民创业意愿及其影响因素研究。当前，中国农民拥有丰富的创业经验和强烈的创业愿望，蕴藏着巨大的创业潜能（朱明芬，2010），农民创业意愿较高（彭艳玲等，2013），经济欠发达地区的农民比发达地区的农民更具创业意愿（钟王黎和郭红东，2010）。

微观调查研究显示，文化程度、打工经历、生活现状满意度、家庭人口数、家庭劳动力数量、家庭年收入、地区以及亲朋好友中创业人数（王黎和郭红东，2010）、个人信仰、生产积极性（谭宇等，2010）、从业资格、技能获取、风险态度（石智雷等，2013）、技能培训、管理能力、亲友借贷、金融借贷、自然资源的可获取性、创业动机和对待风险的态度（刘唐宇，2010）等因素是影响农民创业意愿的主要因素。此外，蒋剑勇和郭红东（2012）的研究表明，创业环境氛围中家人、亲戚或朋友中有成功创业者将增强农民的创业意向，创业者感知到来自周围环境中的强关系支持有利于增强农民创业可行的信心，提升其创业意向。三是关于农民创业行为及其影响因素研究。梳理创业行为研究文献发现，绝大多数创业行为研究中，创业行为直接表现为创业者选择是否创业（例如，崔萌，2010；石婷婷等，2015；韦吉飞等，2008；朱明芬，2010）。作为创业行为发生发展的决定性环节，合适的创业行业、创业组织形式、资金渠道选择对创业者实现更好的创业绩效有重要的意义与实践价值。行业选择作为企业的发展目标和方向，决定了企业生产经营中人财物等要素的投向，以及产供销等企业行为的组织与实施，行业选择正确与否对创业的成败发挥着举足轻重的作用（池仁勇和梁靓，2010）；创业组织形式的差异决定创业者资源整合与资源配置方式的不同，进而影响创业绩效（罗明忠和陈江华，2016）；个体获取资金的渠道与农户投资之间高度正相关，相关系数为 0.7（张新民，2001）。李嘉等（2010）的研究表明，企业家的背景、特质、网络及创业资本对企业家在初创期的行业进入决策过程具有至关重要的作用（李嘉等，2010），父辈的社会资本及其周围环境对农民创业行业选择具有显著影响（罗明忠等，2013）。其他研究显示，上一代农民创业者的人力资本状况与其创业组织形式选择之间显著相关（罗明忠和黄莎莎，2014），农民创业者的家庭总收入、是否参加专业技术协会、所在镇在本县的经济发展水平、个人在银行的贷款余额、创业地点在本村对农民创业者选择独立创业组织形式的影响显著为正（罗明忠和陈江华，2016）。关于农民创业行为影响因素的研究表明，个体因素和外部环境因素是最主要的影响因素（王国华，2009），其中外部因素对农民创业行为的影响最大（朱明芬，2010）。部分学者指出，外部环境中的金融环境、技术环境、社会环境、制度环境对创业均有影响（邓俊淼，2010；朱红根等，2010）。此外，近些年部分学者对创业行为影响因素的关注，由单一因素影响逐渐转向了多因素综合影响，从而可以获得关于我国农民创业行为的外在影响机制与内在决定性机制更为全面完整的认识（吴小立和丁伟，2016）。例如，将资源嵌套在社会网络中和嵌入特定的环境分析中，通过考虑个体特殊资源和环境的异质性，分析社会网络对创业行为的影响。张玉利等（2008）的研究表明，创业者拥有广泛的社会交往面、多元化的交往对象、高层次社会关系对创业者发现创业新机会具有显著的影响。蒋剑勇等（2013）将农民创业者嵌入社会网络进行分析发现，社会网络规模影响创业资源获取效果以及物质资源和信息资源的获取，关系强度影响资源获取效率以及物质资源的获取，进而影响其创业绩效。四是关于农民创业绩效及其影响因素研究。已有研究表明，政府支持力度和贷款难易度（张应良和汤莉，2013）、农民综合创业能力（蔡莉等，2014；谢雅萍和黄美娇，2016；余长春和黄蕾，2008；周菁华和谢洲，2012）、商业网络嵌套（黄洁等，2010）是影响农民创业绩效的重要因素；而基于可持续生计框架的自然资本、心理资本、人力资本、社会资本、物质资本、金融资本六维度创业资本体系对创业绩效的影响机制论证显示，创业者创业自我效能感、创业乐观态度、家庭劳动力数量、与信用社的信用关系、购买交通工具支出、家庭经营性收入、区域内正规金融机构数目显著正向影响创业绩效（苏岚岚等，2016）。此外，金迪和蒋剑勇（2014）基于农民创业过程将创业者嵌入社会网络进行分析发现，创业者在创业过程中个人网络和商业网络获取所需的信息、知识以及物质资源对建立新企业并取得良好绩效产生显著影响。郭军盈（2006）认为，在一定的社会文化和政治氛围下，体制因素和外部环境因素影响农民的创业机会，农民自身素质则决定农民的创业能力，这三方面因素又互相影响，共同作用于农民创业行为与绩效。

（2）农民创业与收入的关系研究

创业是经济发展的新增长极，农民创业是全民创业的重点（焦晓波和关璞，2012）。东、中部农民创业活跃度对农民收入具有显著促进作用（古家军和谢凤华，2012）。就农村而言，新形势下农民创业对推动和加速农村经济发展、转型与升级，解决农民就业难问题，促进农民持续增收等方面起着关键的作用。已有研究发现，农民增收的关键在于农民的自我创业（温锐，2004），高静和张应良（2013）基于分工理论视角证实，农民创业能够有效促进农业分工的演进，交易效率也正向促进农村分工，但其作用较弱；创业对农户增收、农业生产率提高的贡献较大。韦吉飞（2010）的研究显示，农民创业对农村经济增长具有显著的拉动效应，对增加农民收入亦存在重要积极影响。

（3）农民创业与信贷约束的关系研究

金融资源是家庭创业的重要因素，金融资源获取与创业发生概率之间显著正相关（韦吉飞等，2008），且对提升家庭创业水平具有重要影响（马光荣和杨恩艳，2011；卢亚娟等，2014）。郝朝艳等（2012）的研究显示，金融约束的多少对农户选择是否创业行为产生显著作用，其中资产水平越高，选择创业的概率越高。翁辰和张兵（2015）采用工具变量的条件混合过程估计法分析，结果表明信贷约束对农村家庭创业选择产生显著的负向影响。也有学者发现，信贷约束的多少并不会直接影响农户选择是否创业，但对农户创业过程中的资源配置结构和创业的层次及水平产生影响（程郁和罗丹，2009）。因此，学者们对信贷约束的多少与农户选择创业与否的关系并未形成定论。然而，在对信贷约束和创业选择进行分类分析时，学者们论证的结果则一致表明，金融资源获取受限制对农户选择创业存在抑制作用。例如，刘杰和郑风田（2011）在对流动性约束进行分类的基础上研究其对农户选择是否创业与具体创业类型的影响发现，流动性约束对我国农民选择是否创业以及选择何种创业类型具有显著的、一致的阻碍作用，且仅有来自正规金融部门的流动性约束会对农户是否选择创业和创业类型产生抑制作用，而来自非正规金融部门的流动性约束则不会对农户创业行为产生抑制作用。彭艳玲等（2016）在农户创业选择进行"不创业""计划创业""继续创业""终止创业""重新创业"的分类基础上进一步证明，流动性约束缓解对"在创业"促进作用最显著。邓道才和唐凯旋（2015）的研究表明，信贷排斥负向影响农民创业选择，且农民本身的资源异质性同样与创业行为存在显著相关性。

（三）国内外研究现状评述

从以上论述可以看出，国内外学者从不同视角研究了农民创业的相关问题，其丰富的成果为本选题研究提供了重要参考依据，但以下几方面还有待进一步深化研究。

第一，农户创业研究目前仍处于发展阶段，现有文献对农村创业的研究不够深入和不全面，比较分散，缺乏系统性的研究方法和逻辑框架。

第二，已有研究深入分析了农民创业动机、意愿、行为及绩效的一般个体特征和环境因素，并取得了许多有参考价值和理论意义的成果。然而，创业是非常复杂的行为过程，行业选择和组织形式选择行为作为创业行为发生的关键环节，是决定创业成败的重要因素，而现有研究中对行业与组织选择的重视不足，针对不同创业状态下农民个体展开深入系统性分类分析其行业选择、组织形式选择及其影响因素的文献研究更是凤毛麟角。

第三，大量研究证实，信贷约束显著抑制了农民创业行为的发生。已有关于信贷约束在创业过程中重要作用的关注，仅局限于其对是否选择创业的影响，而忽视了信贷约束对创业行业、创业组织形式、资金来源选择的影响。合适的创业行业和创业组织形式对创业者实现更好的创业绩效有重要的意义与实践价值，深入剖析信贷约束对农民创业行业、创业组织形式选择的影响有助于全面认识农民创业行为的外在影响机制。

第四，收入数量作为绩效的直接考量指标，在以往的创业研究中均作为创业行为目的或效果来进一步分析其影响因素，却忽视了收入本身的财富效应属性。许多研究证实，初始财富数量与创业率之间呈正相关，财富积累越多的群体越容易创业。然而，收入作为初始财富的重要组成部分，也是影响个体创业行为的直接因素，却并未引起学者们的重视。仅有个别研究（罗明忠和陈江华，2016）将家庭总收入作为影响创业组织和资金来源渠道选择行为的因素进行考虑，并证实家庭总收入对个体选择独立创业组织形式具有正向影响，而不同收入水平对农户选择借款渠道有一定影响，具体表现为农户家庭是否拥有存款对农户的正规渠道信贷行为存在显著正向影响（秦建群等，2011；朱守银等，2003）。另外，以往研究中对收入的重视更多表现为对"数量"的关注，而忽视了收入本身的"质量"属性。以往研究证实，农民收入水平不仅与收入绝对数量相关，与收入质量水平亦存在内在联结关系，同时也证实了收入质量对农户投资和消费等经济行为具有重要影响（邓锴和孔荣，2016；孔荣和王欣，2013；王欣和孔荣，2014）。本研究从收入质量角度针对不同农户个体深入剖析其对农户创业选择意愿、选择行为的作用方向及大小，以期完善现有农户创业研究理论。

第五，农村创业之所以有别于一般创业活动，关键在于农村创业者、农村环境的特殊性以及二者交互作用形成的动态能力异质性，正是该异质性造成农户比一般创业者面临更加艰难和复杂的外部环境，也因此致使不同区域内的不同创业个体在面对有限的资源和能力的情形下，表现出差异化创业选择意愿和行为，而现有对不同区域、不同类型的创业个体进行针对性分类分析研究的文献相对较少，且绝大多数得出的结论未考虑关键因素之间的跨层次互动影响，以及对不同创业选择的影响。而对于多因素之间互动作用的考察，可以深入探索决定农民创业行为的外部环境因素、内生特质能力及其作用机制，为农民创业研究提供更具全面意义的阐释。

四 研究思路和方法

（一）研究思路

本研究基于现有国内外研究现状，从农户这一微观层面着手，首先界定农户、创业、农户创业、农户创业选择、农户收入质量以及信贷约束的含义，分析农户创业选择的发生过程及其与收入质量、信贷约束交互作用机制，并深入剖析目前我国农户创业的现状、特征以及存在的主要问题，同时从理论上对我国农户创业选择类型进行分类，在秉承理论与实践、定性分析与定量分析相结合的学术宗旨基础上，对衡量农户经济活动参与能力——收入质量进行客观科学合理测度和农户金融资源是否受限——信贷约束变量进行识别分类，然后分别考察和论证农户收入质量与信贷约束对农村中不同的农户群体是否创业、创业行业选择、组织形式选择、资金来源选择的作用方向及其程度，并检验两者交互作用对不同农户群体是否创业、创业行业选择、组织形式选择、资金来源选择的影响，以期揭示决定农民创业行为的外部资源因素、能力及其交互作用机制，从而为推进农民创业理论范式的新发展，规范、引导农民创业，培育农民创业者，创新农民创业模式，促进农民创业发展和激发农民创业持续性活力提供参考依据。

本研究的具体思路如图 1-1 所示。

（二）研究方法

（1）在对我国农户创业选择发生过程中交互作用机制、创业现状进行规范分析的基础上，注重典型样本的调查分析和数据处理，努力做到以虚带实，实中见经。

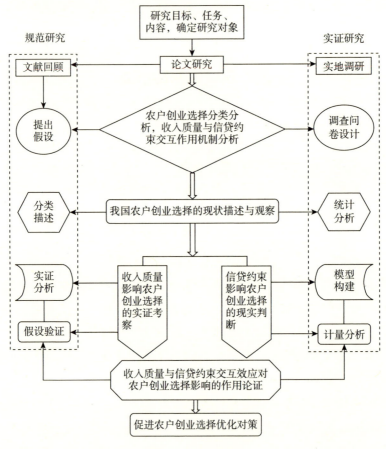

图 1-1　技术路线

（2）结合层次分析法（AHP）和熵值法对收入质量进行主客观综合赋权分析。

AHP 在 20 世纪 70 年代中期由美国运筹学家托马斯·塞蒂（T. L. Satty）正式提出。它是一种定性和定量相结合、系统化、层次化的分析方法。采用 AHP 对农户收入质量指数评估体系确权的具体步骤如下。一是构造判断矩阵。塞蒂指出，通过同一层次因素两两相互比较，采用相对尺度，形成一致矩阵，可减少性质不同因素相互比较的困难，提高准确度。本研究设定同一层次的两个因素 i，j 相对权重值为 a_{ij}，元素的数量设为 n，则判断矩阵为 $B = (a_{ij})_{n \times n}$，其中 a_{ij} 的判定值量化标准采用 1～9 标度进行赋值。本研究聘请了经济学和管理学领域专家，根据其研究经验对同一层次中第 i 元素相对于第 j 元素的重要性进行综合评定。二是计算权重并进行一致性检验。本研究中，采用几何平均法对判断矩阵权重进行计算，并对其一致性进行检验。若判断矩阵 B 具有完全一致性，则其最大特征根 $\lambda_{max} = n$，但在实际中，由于客观事物的复杂性和个人认识的多样性，由专家填写的判断矩阵很难满足完全一致性。因此，需要计算随机一致性比率值对判断矩阵进行检验，满足相对一致性即可。一致性比率值计算为：$CR = CI/RI$。[①] 当 $CR < 0.1$ 时，认为判断矩阵 B 的一致程度可以接受；当 $CR \geq 0.1$ 时，则认为判断矩阵 B 的一致程度不可以接受，需要对矩阵中第 i 元素相对于第 j 元素的重要性进行调整，直到满足 $CR < 0.1$ 的标准为止。

熵值法由 Clausius 于 1865 年在其著作《力学的热理论》中提出。通过对信息熵值大小反映高低来确定权重。信息熵值越小，该指标提供的信息量就越大，在综合评价中所起的作用就越大。其具体计算步骤如下。

一是数据无量纲化处理。本研究采用极差值法对所有农户质量三级指标值进行无量纲化处理，将指标值转化为集中在 0 至 1，并进行平移处理。在无量纲化处理过程中，需要注意正指标和逆指标的区分，其极差值法公式如下：

$$正指标：x_{ij}^* = \frac{x_{ij} - \min_j}{\max_j - \min_j} \tag{1-1}$$

$$逆指标：x_{ij}^* = \frac{\max_j - x_{ij}}{\max_j - \min_j} \tag{1-2}$$

式中，x_{ij} 表示农户 i 在第 j 项上的收入质量三级指标数值（$i = 1$，

---

① 其中 $CI = (\lambda_{max} - n)/(n-1)$，为判断矩阵一致性指标；$RI$ 为平均随机一致性指标，其具体计算为：对于固定的 n，随机构造成对比较矩阵 B，其中 a_{ij} 是从 1，2，3，…，9 和 1/2，1/3，…，1/9 中随机抽取的。这样形成的 B 是不一致的，取充分大的子样得到 B 的最大特征值的平均值，即为 RI，其只与矩阵的阶数 n 有关。

2, 3, $\cdots$, n; $j = 1$, 2, 3, $\cdots$, m), x_{ij}^{*} 表示无量纲化处理后的指标值, $\max_j$ 和 $\min_j$ 分别表示第 j 个指标中的极大值和极小值。

二是计算各指标的比重:

$$r_{ij} = \frac{x_{ij}^{*}}{\sum\limits_{i=1}^{n} x_{ij}^{*}} \qquad (1-3)$$

式中, r_{ij} 表示 x_{ij}^{*} 在所有样本同一指标量纲化值之后数值中所占比重。

三是计算第 j 项指标的熵值:

$$H_j = -k \sum_{n=1}^{n} r_{ij} \ln r_{ij} \qquad (1-4)$$

其中, $k = \dfrac{1}{\ln n} > 0$, $H_j \geqslant 0$。

四是计算第 j 项指标的信息效用值:

对于第 j 项指标, 各样本指标值的信息效用值越大, 对样本评价作用越大, 熵值则越小。因此, 信息效用值为:

$$g_j = 1 - H_j \qquad (1-5)$$

五是计算指标权重:

$$w_j = \frac{g_j}{\sum\limits_{j=1}^{m} g_j} \qquad (1-6)$$

式中, $0 \leqslant w_j \leqslant 1$, 且 $\sum\limits_{j=1}^{m} w_j = 1$。

（3）用多元 Logistic 来分别估计收入质量与信贷约束对农户创业选择的影响。

本研究采用多元 Logistic 来分别估计收入质量与信贷约束对不同类型农户创业选择产生的影响。给定农户创业选择类型共有 $(J+1)$ 项, 设定一个 Logistic 模型估计农户收入质量或信贷约束影响第 i 个农户属于第 j 种类型创业农户的概率 P_{ij}。如果第 $(J+1)$ 个随机误差项互不相关, 可得:

$$\mathrm{Prob}(Y_j = j) = \frac{e^{\beta_j X_i}}{1 + \sum\limits_{s=0}^{J} e^{\beta_j X_i}}, i = 1, 2, \cdots, N; j = 1, 2, \cdots, J \qquad (1-7)$$

其中，N 是样本容量，J 是农户创业选择类型（行业选择、组织形式选择、资金来源选择），X_i 是影响农户创业选择的外生变量。为了进一步测度解释变量的具体影响程度，本研究计算各变量的边际效应 η，公式如下：

$$\eta_k = \hat{\beta}_k \exp(\hat{\beta}_0 + Z\hat{\beta}) / [1 + \exp(\hat{\beta}_0 + Z\hat{\beta})]^2 \qquad (1-8)$$

式中，$\hat{\beta}_k$ 为第 k 解释变量的回归系数。从式（1-8）中可知，任何一个解释变量的边际效应同样取决于所有解释变量的取值。

（4）用 Probit 模型和 IV-Probit 模型分析收入质量、信贷约束与农户是否选择创业之间的内生性关系以及具体选择行为之间的关系。

本研究论证收入质量和信贷约束与农户是否创业的关系，以及对农户创业行业选择、组织形式选择、资金来源选择行为的影响采用了 Probit 模型和 IV-Probit 模型进行对比分析，以判别不同的关系（外生性关系、内生性关系），同时采用了 Probit 模型对收入质量和信贷约束影响计划创业者创业行业选择、组织形式选择、资金来源选择一致性进行了分析。例如，收入质量与创业关系论证的 IV-Probit 模型如下：

$$\mathrm{Prob}(Entre = 1) = F(G) = \int_{-\infty}^{G} f(v)\,dv \qquad (1-9)$$

$$G = \alpha + \beta X + \gamma IQI^* \qquad (1-10)$$

$$IQI^* = a + b \cdot IQIIV + \varepsilon \qquad (1-11)$$

式（1-9）和式（1-10）是农户创业与否的概率选择模型，其中 $Entre = 1$，表示农户创业，受到因素 G 的影响。式（1-11）是农户收入质量的工具变量方程式。

（5）在对收入质量与信贷约束交互影响判断和检验过程中，分别采用了分组回归和层级回归分析方法。

（6）在对我国不同地区农户收入质量和信贷约束进行比较分

析的基础上，根据不同农户个体分析收入质量、信贷约束及其交互作用对我国农户创业选择产生的影响。

五　研究创新及不足之处

（一）研究创新之处

本研究的可能创新之处有以下几个方面。

（1）本研究基于阿马蒂亚·森的可行能力视角，界定了农户收入质量内涵，构建了包括收入的充足性、收入的结构性、收入的成长性、收入的成本性、收入的知识性5个一级指标，10个二级指标，24个三级指标的客观评价指标体系，并采用熵值法和层次分析法综合测算了收入质量指标体系权重。

（2）本研究从创业过程视角出发，按照农户创业选择状态，将其划分为"不创业""计划创业""继续创业""终止创业""重新创业"五种不同类型，在此基础上按照"计划创业农户""在创业农户""重新创业农户"分类对创业行业、组织形式、资金来源选择进行了系统性分类分析。

（3）本研究尝试从收入质量、信贷约束及其交互影响视角分析农户创业选择，阐释收入质量、信贷约束及其交互效应影响农户创业选择的内在关联性，并实证其作用程度。

（4）本研究在论证收入质量、信贷约束对农户选择创业的影响分析上，一是尝试性地引入同村农户收入质量平均值作为收入质量的工具变量，论证收入质量与选择创业之间的内生性关系；二是尝试性地引入与最近金融机构的距离、与信用社的信用关系紧密程度两个变量作为信贷约束的工具变量，论证信贷约束与选择创业之间的内生性关系。

（5）本研究探索性地论证了收入质量与信贷约束交互效应对农户选择创业及其创业具体选择的影响，并按照计划创业者、在创业者、重新计划创业者逐一检验了交互作用对创业行业、组织形式、资金来源的选择意愿、行为以及一致性的影响。

（二）研究不足之处

（1）研究范围存在局限性。本研究目前仅限于陕西、甘肃、河南、山东四个省份，如果研究的范围扩大，是否会产生新的结论，目前结论是否依然成立，有待进一步论证。

（2）本研究中涉及的实证方法较多，但理论论证偏少，有待进一步完善。

第二章

农户创业选择研究基础

一　核心概念界定

（一）农户创业

创业（Entrepreneurship）是一个过程化概念。创业现象复杂多变，涉及多个视角（Gartner，1985），因此关于"创业"的概念也是仁者见仁、智者见智，至今尚未形成共识。梳理文献研究发现，关于创业的定义主要围绕"能力""特质""机会""创建"等关键词展开。能力观点认为，创业就是成功预测未来的能力（Knight，1921），是正确地预测下一个不完全市场和不均衡现象在何处发生的套利行为和能力（Kirzner，1973）；特质观点认为，创业是首创精神、想象力、灵活性、创造性、乐于理性思考和在变化中发现机会的能力（Bygrave，1989）；机会观点认为，创业就是洞察机会并根据已控制的资源去获取机会（Stevenson et al.，1999），是发现和利用有利可图的机会（Shane and Venkataraman，2000）；创建观点认为，创业是进行新的结合，如开展新业务、建立新组织（Low and MacMillan，1988；Schumpeter，1934），是发起、维持和开展以利润为导向的商业活动（Cole，1968）。许多国外学者从不同的角度对创业进行了定义，不同学者的侧重面各有差异。Stevenson 等（1989）将创业定义为"创业者在不同组织之间以及组织内识别与实现机会的过程，且该过程与创业者当下所拥有的资源无关"，换句话说，创业就是创业者在识别机会的基础上，通过采取一系列行动来突破资源约束的限制，从而实现机会发展和建立新组织目标的这一系列过程的集合。该观点获得了很多创业学者的认可。Gartner（1993）亦认为，创业是创业者在组织与环境的综合作用下实现创新、创建新企业的过程。

国内学者在已有创业研究基础上也尝试着对创业的定义进行了界定，例如学者郁义鸿（2000）指出，创业是一个发现和捕捉机会并由此创造出新颖的产品或服务和实现其潜在价值的过程。学者宋克勤（2002）认为，创业是创业者通过发现和识别商业机会、组织各种资源提供产品和服务以创造价值的过程，该过程包含创业者、商业机会、组织和资源等关键要素。郭军盈（2006）在对创业的基本特征进行分析的基础上，将创业定义为依赖一定的组织形式，通过资本投入，开创一项新的事业并实现价值创造的过程。基于以上文献的梳理，本研究认为，创业不一定是要开创一项新的事业，只要是在原有经济活动基础上实现了改进，并利用该项改进去实现价值的过程，都属于创业。因此，本研究结合已有学者们对创业的界定，将创业定义为：创业者依赖一定的组织形式，进行识别机会、组织和利用资源，实现价值创造的过程。

要对农户创业进行界定，首先必须明晰什么是农户？农户存在哪些特征？农户是人类进入农业社会以来最基本的经济组织（尤小文，1999）。与农户联系紧密的几个关键名词是"户""家庭""农民""家庭农场""个体农户"。户是指共居一室，参与共同经济活动，有共同预算的社会组织（胡豹，2007）。与"户"不完全一致的是"家庭"，家庭强调父母与子女直系亲缘的社会学关系，而户比家庭的范围更宽泛，既包含了家的范畴，有时还包含了一些存在血缘关系的非直系亲属。"农民"，在区域划分上，是指居住在农村的居民，与城市居民相对应；在职业划分上，是指以从事农业生产为主的劳动者。狭义上，农民是指主要从事农业生产的农户，而在当今的市场经济中农民早已不再是简单地从事传统农业生产的小生产者，农户参与市场经济活动，既是生产者又是消费者，是从事广义农业生产的经济组织。换言之，农户作为最基本的决策单位是农村的主要经营主体，参与到市场经济活动中。需要指出的是，农村经营体制改革的最大成就是农户成为经营主体（胡豹，2007）。"家庭农场"是社会化大生产的组织形式，"个体农户"是小生产、规模小、专业化和社会化程度低、收益最大化动机弱、经营比较封闭、自给自足程度高的农民家庭（尤小文，1999）。例如，弗兰克·艾利思（2006）指出，农民只是部分参与不完全的市场，而家庭农场是完全融入完善的市场。陈华山（1996）认为美国最早的家庭农场近似中国的个体农户，"农场"的概念通常比"农户"的概念在经营规模上要大，但这种规模大小也随时间变迁和农业生产力的发展而发生变化。基于以上相关概念辨析，本研究认为，"农户"适用于研究以家庭作为基本决策单位的市场经济活动参与组织。本研究中所研究的创业，是一种市场经济活动的参与行为，需要整个家庭共同参与决策，该行为对全部家庭成员均有较大的影响。因此，本研究认为，对创业的研究更应该以户为单位。基于此，"农户创业"是指农户依赖一定的组织形式，进行识别机会、组织和利用资源，实现价值创造的过程，其包含对生产经营活动的创新与改进。

关于农户创业范畴的界定，以往对创业的研究范畴局限在城市居民家庭，因此将创业界定为创办企业组织或实现自就业以与以往的工资性工作相区别（Cagetti and De Nardi, 2006；Evans and Jovanovic, 1989；Holtz-Eakin et al., 1994；Hurst and Lusardi, 2004）。因而，部分学者对农户创业的界定，也根据城市居民的创业特性，认为农户创业仅仅是指非农经营活动（Paulson and Townsend, 2004）。然而，与城市居民存在差异的是，农户本身就是一种自我就业的群体，但这种就业并非都是非农经营活动。随后郭军盈（2006）进一步指出，农户依赖家庭及其相关亲属关系形成的非正式组织或创建的新的组织，并对该组织投入一定的生产资本，扩大原有生产规模，或者展开新的经营活动，这些都算是创业。换句话说，该范畴界定认为在农业经营领域，扩大农业生产规模或改变生产经营方式，只要形成一定规模，就可被认定为农户创业（张海洋和袁雁静，2011）。该界定有助于我们认识当前的农村创业活动；然而，这一范畴并未充分展现农村现有经营活动，且与传统的小农之间的区分仍旧模糊。创业，本质上是一种职业转换行为过程，是通过个体或一个群体的投入来提供新的产品或服务，从而实现创造经济价值的过程。换言之，农户个体无论是在农业经营领域，还是在非农经营领域内实现职业转换，并且通过此职业转换行为创造了价值的过程都算是创业，但主体一定是农户个体。本研究中，广义上的农户创业为创办了家业和创办了事业的群体性活动，主要包括：传统农业的规模化经营、新技术应用、新产品推广、开展新业务、建立新组织等。具体分为三大类。

（1）农户种养业：包括种植业、养殖业、林业和渔业，既有传统农业产业的规模化经营，也有对传统农业改造形成的新兴产业。具体农户种养业创业界定范围如下：

①粮食、油料、棉花、糖料种植播种面积 15 亩及以上；

②蔬菜、水果（干果）、花卉、苗木、茶叶、中药材种植 5 亩及以上；

③养猪年出栏 30 头及以上，仔猪 100 头及以上；

④养肉牛 10 头及以上，年出栏 3 头及以上，养肉羊 50 只及以上，年出栏 50 只及以上，养奶牛 10 头及以上，养兔 200 只及以上；

⑤养肉鸡年出栏 100 只及以上，养肉鸭年出栏 100 只及以上，养肉鹅年出栏 100 只及以上，养蛋鸭、蛋鸡 100 只及以上；

⑥家庭拥有林地面积 5 亩及以上；

⑦养殖海产品、水产品年盈利 3 万元及以上。

（2）农户创办企业：创办企业、商业流通和三产服务等。该类界定范围为创办企业、商业流通、三产服务的年盈利在 3 万元及以上，涵盖的形式具体为私营企业、加工作坊（如木匠、篾匠、弹棉花、豆制品加工)、流动服务 (如缝纫、泥瓦匠、油漆匠、运输等)。

(3) 农户创办合作社:创办农民合作经济组织和专业协会 (营利性) 等。界定范围为农民合作经济组织能够带动 10 户及以上者,专业协会为 10 户及以上农户加入者,技术服务中心/农资经销代理 3 人及以上。

(二) 农户创业选择

选择,《说文》中,选,一曰择也。译为抉择、选取,其可以用来指抉择的指定过程 (动词)、被抉择的指定对象 (名词),以及抉择之后的结果,即选取、选项、决定。该词广泛见于经济学、社会学、行为科学、医学、化学、生物学等研究领域,以 1949 年为起点,以 "选择" 为篇名,在 CSSCI 范围内进行检索,发现有 25455 条记录以该词作为文章篇名中的核心词,可见该词的重要性与普遍适用性。与 "选择" 联系紧密的另一个关键词是 "决策",其包含两个方面:一是 "决",即确定做还是不做;二是 "策",即明确用什么方法和工具实施。换言之,决策是指做出采用具体的工具和方法以达成具体目标的难以逆转的决定。它是一种日常生活中普遍的行为,也是组织管理过程中的重要环节。概括来说,决策是为了实现特定的目标,根据客观的可能性,在占有一定信息和经验的基础上,借助一定的工具、技巧和方法,对影响目标实现的诸因素进行分析、计算和判断选优后,对未来行动做出决定。换言之,决策是一种更为系统性和理性的判断行为过程,并因此形成了以 "决策" 为对象的决策学综合性学科,主要研究决策原理、决策程序、决策方法,探索如何做出正确决策的规律。由此可知, "选择" 只是 "决策" 中的一个环节,在做出选择之前,需要进行大量的信息搜索和分析;而 "决策" 包含的外延更宽。

创业包含一个复杂的决策系统,该系统由很多的具体抉择组成,如选择创业与否、创业机会来源选择、地域选择、行业选择、经营方式选择、组织形式选择、规模选择、组织成员选择、资金来源选择等。其中，选择创业与否是创业行为发生的起点，而对于创业行业、组织形式、资金来源的抉择则是创业行为发生的基本要素构成。企业组织形式体现的是一个经济组织的财产构成、内部分工协作与外部社会经济联系的方式（盛立中，2015），组织特征决定创业者的资源整合与资源配置方式，创业组织形式的选择与农民创业者获取资源、提高创业绩效息息相关（罗明忠和陈江华，2016），创业组织形式的选择影响到农民创业的成功率和创业收益（王阿娜，2010）。创业者的行业选择是创业成功与发展的重要基础之一（池仁勇和梁靓，2010）。以往关于创业选择的研究，主要界定为选择创业与否（例如，崔萌，2010；石婷婷等，2015；韦吉飞等，2008；朱明芬，2010），然而，从创业过程来看，创业行为应包括机会识别行为、资源获取行为、具体创业行为（例如，选择是否创业、地点选择、组织选择、行业选择、资金来源选择等）、创业行为演化过程（吴小立和丁伟，2016）。本研究中的农户创业选择包含两个层面：一是选择创业与否；二是对于创业农户其创业行业、组织形式、资金来源的抉择。换言之，本研究中的创业选择包含两层分析，首先是个体抉择是否成为创业者。其次是对于计划抉择成为创业者的群体，考察其未来创业过程中预期的行业、组织形式、资金来源的抉择意愿；对于正在创业的群体，考察其当前创业行为中行业、组织形式、资金来源的抉择形式；对于重新计划创业的群体，考察其在曾经的创业行为中行业、组织形式、资金来源的抉择结果和未来计划创业中行业、组织形式、资金来源的抉择意愿的一致性。

（三）农户收入质量

收入，古书《礼记·王制》中记载"农夫皆受田於公，曰肥墩，有五等，收入不同也"，即为收获。"收获"既包含了"收取"的动态过程，也反映了"获得"的静态结果。事实上，无论是收入获取过程还是结果均包含了质态的属性，即收入具有质量性。该质量属性表现在两方面：一是收入获取活动过程的方法与途径，二是收入获取结果的规模与效果。然而，现实生活中，功利主义导向致使人们过度强调收入结果的数量属性，而忽略了收入获取过程中的方法、途径及其效果的质量属性，造成社会各界对收入及其相关问题如个人福利、社会不平等、贫困等社会现象的解析，一直停留于收入的数量属性层面。

总览关于收入的研究文献，作为日常活动所形成的经济结果的客观反映，收入的影响贯穿了个体、区域、经济、社会等各个层面。在宏观层面，收入是用来度量经济增长的标尺（Croes，2012）；在中观层面，收入差距影响区域间的协调发展和经济的长期可持续发展（欧阳志刚，2014）；在微观层面，收入是决定个体消费行为的最主要变量（张秋惠和刘金星，2010），也是替代效用测算个人福利的重要指标。换言之，收入与整个社会经济发展息息相关。随着量化收入的广泛应用，现有研究中从收入数量上对经济问题解析所带来的局限性，也逐渐引起了更多学者的关注。部分学者对以收入数量为度量标尺的贫困问题的研究发现，收入只能反映人类贫困问题的一个方面，而不能充分反映收入之外其他维度的贫困（Fisher，1992）；同时，解决个体收入数量的平等，并不能全面地反映社会的平等与不平等问题（周文文，2005）。因为预期的收入水平与运用收入所能达到的实际生活质量之间存在显著差异，正是该差异造成收入对社会不平等问题的阐释存在一定的不足（森，2002）。另有部分学者对现有经济问题的思考超越了收入数量层面，将其延伸至因收入产生的教育、健康、福利、自由、价值追求等方面的差异性问题反思，例如学者们对现有生活质量（Andrews and Withey，1976；Felce and Perry，1995）、福利的重新度量（高进云等，2007）、可行能力（Sen，1993；Blanchflower and Oswald，2005）、工资差异（Blinder，1973；Rica，2004）、经济发展指数（UNDP，2010）、多维贫困（Alkire，2007；王小林和Alkire，2009；王春超和叶琴，2014）等问题的深度思考。研究综合表明，越来越多的学者意识到突破数量限制，深入研究收入的质量属性的必要性和重要性。

关于收入的质量属性，国内部分学者进行了探索性研究，主要围绕三个方面展开。一是财政收入质量研究。财政收入质量高低判断的主要依据是：收入规模是否与经济发展水平相适应、收入结构是否合理、资金是否是真正可用的政府财力（王国星，2002），另有学者尝试从数据的真实性、适应性、稳定性以及规模四个方面构建地方财政收入质量评价指标体系（钟振强和宋丹兵，2005）。二是税收收入质量研究。税收收入质量是指税收收入的属性、质态，具体是指在现行税制框架下，政府运行财力需求的持续满足度，涉及税收收入起点、过程和结果，与经济发展、税源监管、税收执法、征收管理、税款入库等因素与环节密切相关（梁富山，2013）；天津市税收收入质量调研课题组从经济与税收的协调性、税收依法行政执行力及风险防控能力、税收征管质量绩效以及经济税源可持续发展潜力四个方面构建了天津市地税收入质量评价分析体系（天津市税收收入质量调研课题组，2014）。基于2004~2009年税收收入在财政收入中的比重分析，有学者发现我国税收收入质量明显下滑（刘正君和宋太光，2010），而提高执法及征管质量、堵住和杜绝"虚收"，是提高税收收入质量的根本（李梅海，2000）。二是农民工收入质量研究。高质量的农民工收入表现为数量充足、稳定增长、结构合理、知识含量高、获取成本低（孔荣和王欣，2013），农民工的收入质量满意度低于收入数量满意度（王欣和孔荣，2014），收入质量由收入的充足性、结构性、稳定性、成本性和知识性构成（任劼和孔荣，2016）。已有研究表明，对收入质态属性的重视无论是在宏观经济层面，还是在微观个体发展层面，均具有重要的研究意义；而合理界定收入质量内涵更是构建系统性研究的基础，也是进一步准确科学地度量与评价收入质量水平的关键。然而，现有研究中缺乏从理论上对收入质量进行内涵界定，未能提出一般意义上的经济学阐释；另外，目前对微观个体收入质量关注的研究较少，评价体系构建尚属空白。基于此，本研究从经济学角度依据阿马蒂亚·森的可行能力理论界定收入质量内涵，借鉴学者孔荣和王欣（2013）关于农民工收入质量的特征界定，从收入的充足性、收入的结构性、收入的成长性、收入的成本性、收入的知识性五个维度首次构建农户收入质量水平评价体系。

本研究中，农户收入质量是指农户获取收入过程中的潜在或可行能力所反映出来的质态差异特性总和，即对农户个体参与经济活动能力的真实刻画。由农户收入的充足性、收入的结构性、收入的成长性、收入的成本性、收入的知识性五个维度构成。关于农户收入质量内涵的界定具体见本研究第三章中农户收入质量的测度部分内容。

收入的充足性：表现为收入的数量特征，即收入数量是否满足家庭需要。

收入的结构性：表现为收入数量的来源多元化和收入渠道的多样性特征，即收入是否具备多样化数量结构和多元化渠道。

收入的成长性：表现为收入来源的稳定和增长空间，即收入是否具有相对稳定的来源，且稳定的基础上是否仍具备收入增长的潜力。

收入的成本性：表现为收入获取过程中所付出的代价特性，即收入获取发生的各种成本费用。

收入的知识性：表现为收入获取活动中所呈现的知识和技能特性，即收入获取活动的知识含量和技能经验。

（四）农户信贷约束

在阐述什么是信贷约束之前，本研究先对与信贷约束联系紧密的"信贷配给""信贷歧视""金融抑制""金融约束""流动性约束"的概念进行简单的阐述。

"信贷配给"现象最早是由凯恩斯在其《货币论》中提出的，但没有给出详细解释，后经贾菲（Jaffee）和拉塞尔（Russell）（1976）、斯蒂格里茨和韦斯（Stiglitz and Weiss，1981）等人把信贷约束现象纳入信息经济学中进行研究，形成目前信贷市场上的信贷配给论。对信贷配给的内涵论述较多，但较为流行的是斯蒂格里茨和韦斯（Stiglitz and Weiss，1981）对信贷配给的定义，信贷配给包含两种情况：一是在所有贷款申请人中，一部分人得到贷款，另一部分人被拒绝，被拒绝的申请人即使愿意支付更高的利息也得不到贷款；二是一个给定申请人的借款要求只能部分地被满足。[①] "信贷歧视"是信贷配给现象中的一种，即信贷配给中金融机构以贷款申请者所有制或者政治背景来实施放贷的现象。[②] 形成信贷配给的原因主要有政府对信贷市场的干预、信贷合约的高成本及信息不对称。

"金融抑制"是由以爱德华·肖（E. S. Shaw，1973）和罗纳德·麦金农（Mckinnon，1973）为代表的经济学家在研究发展中国家的金融发展与经济增长关系的基础上提出的。根据他们的界定，金融抑制是指发展中国家政府通过实行以金融管制代替指数机制，以低利率、政策性贷款和财政政策等为工业部分融通资金，对金融机构实施严格的控制，设定较高的法定准备金率，实行资本管制，造成储蓄不足、资本匮乏、资本低效率配置并存，以至于金融体系和经济效率低下的现象（王小华等，2014）。简而言之，金融抑制表现为一国不适当的财政货币政策，如利率上限、外汇管制、行业限制等，使得金融市场处于抑制状态，难以形成有效的金融供给，不能发挥其对经济的持续推动作用（刁仁群和任书坤，2003）。

"金融约束"是进入20世纪90年代后，由Hellman等（1997）提出，他们认为肖和麦金农的金融深化理论的假定需要有严格的条件，而在发展中国家不具备这些条件，因此推行"金融约束"是金融深化可选的有效路径。金融约束理论主要是指通过对存、贷款利率加以控制，对进入和来自资本市场的竞争实施限制政策，通过为金融部门和生产部门制造租金机会，为这些部门提供

---

① 转引自褚保金、卢亚娟、张龙耀，2009，《信贷配给下农户借贷的福利效果分析》，《中国农村经济》第6期，第51~61页。
② http://www.doc88.com/p-199104566779.html。

必要的激励，让它们在追逐租金机会的过程中把私人信息并入到配置决策中，从而缓解那些阻碍完全竞争及与信息有关的问题（仇娟东等，2011）。

"流动性约束"是经济活动主体（企业与居民）因其货币与资金量不足，且难以从外部（如银行）得到，从而难以实现预想的消费和投资量，造成经济中总需求不足的现象。①

"信贷约束"是指个体或组织的有效借款需求无法得到满足（张海洋和李静婷，2012）。产生信贷约束的原因是多方面的，由于借贷双方信息不对称而产生的信贷配给是其中重要的原因（Stiglitz and Weiss，1981）。

基于以上关于"信贷配给""信贷歧视""金融抑制""金融约束""流动性约束"等概念的阐述，可知"信贷约束"与其他相关概念的联系及区别。首先，"信贷配给"和"信贷歧视"是由信贷供给方引发的信贷约束，即"信贷配给"和"信贷歧视"是造成"信贷约束"的重要原因。其次，"金融抑制"和"金融约束"是宏观层面上政策干预金融的方式或途径，而"信贷约束"是微观个体或组织层面的信贷需求满足。最后，"流动性约束"的根源是资产价值流动受限，而产生"信贷约束"的原因很多，"流动性约束"是其中一种。总之，"信贷约束"概念比"流动性约束"概念更为宽泛，产生"信贷约束"的原因非常多，资产流动受限是造成"信贷约束"的其中一种原因。

本研究中农户信贷约束沿用学者张海洋和李静婷（2012）的界定，即农户的有效需求无法得到满足的现象，包括需求型信贷约束和供给型信贷约束两类。需求型信贷约束是资金需求者压抑自身信贷需求造成的对信贷的自我排斥现象，是一种间接性地来自农户自身的内在约束。供给型信贷约束是指政府对信贷市场的干预、信贷合约的高成本及信息不对称等原因造成的金融机构对

① http://baike.sogou.com/v74677705.htm? fromTitle = % E6% B5% 81% E5% 8A% A8% E6% 80% A7% E7% BA% A6% E6% 9D% 9F。

农户信贷配给现象，是一种来自外部环境的直接硬约束（Boucher et al. ，2005；Boucher et al. ，2008；程郁和罗丹，2009）。

二　理论基础

（一）创业理论

自 20 世纪 80 年代以来，创业研究形成了以领导理论、战略管理理论、创新理论、心理学理论以及社会学理论为基础理论的发展比较完善的学科体系。综述现有关于创业研究的文献来看，创业理论具体可分为风险学派（代表人物有坎蒂隆，1755；奈特，1921）、领导学派（萨伊、马歇尔）、创新学派（熊彼特，1934，1942）、认知学派（Kirzner，1973）、社会学派、管理学派（德鲁克，1989）、战略学派（Zahra and Dess，2001）、机会学派（Shane and Singh，2007）八大学派。尽管创业研究学派众多，研究视角各异，但其研究的框架基本一致，即对创业主体、过程、组织以及结果的关注。从以往创业理论研究来看，早期的研究偏向于静态分析，而创业是一个复杂的过程，面临的复杂环境是处于不断的变化过程中，因此动态化研究创业过程成为后期创业研究发展的重点方向，由此也形成了六种非常典型的创业分析模型[①]，具体包括：蒂蒙斯（Timmons）创业模型、甘特（Gartner）创业模型、威科汉姆（Wickham）创业模型、萨尔曼（Sahlman）创业模型、全球创业观察（GEM）创业模型、刘常勇创业模型（董保宝、葛宝山，2008）。这些经典的理论与创业模型为分析农户创业发生过程机制提供了丰富的理论基础和参考。

（二）创业投资理论

创业投资理论最早可追溯到以魁奈为代表的重农学派提出的

---

① 六种创业模型转引自董保宝、葛宝山，2008，《经典创业模型回顾与比较》，《外国经济与管理》第 3 期。

"纯产品"理论。该理论认为，农业是一国财富的基础，纯产品是财富增加的最重要形式。换言之，投资农业是实现国家财富增加的重要途径。之后，亚当·斯密指出，提高劳动生产率和增加劳动数量是财富增加的直接途径。可见，亚当·斯密在当时已意识到了投资与劳动的关系。也正是这些观点奠定了现代投资理论的基础。而随后《经济学原理》《利息理论》《就业、利息和货币通论》等一系列著作的问世，其中对投资收益率、最大限制原理、比较利益原理、收获超成本原理、成本—收益分析、加速理论、利润理论等的关注和重视，逐渐形成了较为系统的投资学理论。投资理论在丰富了人类深入认识自身经济投资活动的同时，也指导了人们的投资创业活动。由此，学者们进一步将"委托代理"理论、"人力资本"理论、"交易成本"理论引入并应用于创业研究领域，剖析创业投资（Venture Capital）这种有别于一般投资的高风险经济活动，进而形成了专业化研究创业的理论，即创业投资理论。该理论研究的重点是项目可持续决策、投资与负债结构、激励与约束。尽管创业投资理论形成已久，但其理论仍未完善。而随着创业投资领域研究的不断深化，农业作为传统产业，也逐渐成为新的投资热点。近几年内，对农业投资成为重要的方向，尤其是在当前国内"大众创业"背景下，运用创业投资理论具体研究农民创业具有有效实践性意义。

（三）计划行为理论

计划行为理论认为，人的行为是经过深思熟虑的计划结果，已被许多学者广泛运用在各种情境下，作为探讨和诠释个人采取某一特定行为的主要理论基础。TPB分三个阶段来分析行为的形成过程：一是行为意图决定了行为；二是行为意图受到行为的态度、主观规范、控制认知三个内生的心理因素共同或部分的作用影响；三是个体特征、对事物的信念和态度、工作特性和情境外生变量决定了其行为的态度、主观规范和控制认知心理因素。具体分析过程如图 2 - 1 所示。

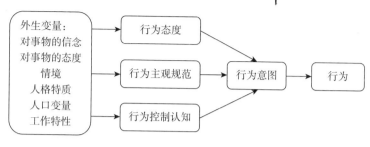

图 2 - 1　计划行为模型

资料来源：Ajzen（1991）。

TPB 认为，行为意图是预测行为的最好方法（Fishbein and Ajzen，1975），即意图越强，行为执行的可能性越高，换言之，行为意图与行为之间息息相关（Ajzen，1991）。因而该理论假定，个体对行为的态度愈正面，即对该行为认识的实际控制愈多，则个体从事该行为的意图越强；当预测的行为不能完全受自己控制时，行为控制认知则会对行为产生影响。利用 TPB 可以为深入理解农户创业具体选择行为提供参考。

（四）"有限理性" 决策行为理论

自亚里士多德时期开始，哲学家认为人是理性的动物，其思想和行为表现为理性化决策；人只有在特殊情形下，如疲劳、醉酒、愤怒时，决策和思维才会受限制（转引自创业者决策风险行为研究）。换言之，人，在正常情况下，具有合理的推理能力，掌握了规范化的理智和决策原则。经济学家从亚当·斯密"看不见"理论到 Arrow-Debreu 理论，"经济人"假设都是传统经济学的基石，认为人在完全理性下能够实现最大化。直到 1947 年西蒙提出"有限理性"理论，指出人是有限行为个体，在知识体系不完备情形下，不可能实现事前完美预期，因而也无法在所有可行的备选行为中做出最优选择，个人的种种决策均是在"给定条件"的环境中发生的，因而最终的结果也只是满意选择（有限条件下实现的次优决策解）（西蒙，2004）。换言之，人的行为是有意识的理性，且这种理性是有限的（转引自北京大学社会学系，

2004），这种有限在于人所处环境本身的复杂性和不确定性以及人对环境认识的有限（转引自张义祯，2008）。用诺思教授的话说，人们之所以有不同的选择，是因为有不同的制度框架，"制度框架约束着人们的选择集"（钟涨宝等，2007）。依据该理论，我国农户在当前有限的资源和能力下的创业行为选择，既是对社会、经济和自然资源环境适应的结果，亦是根据环境调整个人行为方式的表现。根据"有限理性"理论，在承认选择行为受条件限制的前提下，依据"满意"替代"效益最大化"原则认识和理解农户当前的创业选择行为，能更深入地透过表象对看似非理性的行为进行合理的诠释。

（五）社会认知理论

社会认知理论（Social Cognitive Theory）由美国著名的心理学家班杜拉（Bandura，1977）结合行为主义和社会学习于20世纪80年代提出，被广泛应用于医疗、决策管理、人力资源、教育、创业研究等领域，其核心思想是个人、行为以及环境三元交互决定论和自我效能理论。

首先，在三元交互影响的因果模型中，行为是受外部环境和内在意向共同或其中之一作用下形成的一种计划性活动，同时该活动的发生亦会反向作用于活动的主体（人）和活动条件（活动发生的环境），即行为、人及其认知、环境两两之间相互影响。然而这种影响并不表示来自不同方向的作用同时具有影响力，亦不表示这两个方向的影响作用将会同时发生（姚涛，2006）。换言之，要产生这些相互间的影响必须通过一定的作用过程（时间的消耗），因而，这种双向作用下，人在该环境中，扮演了产品和生产者两个角色（Bandura，1986）。三元交互因果关系模型如图2-2所示。其次，自我效能理论（Bandura，1927）指出个体的行为表现受个人目标及其执行该行为的自我效能影响，如图2-3所示。Bandura（1986）认为，自我效能感是一种极具影响力的主观信念，并将其定义为"人们对自身能否利用所拥有的技能去完成某项工作行为的自信程度"。换言之，Bandura 强调的是个体对自身所拥有能力以完成任务的自我判断，而该自我判断则反映为个体在信息选择、加工及整合过程中所形成的自我说服力（Bandura，1986）。因此，自我效能感越强，行为表现则会越积极。

班杜拉认为社会认知理论最适合用于解释动态环境中人的行为，且将认知、自律、自省考虑在因果作用模型内，通过该模型作用于个体去发展，以培养个体获得使用某种能力的自信心，从而透过该目标系统强化个人内在动机，再进一步作用于该行为能力去完成任务。因此，立足于社会认知理论，可以深层次地揭示创业个体认知以及对个体具体选择行为的作用过程。

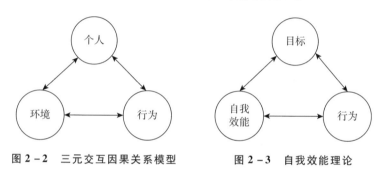

图 2 - 2　三元交互因果关系模型　　　图 2 - 3　自我效能理论

三　收入质量与信贷约束影响农户创业选择的机制分析

（一）农户创业选择分类分析

创业是一个复杂的过程，农户作为创业过程的主导者，处于不同状态下所呈现的意愿与行为存在较大的差异性。同时，农村环境的异质性特征又会进一步影响个体的具体选择。为了清晰定位处于不同选择阶段农户的创业意愿与行为特征及其影响因素，本研究首先通过设计"您曾经是否有过创业？""您的创业现在仍继续还是已经失败？""您未来是否有创业的打算？""您是否再考虑重新创业？"等一系列问题来对样本农户是否选择创业进行识别与分类，具体包括五大类：第一类，曾经未创业，未来也不打算创业（简称"不创业"）；第二类，曾经未创业，未来打算创业（简称"计划创业"）；第三类，曾经已创业，且创业活动仍在继续（简称"在创业"，亦称"继续创业"）；第四类，曾经已创业，且创业活动已停止，未来不打算再创业（简称"终止创业"）；第五类，曾经已创业，且创业活动已停止，但打算继续再创业（简称"重新创业"）。其次，针对"不创业"农户，本研究在调查过程中深入探究其具体原因；针对"计划创业"农户，本研究通过座谈式访问＋假想式的询问方式，调查农户计划创业的行业、组织形式、资金来源的选择次序及选择的原因，同时调查他们对当前创业的认知与预期的创业困难；针对"在创业"农户，本研究在具体调查过程中访问其当初创业的动机及其来源、当前创业行业、组织形式、资金来源渠道、创业经营业务范围、创业绩效、资产状况、资金需求情况，并深入访谈了农户当前的创业认知、面临的困难以及需要的创业支持；针对"终止创业"农户，本研究不再深入考虑；针对"重新创业"农户，本研究深入访问其曾经的创业行业、创业组织形式、创业资金来源情况与当前再次计划创业的创业行业、组织形式、资金来源选择的意愿，并进行比较分析，解析引发二次创业选择一致性的外在影响机制。如图 2－4 所示。

（二）影响机制分析

影响农户创业成功与否的关键要素有很多，但资金是首要问题，没有足够的资金就无法启动创业（许朗，2004），也就无具体创业选择。熊彼特（1934）指出，只有资本得到融通与筹集，经济才有发展，企业才有利润形成、财富的积累在投资等活动中发生。资金短缺仍是制约农民创业的关键（肖芳华和包晓岚，2011）。获得创业资金的途径有很多种，最常见的来源包含两种：一是收入转化为储蓄，作为家庭内部初始财富积累资金；二是外在来源资金。

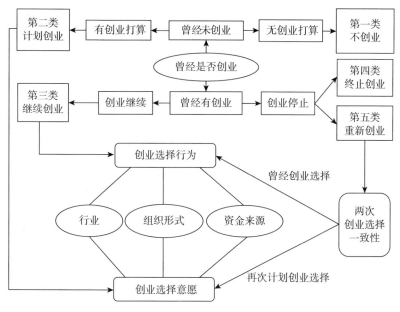

图 2 - 4 农户创业选择分类框架

以往创业研究中，收入数量作为绩效的直接考量指标被作为创业行为目的或效果来进一步分析其影响因素，却忽视了收入本身的财富效应属性。部分研究证实，初始财富数量与创业率之间呈正相关关系，财富积累越多的群体越容易创业（Evans and Jovanovic，1989；Charles and Hurst，2003；Carroll，2001）。另一部分学者的研究则表明，财富的增加会弱化创业激励，减少创业行为发生的可能性，因此，反而是那些财富水平低的个体会更加努力地去创业（Newman，1995）。换言之，财富水平高低与个体创业息息相关，但对创业的具体影响仍存在争议。收入作为初始财富的重要组成部分，也是影响个体创业行为的直接因素，却并未引起学者们的重视。仅有个别研究（罗明忠和陈江华，2016）将家庭总收入作为影响创业组织选择行为的因素进行考虑，并证实家庭总收入对个体选择独立创业组织形式产生正向影响。另外，以往研究对收入的重视，更多地表现为对"数量"的关注，而忽视了收入本身的"质量"属性。以往研究证实，农民收入水平不仅与收入绝对数量相关，与收入质量水平亦存在内在联结关系，同时也证实了收入质量对农户投资和消费等经济行为具有重要影响（邓锴和孔荣，2016；孔荣和王欣，2013；王欣和孔荣，2014）。本研究基于阿马蒂亚·森的可行能力视角，将农户收入质量界定为农户获取收入过程中的潜在或可行能力所反映出来的质态差异特性总和，即对农户个体参与经济活动能力的真实刻画。弗兰克·艾利思（1988）指出，传统农民之所以被称为"小农"是因为他们只是部分参与不完全的市场，绝大部分靠自给自足，而家庭农场主是完全融入完善市场，参与各种经济活动。就该角度而言，传统的"小农"表现出部分参与市场经济活动的能力，所以与农场主存在差别。舒尔茨指出，如果能够为农户提供具有更高投资效益的生产技术，农户的储蓄投资意愿就会提高。① 换言之，在舒尔茨看来，农户本身具备一定的市场经济活动参与能力，但这种能力的发挥需要有外部环境刺激。由此可知，市场经济活动参与能力是个体融入市场环境的重要前提。对农户个体"经济活动参与能力"的关注是分析创业行为能否发生以及能否实现较好的创业效果的重要前提。换言之，农户收入质量水平越高，越有利于农户选择创业，也越有利于农户做出合理的行业、组织形式、资金来源选择。农户收入质量由农户收入的充足性、收入的结构性、收入的成长性、收入的成本性、收入的知识性五个维度构成。根据阿马蒂亚·森的观点，个人所掌握的资源及运用资源的能力直接影响了功能性活动的发生，并且相同资源被不同的个体在差异化的环境下可转换成有差别的功能性活动。收入的充足性反映为收入的数量性特征。收入数量直接影响农户创业选择的物质基础水平。理论上而言，收入数量越多，其倾向于选择创业和

---

① 引自舒尔茨的《改造传统农业》，"传统农户没有储蓄习惯，是因为缺乏有利的投资机会；农户根据长期生产经验，已把能支配的要求作了最佳配置，已不能靠改变资源配置来提高生产效率，而增加这些传统要素的边际产出也很低，不值得农户省吃俭用来增加投资；但如果能够提供农户具有更高投资效益的生产技术，农户的储蓄和投资意愿也就会提高"。"许多农户被认为是不理性的行为表现，恰好证明了传统农户在他们所面对外部限制条件下的理性行为。"

实施具体创业行为的物质基础越多，对其做选择越有利。换言之，农户收入的充足性越高，对其创业选择的促进作用越显著。朱守银等（2003）的研究表明，收入水平较高的农户向农村信用社等正规金融机构和高息借款者借款的比例要高于低收入水平的农户。因此，本研究认为收入充足性越高，农户创业过程中从正规渠道获取资金的可能性越大。收入的结构性反映为收入数量的来源多元化和渠道的多样性特征。农户从多种途径获得收入有助于增强其抵抗风险的能力，同时来源构成进一步决定了收入的增长空间。理论上而言，收入来源结构越单一，农户抵抗风险的能力越弱，农户趋于风险规避（Popkin，1979）。秦建群等（2011）的研究显示，对于低收入家庭，家庭主要收入来源对农户选择正规金融渠道有显著的负向影响。因此收入的结构性越高（结构多元化程度越高），农户抵抗风险的能力越强，越有利于其选择创业，同时在实施具体创业选择时，则会偏向于风险较高的行业、个体创业组织形式以及从非正规渠道获取资金。收入的成长性反映为收入获取途径的稳定性和收入数量的增长空间特征。收入的成长性水平越高，表明其收入来源越稳定，收入数量的增长空间越大，预期的收入质量水平越高，因此对农户创业选择的促进作用越显著。收入的成本性反映为收入获取过程中付出代价的特性。理论上而言，收入的成本性越高，收入质量水平越低，越不利于农户创业选择。收入的知识性反映为收入获取活动中所呈现的知识和技能特征。换言之，知识技能水平越高，农户的专业能力越强，在创业选择过程中，依据自身专业技术实施创业的可能性越高，与此同时，具有一定专业技能的个体相对具有更高的可靠性，获得外部资金的可能性更大，因此选择从正规渠道获得资金的倾向性更显著。

就外在来源资金而言，资金主要来源于正规与非正规借贷。已有研究显示，83.4%的农户表示缺乏资金是影响创业的第一难题（王西玉等，2003），在家庭财富资源有限的情形下，农户会向正规金融机构申请贷款。然而，因缺少有效担保物，加之较高的交易成本、监督成本以及交易风险（吴烨和余泉生，2015），正规金融机构对农户的贷款需求往往采取谨慎性信贷供给和风险控制策略，农户受正规信贷约束的现象仍非常普遍，且形势比较严峻（毛飞等，2014）。已有研究证实，农村创业者从正规金融渠道获得的资金仅占初始投资的 10% 左右（郝朝艳等，2012），通过非正规借贷方式获取资金的现象非常普遍（孔荣和 Calum G. Turvey，2009）。Evans 和 Jovanovic（1989）的研究表明，信贷约束与创业率之间呈负相关关系。这一结论也验证了同期创业研究领域的结论，即信贷约束抑制了创业行为（Holtz-Eakin et al.，1994；Cagetti and De-Nardi，2006）；完善信贷市场和提高创业信贷支持将有利于促进创业的产生和企业的增长（Black and Strahan，2002；Klappera et al.，2006）。Hurst 和 Lusardi（2004）以及 Buera（2009）采用工具变量对两者之间的关系进行研究，发现信贷约束与创业决策之间存在非单调正负关系，信贷约束放松并不一定会促进创业；程郁和罗丹（2009）指出，信贷约束并不会直接影响农户的创业决策行为，但会对农户创业过程中的资源配置结构以及创业的层次和水平产生显著影响。刘杰和郑风田（2011）则在流动性约束的来源分类分析基础上发现，来自正规金融部门的流动性约束对中国农户创业行为存在切实的阻碍作用。从以往研究来看，资金约束对个体创业以及创业过程中的资源配置结构、创业层次水平产生显著影响已得到验证，但两者间的具体关系并未形成清晰的定论，且不同类型信贷约束产生的影响仍需进一步验证。

基于以上分析，从收入质量视角研究其对农户创业选择的影响，是从农户内部考察其自身积累的资金所表征的市场经济活动参与能力对创业意愿、创业行为的影响机制；从信贷约束视角研究其对农户创业选择的影响，则是从农户外部考察其外在资金可获得性所表征的外部资源对创业意愿、创业行为的影响机制。事实上，无论是收入质量还是信贷约束对农户创业选择的影响，根源在于财富的有限性与创业活动的不确定之间的双重关系。具体来说，第一，财富的增加会弱化创业激励，减少创业行为发生的可能性，因此，反而是那些财富水平低的个体会更加努力地去创业（Newman，1995）；第二，财富水平会影响家庭的风险和创业偏好，高财富水平的人更愿意将财富投向风险性很高的活动（Charles and Hurst，2003；Carroll，2001），即财富水平越高，选择创业的可能性越高；第三，创业是一种创新活动，成功与否存在非常高的不确定性，而与这种不确定性伴随的是高收益，是增加财富水平的有效途径，因而会强化个体更加努力创造条件实现成功创业。由此，本研究认为，一方面，收入质量与创业之间存在两重关系。这种两重关系表现为，从两阶段考察来看，上一期收入转为储蓄后产生的财富效应可以为创业行为提供资金支持，即收入水平越高，选择创业的可能性越大；而创业行为也会对当期的收入产生影响。换言之，创业行为的发生影响了创业收入水平的高低。本研究中，对创业者收入质量的测度是界定在一个时期内的，因此与创业行为之间存在因果与反向因果关系，即农户收入质量与选择创业与否之间存在内生性关系。另一方面，信贷约束与创业之间亦存在双重关系，即信贷可获得性对当前选择创业行为产生影响，而创业行为发生会影响后期信贷的可获得性，即信贷约束与选择创业与否之间存在内生性关系。

农村创业之所以有别于一般创业活动，关键在于农村创业者自身的特征与农村环境的特殊性以及二者交互作用形成的动态能力异质性，正是这种异质性造成农户比一般创业者面临更加艰难和复杂的外部环境，也因此造成了不同区域内的不同创业个体在面对有限的资源和能力的情形下，表现出差异化的创业选择意愿和行为。

鉴于此，本研究在分别考察收入质量与信贷约束对农户创业选择与否、创业行业选择、创业组织形式选择、创业资金来源选择影响的基础上进一步论证两者交互效应的作用程度，以期揭示决定农民创业行为的外部资源因素、能力及其交互作用机理，为农民创业研究提供更具全面意义的阐释。

（三）研究假设

基于以上分析，提出如下研究假设。

假设 1：农户收入质量水平越高，对农户选择创业的促进作用越显著。

假设 2：农户收入的充足性、收入的结构性、收入的成长性、收入的成本性、收入的知识性维度对农户的创业行业选择、组织形式选择、资金来源选择具有差异化影响。

假设 3：信贷约束对农户创业选择具有负向影响。

假设 4：需求型信贷约束、供给型信贷约束对农户的创业行业选择、组织形式选择、资金来源选择具有不同的影响。

假设 5：收入质量与信贷约束之间存在交互作用，并对不同农户个体的创业行业选择、组织形式选择、资金来源选择具有不同的影响。

第三章
我国农户创业选择的
现状描述与观察

一　农户创业发展历程

我国农村创业开始于中华人民共和国成立初期。早期的创业以个体手工业为主，据统计，1949 年农村的个体工商有约 2200万个，多为个体手工作坊和小商贩，其中大部分为兼业，农村中所需生活自理的 70% 和生产自理的 90% 由这些个体手工业提供（乔梁，2000）。因此，当时的创业呈现行业分布广泛、经营方式灵活、资本有机构成低、个体手工业生产对供销关系依赖性高等特点。同期，伴随着一些作为农业社副业的乡镇企业的创建。1958 年的人民公社运动之后，这些乡镇企业从农业领域分离出来，变成社队企业。个体经济也经历了一系列的演变过程。中共十一届三中全会之后，在解放思想、实事求是的思想路线的鼓励下，除社队企业外，还出现了其他一些合作性质的企业，如联户办、跨区联办等形式。改革开放以前，农民创业活动较少，且形式单一，对创业活动的认知也有局限；改革开放以后，随着农村改革的逐步深入，农村创业活动进入了新的发展时期，呈现了阶段性特点。因此，下文对农户创业发展历程的阐述，从改革开放以后的创业活动开始进行划分。

农村创业活动经过三十多年的发展，对我国农村地区的经济发展发挥了根本性的推动作用。我国农村创业活动的发展，一方面，伴随着农村经济体制改革进程的发展而变化，因而离不开国家宏观政策的引导和调控，重要的政策变动都会对农村创业活动产生较大的影响；另一方面，乡镇企业作为农村创业活动的重要组成部分，发展和演变代表了农村创业活动的基本动向。基于此，本研究将农村创业发展历程划分为以下五个阶段。

第一阶段，改革开放到 1984 年，萌芽阶段。这一时期，随着家庭联产承包责任制的建立和完善，农村的劳动力得到了释放，更多的劳动生产力从农业中分离出来。农闲期间，多出来的劳动力利用自身掌握的技能，参与更多的副业活动，获得额外的收入，以补贴家用。在当时，这种家庭经济表现得非常活跃。同时，部分农村个体自找门路、自筹资金，创办了规模性的生产和加工作坊，开创了农民创业的先河。受当时观念和政策的限制，农户创业有很大的局限，但很多农民充分发挥他们的创造能力，通过多种创业形式来规避当时私营经济面临的制度障碍。因此，这一时期的农民创业特点表现为地域小、规模小、技能低，是缺乏组织管理的、随机的和无目标的散落组织。

第二阶段，1985 年到 1991 年，缓慢成长阶段。这一时期以乡镇企业发展为主。由于经济体制改革效应逐步减弱，单纯依赖农业的收入增长局限了农村地区的发展，很多剩余农村劳动力无法转移，因而在当时兴办乡镇企业，可以解决就业，获得较大的发展。据统计，从 1984 年到 1985 年，乡镇企业数量由 165 万家迅速增加到 1223 万家，随之增加的是大量的就业人数，由 3884 万人增加到 6979 万人（郭军盈，2006）。但随后乡镇企业的发展遭遇到同期的经济治理，面临着需求不足、投资紧缩的局面，另外，由于乡镇企业产权界定不清晰，面临政治上的重大压力，也给乡镇企业发展带来了很大的影响。后期农村活动基本处于徘徊、滞缓的发展状态，从乡镇企业统计数据来看，1988 年到 1991 年，乡镇企业数量始终在 1900 万家左右。因此，该阶段的特点表现为创业规模扩大，技术得到较大提升，前期乡镇企业发展迅速，但后期呈现滞缓发展态势。

第三阶段，1992 年至 1999 年，快速成长阶段。1992 年邓小平同志南方谈话和中共十四届三中全会确立了以市场经济为导向的经济体制改革。经济体制改革无疑给农村创业带来了新的机遇，由此引发了新一轮的民间投资创业热潮，农村创业活动进入了快速发展时期。农村创业也不再局限于本地或单个产业，而是呈现行业多元化、收入结构多样化的特点。据统计，1992 年乡镇企业数量为 2092 万家，就业人数超过 1 亿人，到 1996 年乡镇企业数量达到 2336 万家，就业人数超过 1.35 亿人，到 1999 年乡镇企业数量为 2071 万家，就业人数为 1.27 亿人（国家统计局，2004）。这一阶段后期，农村经济发展呈现停滞状态，"三农"问题逐渐凸显。这一时期的特点是乡镇企业发展迅速，农业发展迟缓。

第四阶段，2000 年至 2013 年，发展阶段。首先，随着"三农"问题的凸显和发展，政府在政策上采取了重大调整，原有的二元结构体系逐渐被放开，户籍制度也逐渐放开，更加注重统筹城乡发展，推动县域经济，发展城镇经济，为农村创业活动提供了更加有利的环境。其次，创业活动本身带来的增收，引发了更多农民再次加入创业热潮，包括几次返乡大潮中的农民工创业。再次，2003 年《农村土地承包法》的实施，使更多的农户通过承包、流转、租赁等形式转化为专业种养殖大户，成功地以传统行业为基础加入到创业行列中。最后，2009 年土地经营权抵押试点的实施，为农村创业者获得资金提供了更多的便利条件，由此也激活了一部分农村个体加入创业。这一阶段政策环境良好，农村创业活跃，创业活动获得快速发展。

第五阶段，2014 年以后，高潮阶段。李克强总理在 2014 年夏季达沃斯论坛开幕式上首次提出"大众创业、万众创新"，指出要在 960 万平方公里的土地上掀起"大众创业""草根创业"的新浪潮，形成"万众创新""人人创新"的新态势。政府的大力倡导为农村创业提供了便利。同期，农村的"三权分立"改革确立，也为更多的农村个体脱离农业、进入城市创业奠定了制度性基础。这一时期，农村创业高速发展。

　　基于以上对农村创业发展历程的划分可知，我国的农户创业发展是与宏观经济发展、制度改革紧密联系的。宏观经济发展加快，农村创业活动也发展较快；宏观经济增速放缓，农村创业活动也随之放缓。制度的重大变革对农村创业和经济发展影响深刻。

二　农户创业选择特点

　　本研究选题的数据来自课题组 2014 年 7～8 月的随机抽样调查。首先，按照国家统计局对东、中、西三部分区域的划分，从三个区域中选取山东、河南、陕西和甘肃分别作为样本调查区；其次，根据每个省份的地区经济水平与区域分布特点，选择山东潍坊市潍城区、河南信阳市、陕西宝鸡市千阳县和咸阳市兴平市（县级）、甘肃定西市陇西县等 4 省 6 个县（市/区）29 个乡镇 85 个村开展实地调查，由经专业培训的调查人员入户一对一展开访谈并填写问卷。本次调查共发放问卷 1465 份，实际收回有效问卷 1420 份，在对样本变量筛选与整理后，最后分析样本为 1298 个。调查样本在东、中、西部的分布比例分别为 19.04%、14.68%、66.28%（陕、甘的比例分别为 41.02%、25.26%）。

　　关于东、中、西部地区调研区域的代表性，本研究对各样本省 2014 年 GDP 总量排名以及在东、中、西部地区内所占的比重进行阐述。东部地区共有 12 个省（区、市），面积共 129.4 万平方公里，占全国总面积的 13.5%。从 2014 年 GDP 总量排序情况来看，山东省在东部地区排在第三位，排在第一位和第二位的依次是广东省和江苏省；山东省 GDP 占东部地区 GDP 总量的 15.07%。综合表明，山东地区的经济在一定程度上对东部地区的经济具有代表性。中部地区共有 9 个省，面积共 281.8 万平方公里，占全国总面积的 29.3%。从 2014 年 GDP 总量排序情况来看，河南省在中部地区排第一位，排在第二位和第三位的依次是湖北省和湖南省；河南省 GDP 占中部地区 GDP 总量的 18.86%。西部地区共有

10 个省（区、市），面积共 541.4 万平方公里，占全国总面积的 56.4%。从 2014 年 GDP 总量排序情况来看，陕西省和甘肃省在中部地区分别排在第二位和第八位；陕西省和甘肃省的 GDP 分别占中部地区 GDP 总量的 14.94% 和 5.76%。换言之，陕西省和甘肃省的 GDP 总量占西部地区 GDP 总量的 20.70%。综合表明，山东、河南、陕西和甘肃分别作为东、中、西部地区的样本省份，具有一定的代表性。关于农户创业选择特点的阐述具体如下。

有效样本农户中，"不创业""计划创业""在创业""终止创业""重新创业"的样本占总样本的百分比分别为 27.00%、23.10%、43.20%、4.30%、2.30%，如图 3-1 所示。以上数据表明，现有样本农户创业活跃程度较高，计划创业个体潜在的创业意愿较强，部分农户在一次创业失败之后，仍然计划重新创业。对于"不创业"农户，本研究对其原因展开了进一步分析。22.8% 的样本表示因为"缺乏资金"而决定"不创业"，比例最高；其次是"缺乏劳动力"，占比为 22.5%。这表明，缺乏资金是当前农户创业最主要的障碍，其次是劳动力不足。其他"不创业"的农户中，有 13.2% 的农户表示因为"缺乏创业文化和氛围"，12.7% 的农户表示自己"承担不起创业风险"，9.5% 的农户表示"缺乏技术"。可以看出，创业文化和氛围、创业风险管理和技术支撑

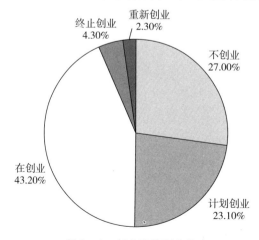

图 3-1 创业决策百分比

是影响创业行为的重要因素。另外，3.4%的农户表示"创业不稳定"，0.8%的农户表示"缺乏创业政策支持"，0.5%的农户表示"缺乏创业信息"，如图 3 - 2 所示。关于"计划创业""在创业""重新创业"农户，本研究从创业动机、机会来源、行业选择、组织形式选择、资金来源方式选择、创业经营现状、就业带动效应七个方面来考察其特点。

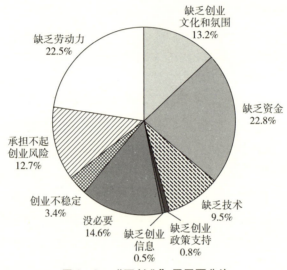

图 3 - 2　"不创业"原因百分比

资料来源：根据 2014 年实地调研数据整理。

（一）农户创业以追求效益为主

由前文分析可知创业动机是创业活动发生的前提，本研究对农户的具体创业动机进行了考察，并将其划分为生存压力型（生存型）、效益追求型、经济发展型三大类。生存压力型农户是指以"解决温饱""解决看病、上学、建房、结婚等急需"作为创业动机，为了生计而计划或者实施创业的决策个体。效益追求型农户是指将"追求富裕生活""为子孙置办家业"等作为创业动机，以获得经济效益为目标的决策个体。经济发展型农户是指以"带领乡亲共同致富""秉承家业""实现自我价值""提高社会地位"等作为创业动机，为了满足其获得社会尊重和实现自我价值的需要而决策的个体。

从计划创业个体来看，第一动机中，选择"生存型""效益追求""经济发展"的农户占总样本的百分比分别为34.10%、64.80%、1.00%；第二动机中，选择"生存型""效益追求""经济发展"的农户占总样本的百分比分别为33.10%、60.50%、6.40%；第三动机中，选择"生存型""效益追求""经济发展"的农户占总样本的百分比分别为15.70%、75.70%、8.60%，如图3-3所示。综上可知，首先，追求效益是农户创业最主要也是最根本的动机，农户通过获得效益改善生活；其次，"生存型"创业仍然占有一定比例，但与以往研究中"农民创业属于生存型创业"的结论有所差异，主要原因在于近些年农村经济条件有了较大改善，处于温饱线边缘的农户个体比例逐渐减少；最后，从最主要动机到第三动机来看，解决温饱问题只是基本，从长远来看，农户追求更多的效益，其中追求经济发展、实现自我价值的农户比例也逐渐增加，反映了农户当中存在一部分个体具有长远的发展眼光，对这部分人创业发展的扶持将会对该地区的创业文化产生重要的影响。

从在创业个体来看，超过半数以上的农户是为了追求效益而选择创业，占比为58.89%，其次是为了解决基本生存问题，该部分农户占总样本的36.59%，以"经济发展"作为创业动机的农户仅占总样本的4.53%，如图3-4所示。对于当前在创业样本个体，本研究采用问题"您认为您当初创业的目的已经实现了吗？"继续追问了农户当前创业的现状与初始动机的差异，69.5%的农户表示"正在实现，但仍需继续努力"，23.0%的农户表示当初的创业目的"已经实现"，仅有7.5%的农户表示目前"完全未能实现"。这表明大部分农户可以实现预期的创业目标，且农户创业目标性较强，虽然创业目标不一定非常高，但带有目的性的创业加上努力实施，成功创业的难度就会降低。就这个层面而言，在创业教育培训中帮助个体建立合理的创业目标非常重要。

从重新计划创业个体来看，曾经创业中，选择"生存型""效益

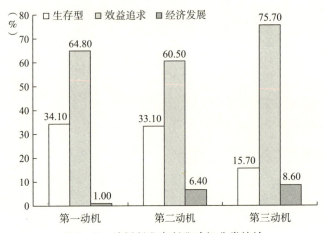

图 3 - 3　计划创业者创业动机分类统计

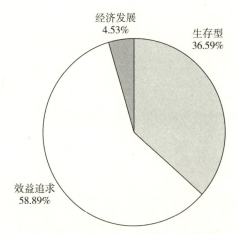

图 3 - 4　在创业者创业动机分类统计

资料来源：根据 2014 年实地调研数据整理。

追求""经济发展"的农户所占的比例分别为 38.24%、61.76%、0；
而再次计划创业中，选择"生存型""效益追求""经济发展"
的农户所占的比例分别为 24.14%、75.86%、0，如图 3 - 5 所
示。可以看出，农户创业的最主要动机仍然是追求效益，生存型
的重新创业农户比例显著下降。

　　总之，从创业动机来看，目前我国农户创业以追求效益为
主，这与以往的 GEM 的创业特征基本一致，"以机会型创业为
主，其比例占到 70%，生存型创业不到 30%"（转引自姜彦福、

高健等，2004），但与国内学者研究农民创业的结论"我国农民创业还是属于生存型创业"存在差异。表明当前农户创业的物质基础条件有所改善。

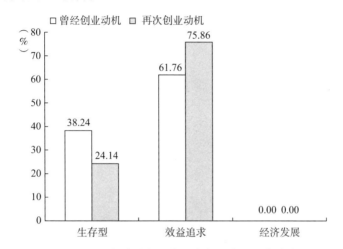

图 3 - 5　重新计划创业者两次创业动机分类统计

资料来源：根据 2014 年实地调研数据整理。

（二）农户创业信息获取依赖于"个人想法"

就农户创业机会来源而言，其主要的信息来源有以前工作积累、个人想法、亲友建议、政策激励、媒体宣传、他人示范。

从计划创业个体的主要信息来源来看，最主要的创业信息途径中，农户表示目前创业信息来自"工作积累""个人想法""亲友建议""政策激励""媒体宣传""他人示范"的样本比例分别为17.61%、60.92%、11.27%、4.58%、2.82%、2.82%，即从"个人想法""工作积累""亲友建议"获得创业信息的样本比例最高。从第二信息途径来看，农户表示目前创业信息来自"工作积累""个人想法""亲友建议""政策激励""媒体宣传""他人示范"的样本比例分别为 7.40%、32.60%、43.20%、7.40%、8.40%、1.00%，第二信息来源中，通过"政策激励""媒体宣传"途径获得创业信息的农户比例有所上升。从第三信息途径来看，农户表示目前创业信息来自"工作积累""个人想法""亲友建议""政策激

励""媒体宣传""他人示范"的样本比例分别为 4.35%、13.04%、
47.83%、8.70%、26.09%、0，第三信息来源中，选择"亲友建议"
"媒体宣传""个体想法"的样本农户比例最高，选择"工作积累"
的样本农户比例显著下降，如图 3 - 6 所示。

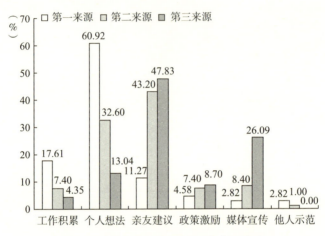

图 3 - 6　计划创业者创业信息来源统计

"个人想法""亲友建议"是目前农户获得创业信息最主要的
两个途径，其次是以往"工作积累"所产生的影响，具有创业带
动作用，再次是"媒体宣传"和"政策激励"，而"他人示范"
所产生的创业带动影响较小。因此，针对个体的创业培训，需要
充分调动农户自身和家庭的积极性，激发其内在的创业动力；另
外，尽管从媒体和政策获得创业信息的农户比例不高，但在一定
程度上扩大创业信息的媒体宣传力度和加大政策鼓励性支持都有
助于农户获得创业机会。

从在创业个体来看，农户表示初始创业机会来自"工作积累"
"个人想法""亲友建议""政策激励""媒体宣传""他人示范"
的样本比例分别为 13.60%、54.77%、21.55%、4.95%、1.24%、
3.89%，如图 3 - 7 所示。这表明从具体创业现状来看，"个人想
法""亲友建议""工作积累"是创业者获得创业机会的三大主要
来源。因此，针对农户的创业培训可以充分针对个体的特征进行培
训，例如发挥其职业特长、复制以往工作经历、发掘和培养个人兴

趣，从这些方面进行针对性培训可以有效提高创业转换率和成功率。

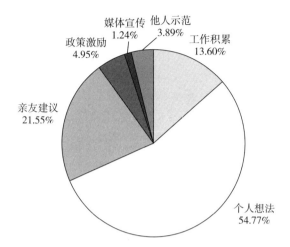

图 3 - 7　在创业者创业机会来源统计

资料来源：根据 2014 年实地调研数据整理。

（三）农户创业依赖于"种养殖"行业

本研究根据地区差异性、行业特点以及农业产业内新兴产业主体及布局结构特征，将 14 类具体行业归为六大类。第一类是种养殖行业，包括规模化养殖业、规模化种植业、开办特色农业等；第二类是农业生产服务行业，包括农产品营销/加工、农资经销、农业专业化服务如收割等；第三类是批发零售行业，包括批发、零售；第四类是居民生活服务行业，包括服务居民生活的行业，例如运输业、医疗、家政、理发店、文化娱乐；第五类是建筑制造行业，包括建筑业、制造业；第六类是餐饮行业，包括餐馆与住宿、食品加工，通常情况下餐饮与住宿是在一起的，因此将住宿归入餐饮行业。

从计划创业者创业意愿行业选择来看，第一行业选择意愿中，选择"种养殖""农业生产服务""批发零售""居民生活服务""建筑制造""餐饮住宿"行业的农户所占的百分比分别为 35.2%、7.5%、19.8%、14.3%、6.8%、16.4%；第二行业选

择意愿中，选择"种养殖""农业生产服务""批发零售""居民
生活服务""建筑制造""餐饮住宿"行业的农户所占的百分比分
别为 28.4%、10.4%、11.9%、17.9%、7.5%、23.9%；第三行业
选择意愿中，选择"种养殖""农业生产服务""批发零售""居民
生活服务""建筑制造""餐饮住宿"行业的农户所占的百分比分
别为 28.0%、12.0%、24.0%、16.0%、16.0%、4.0%，如图 3 -
8 所示。

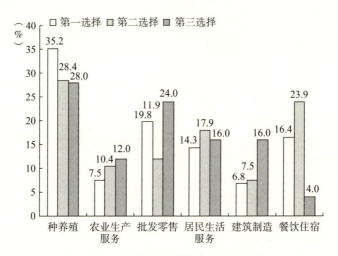

图 3 - 8 计划创业者创业行业意愿统计

综合而言，"种养殖"行业作为农户的传统技能行业，是最
主要的创业行业选择。结合自身的条件和资源，传统种养殖行业
是农户最为熟悉，也是最能掌握风险的选择，从这个角度来说，
农户仍然是理性的个体，因此预期是理性的，但因为能力和资源
有限，实际决策更多是有限理性行为。另外，"批发零售""居民
生活服务"是农户的第二行业选择，而随着农村产业结构向产业
化、集约化、规模化和商业化发展，"农业生产服务"也逐渐成
为农户创业的重要行业选择。

从在创业个体来看，在"种养殖""农业生产服务""批发零
售""居民生活服务""建筑制造""餐饮住宿"行业进行创业的
农户所占的百分比分别为 17.86%、15.76%、32.57%、18.74%、

7.36%、7.71%，如图3－9所示。换言之，"批发零售""居民生活服务""种养殖"是农户创业的三大集中行业。此外，"农业生产服务"也逐渐成为农民创业的重要行业领域。

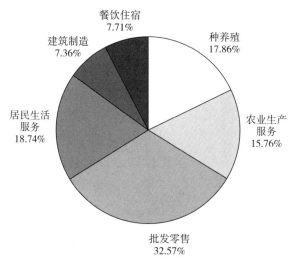

图3－9　在创业者创业行业统计

资料来源：根据2014年实地调研数据整理。

从重新计划创业样本个体来看，曾经在"种养殖""农业生产服务""批发零售""居民生活服务""建筑制造""餐饮住宿"行业进行创业的农户所占的百分比分别为23.3%、16.7%、16.7%、16.7%、10.0%、16.7%。而当他们在失败后，打算再次创业时，重新选择的行业分布比例分别为36.0%、20.0%、8.0%、8.0%、12.0%、16.0%。具体如图3－10所示。由两次创业行业比较分析可知，传统的"种养殖"是他们的首选，"农业生产服务"行业也成为重要的行业创业领域。

总之，无论是从计划创业个体的行业意愿选择，还是从当前在创业个体的创业领域，抑或是从重新计划创业个体的两次行业选择对比来看，传统"种养殖"行业是农户创业的首选行业，相对于其他行业，农户在"种养殖"行业具有一定的经验积累，具备一定的风险管理能力，因此预期的成功和实际的创业成功率高。另外，随着农业的产业化和专业化发展，"农业生产服务"

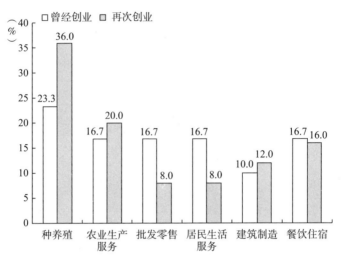

图 3 – 10　重新计划创业者两次创业行业分类统计
资料来源：根据 2014 年实地调研数据整理。

行业逐渐成为农户实现成功创业的重要行业领域。由此可知，农户是理性的个体，但在有限的资源和能力下，实际行为表现为有限理性下的决策。

（四）农户创业依赖于家庭组织

农户以家庭创业为主，但并非纯粹偏爱家庭创业，这种选择是一种有限理性决策行为结果。从现有农户创业的形式来看，主要有个体创业（以家庭为单位，亦称"家庭创业"）、合伙创业、创建私营企业、承包（专业种养殖大户）、租赁几种形式。

从计划创业个体创业组织形式意愿来看，第一选择中，计划以"个体创业""合伙创业""私营企业""承包""租赁"形式创业的农户比例分别为 88.3%、8.0%、1.0%、2.7%、0.0%，换言之，家庭创业为农户的首选形式，只有很少部分农户会选择其他形式的创业。第二选择中，计划以"个体创业""合伙创业""私营企业""承包""租赁"形式创业的农户比例分别为 9.3%、27.8%、14.8%、38.9%、9.3%。第三选择中，计划以"个体创业""合伙创业""私营企业""承包""租赁"形式创业的农户比例分别为 4.5%、31.8%、13.6%、22.7%、27.3%。具体如图 3-11 所示。从第二、第三意愿形式选择来看，选择家庭创业以外的其他形式进行创业的农户比例越来越高，表明农户对其他形式的创业也有潜在需求，且该需求越来越显著和强烈，只是基于现有资源和认知有限的情形，农户选择以家庭创业为首选，但并非最为理想的选择，或他们预期中的理想选择。另外，农村创业多数以模仿为主，创新性较少，而周围环境中大多数是家庭创业，以其他形式创业的农户较少，因而农户对其他形式创业的认知非常有限，由此决定了个体本身决策认知基础的有限性。

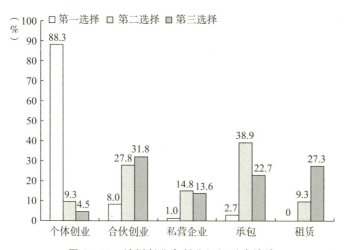

图 3-11　计划创业者创业组织形式统计

从在创业样本个体来看，以"个体创业""合伙创业""私营企业""承包""租赁"形式创业的农户比例分别为 92.6%、4.5%、1.0%、1.9%、0，如图 3-12 所示。

综合来看，农户个体将家庭形式创业作为首选，但这种选择实际上是有限理性下的决策行为。本研究进一步佐证了舒尔茨的研究结论，即在有限的资源和能力下，农户的决策行为表现为有限理性。

从重新计划创业样本个体来看，以"个体创业""合伙创业"形式创业的农户所占的比例分别为 80.0%、20.0%，如图 3-13 所示，而当他们再次计划创业时，对创业形式的选择意愿发生了较大

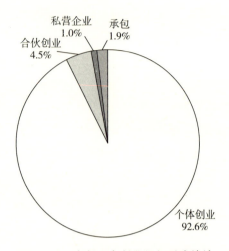

图 3 – 12　在创业者创业组织形式统计

资料来源：根据 2014 年实地调研数据整理。

的改变，选择"个体创业""合伙创业"形式创业的农户比例分别为 58.3％、41.7％。换言之，经历过一次创业失败之后，农户对创业组织形式的认知产生了较大的改变，因而对其他形式的创业意愿也表现得更加显著。这再次反映出农户的有限理性决策行为，即农户是理性的个体，但这种理性受限于其拥有的资源和能力。

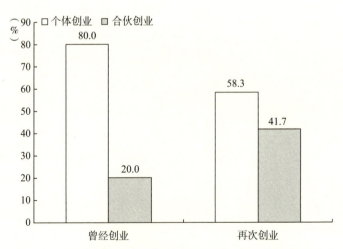

图 3 – 13　重新计划创业者两次创业组织形式分类统计

资料来源：根据 2014 年实地调研数据整理。

（五）农户创业资金获取依赖于"非正规渠道"

资金是实施创业的关键资源，因而能否通过不同的渠道获得资金就成为影响成功创业的重要因素。具体来说，农户可从自有资金（储蓄）、亲戚或朋友、农村信用社、银行、邮储、小额贷款公司、私人高利贷或当铺获得资金进行创业，但交易成本和风险差异较大。总体上，农户获得资金的渠道分为两大类：非正规渠道和正规渠道[①]。从计划创业个体来看，将"非正规渠道"作为第一、第二、第三选择获得创业资金的农户比例分别为 54.7%、58.3%、39.2%，将"正规渠道"作为第一、第二、第三选择获得创业资金的农户比例分别为 45.3%、41.7%、60.8%，具体如图 3-14 所示。这表明在理性预期中，农户将从"非正规渠道"获取资金作为主要途径，而从"正规渠道"获取资金作为辅助途径。但从在创业个体情况来看，存在较大的差别，由图 3-15 可知，86.9% 的在创业样本是从"非正规渠道"获得创业支持资金，仅有 13.1% 的创业样本农户是从"正规渠道"获得创业支持资金。

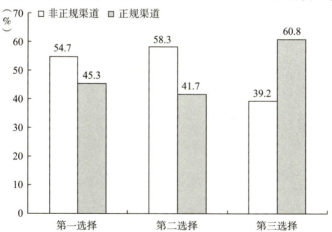

图 3-14　计划创业者创业资金来源意愿统计

---

①　转引自程郁、罗丹，2009。正规渠道包括国有商业银行，主要是中国农业银行及农村信用合作社和扶贫贷款等；非正规渠道主要是指民间信贷，包括农户之间及农户与民间金融组织、企业等之间的融资。

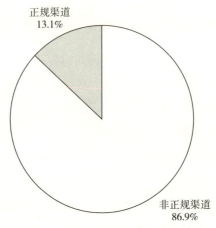

图 3 - 15　在创业者创业资金来源统计

资料来源：根据 2014 年实地调研数据整理。

　　从重新计划创业样本来看，在曾经的创业过程中，79.5% 的样本从"非正规渠道"获得创业支持资金，20.5% 的样本农户从"正规渠道"获得创业支持资金；而再次计划创业时，农户对资金渠道的选择意愿有所变化。66.0% 的样本计划从"非正规渠道"获得创业初始资金，34.0% 的农户计划从"正规渠道"获得创业初始资金。具体如图 3 - 16 所示。这表明，农户希望从"正规渠道"获取创业资金的意愿逐渐增强。

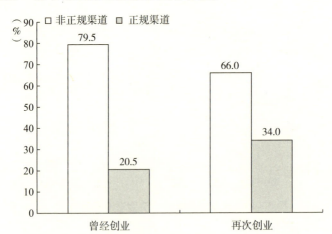

图 3 - 16　重新计划创业者两次创业资金来源分类统计

资料来源：根据 2014 年实地调研数据整理。

总之，从"非正规渠道"获取创业资金仍然是农户创业资金来源的最主要也是最直接的方式。

（六）绝大多数农户创业盈利良好

从目前拥有的经营性资产水平来看，创业农户平均资产为13.87万元，最高资产为350万元。从主要业务的经营状况来看，在创业样本中，17.7%的创业农户表示当前盈利状况较好、利润较多，70.3%的创业农户表示目前盈利状况一般、有部分利润，8.6%的创业农户处于保本经营状态，仅有3.4%的创业农户目前亏本经营。从创业目标实现程度来看，69.5%的农户表示"正在实现，但仍需继续努力"，23.0%的农户表示当初的创业目的"已经实现"，仅有7.5%的农户表示目前"完全未能实现"。

（七）农户创业存在显著就业带动效应

从带动就业情况来看，12.9%的农户是单个人创业，无雇用劳动力；81.6%的创业农户雇用1～5人不等，2.5%的创业农户雇用6～10人不等，3.0%的创业农户雇用11～120人不等。可以看出，推动农村创业，一方面可以加快农村现有大量剩余劳动力的转移，进一步推动农业产业结构的加快调整；另一方面也可以促进农村非农产业的发展，消除传统的二元城乡结构，缩小城乡差距、工农差距，推动城乡经济统筹发展。

三 农户创业选择影响要素现状观察

（一）农户收入质量的测度

哈佛大学著名教授阿马蒂亚·森于20世纪八九十年代在其一系列研究成果中提出并构建了可行能力理论（其代表性研究成果见1982，1985，1990，1993，1997，1999，2000）。可行能力理论的提出引起了学术界的高度重视和讨论，并被广泛应用于各类研究（例如 Croes，2012；Andrew and Wolfers，2006；Lovell et al.，1994；Moreno-Ternero and Roemer，2006；Oswald，1997；Schokkaert and Van Ootegem，1990）。可行能力理论的核心是可行能力和追求生活自由，即人类是根据个体可行能力而采取有价值的行动，从而实现生命中自我所追求的价值状态（Sen，1993）。森（Sen，1999）指出，人类发生的各种经济活动实际上是个体于潜在或可行能力引导下在众多可行的选择中所采取的有价值的功能性活动。该理论下，人类生活是个体所选择的功能性活动集合的真实刻画；而收入作为人类生活的物质基础，则是对个人或组织为了完成一定目标而从事的日常活动所形成的经济结果的综合反映。其中，各种经济活动发生过程中的可行能力（capability）揭示了个体抓住机会、做出选择并采取行动等一系列活动的能力（ability），并取决于目标元素（Sen，1997）。依据该理论，收入反映了个人或组织参与各种经济活动的实际可行能力，例如购买力、还贷能力、收入获取能力、资源优化配置能力、参与市场竞争能力、医疗卫生支付能力等。换言之，在实际生活中，获得一定水平收入的可行能力使得/赋予了个体参与各式各样的社会经济活动的机会。该收入可行能力既存在数量的差异性，也具备性质的多样性，本研究将其界定为收入质量（Income Quality），收入质量是指农户获取收入过程中的潜在或可行能力所反映出来的质态差异特性总和，是对个体参与经济活动能力的真实刻画。

森（Sen，2002）指出，可行能力是各种能力的集合，是不易被直接观察的，其中某些可行能力比其他一些可行能力更难测度，且在试图对这些能力进行度量时，由此被隐藏的内容有时可能比揭示的还要多，因此在具体应用中可行能力需要通过不同的指标来体现，并应视具体情况而异。尽管将可行能力方法理论运用于实践存在较大的困难，但仍有许多学者展开了大量尝试性研究（Cracolici and Nijkamp，2009；Nussbaum，2000，2006；Tommaso，2006）。联合国发展计划署（UNDP）依据该理论构建的

"人类发展指数"（Human Development Index）广泛见于联合国人权报告和世界银行的年度发展报告中，是目前最为典型的实践案例。森（Sen，1992）认为，个体的可行能力依赖于其控制的资源及其运用资源的能力。而个人的特质及其在社会环境中担任的角色会影响个体的选择和运用能力，并进一步决定了其功能性活动的可获得性（Sen，1999）。换言之，可行能力与人们的个体特征及其所处的社会环境息息相关，相同的资源被不同的个体在差异化的环境下可转换成有差别的功能性活动，因此，对可行能力的评估可通过对可获得性的功能活动进行评估来实现（高进云等，2007）。

收入是由一定经济活动过程构成的（周彦文和陈莉霞，1998）。换言之，收入是由为了满足需求而展开的一系列功能活动而构成的集合，该功能活动集合既涉及方法与途径，又包含规模与效果。具体而言，个体为了满足不同的需求，展开一系列功能活动，其中个人特质（例如禀赋与技能，即"知识性"）和环境因素直接作用于活动实施的方式，而方法选择决定了活动过程中付出的成本代价（"成本性"）、过程的持续性（稳定与增长，即"成长性"）以及活动结果状态构成（"结构性"），最终影响了结果的有效性（数量规模能否满足人们的需求，即"充足性"），而整个过程中知识技能和收入数量的累积又会推动下一个收入获取活动过程的动态可持续进行。收入质量形成过程及构成框架如图 3 - 17 所示。基于本课题组以往研究中针对农民工收入质量内涵的思考以及该过程活动所呈现的综合特性，本研究认为要实现较高水平的收入质量，收入稳定是基础，且稳定基础上需具备一定的收入增长空间，因此将收入的稳定性修正为成长性。基于此，本研究从收入的充足性、结构性、成长性、成本性及知识性五个维度衡量收入质量。各维度内涵具体解释为：收入的充足性，即收入数量是否满足家庭需要；收入的结构性，即收入是否具备多样化数量结构和多元化渠道；收入的成长性，即收入是否具有相对稳定的来源，且稳定的基础上是否仍具备收入增长的潜力；收入的成本性，即收入获取发生的各种费用；收入的知识性，即收入获取活动的知识含量和技能经验。

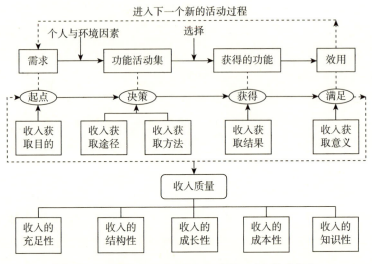

图 3 - 17　可行能力理论下收入质量形成及构成框架

在可行能力方法论中，尽管森所探讨主题的研究对象是个人，但该理论在具体应用过程中并不局限于个体，而是包含从微观个体到群体特征，从地区到国家层面的多角度运用和论证。本研究将可行能力方法应用于农户，即研究农户的收入质量。其原因主要有两点：一是在我国，农户是基本的决策单位；二是一个家庭中，单个人与其他家庭成员之间的收入具有难以分割性。因此，本研究以农户作为研究对象，通过计算农户收入质量指数（Income Quality Index，IQI）的大小来综合刻画其水平，为后文呈现其特征奠定分析基础。

1. 农户收入质量评估指标体系阐释

由于目前尚无可参考的农户收入质量评估体系，为了实现评估的客观性、准确性及有效性，本研究采用客观指标直接反映相关信息。农户收入质量评估指标体系具体包括收入的充足性、收入的结构性、收入的成长性、收入的成本性、收入的知识性5个一级指标，10个二级指标，24个三级指标，具体如表3 - 1所示。

表3-1　农户收入质量评估体系指标信度与效度检验

总指数	一级指标	二级指标	三级指标	二阶验证性因子分析		一致性α系数
				路径系数估计值	伴随概率P值	
农户收入质量	收入的充足性	绝对量充足性	总收入数量（元）	1.000		0.750
			第一主要来源收入数量（元）	0.694	***	
			第二主要来源收入数量（元）	0.443	***	
		相对量充足性	收入是否存在结余（是=1，否=0）	0.977	***	
			收入结余数量（元）	0.649	***	
	收入的结构性	数量结构性	第一主要来源收入占总收入比重（%）	1.000		0.756
			农业经营收入占总收入比重（%）	-0.134	***	
			第二主要来源收入与第一来源收入比值	1.145	***	
		来源结构性	收入主要来源个数（个）	0.447	***	
			收入分项途径个数（个）	0.286	***	
	收入的成长性	数量成长性	总收入数量增长量（元）	7.445	0.002	0.552
			第一主要来源收入增长量（元）	1.915	***	
			第二主要来源收入增长量（元）	0.515	***	

续表

总指数	一级指标	二级指标	三级指标	二阶验证性因子分析		一致性α系数
				路径系数估计值	伴随概率P值	
农户收入质量	收入的成长性	来源稳定性	收入主要来源稳定性	0.734	***	0.552
			收入分项途径稳定性	1.000		
	收入的成本性	生产成本性	可变成本占经营性收入比重（%）	1.000		0.427
			固定成本占经营性收入比重（%）	0.064	0.407	
		生活成本性	人际关系支出成本占总收入比重（%）	1.230	***	
			一般生活支出成本占总收入比重（%）	2.249	***	
	收入的知识性	通识教育及技能	受教育程度	0.243	***	0.645
			家庭劳动力成员中拥有从业资格证书数量（个）	0.363	***	
			家庭劳动力成员中拥有初级及以上技术职称人数（人）	0.232	***	
		培训再教育	家庭劳动力参加过培训的人数（人）	0.874	***	
			受访者近三年参加培训的次数（次）	1.000		

注：本研究中的二阶验证性因子分析模型建立在一阶模型通过检验的基础上。

各指标含义及解释如下。

收入的充足性反映为收入的数量性特征，由收入的绝对量和相对量的充足程度综合体现。收入的绝对量由总收入数量和第一、第二主要来源收入数量 3 个指标构成。收入的相对量由收入是否存在结余以及收入结余数量①2 个指标反映。

收入的结构性反映为收入数量的来源多元化和渠道多样性特征，②由数量结构性和来源结构性 2 个二级指标构成。数量结构性由第一主要来源收入占总收入比重、农业经营收入占总收入比重、第二来源收入与第一来源收入比值 3 个指标综合刻画数量的单一来源或者多样性来源特征。来源结构性由收入主要来源个数和收入分项途径个数 2 个指标反映。

收入的成长性反映为收入获取途径的稳定性和收入数量的增长空间特征，由数量成长性与来源稳定性 2 个二级指标构成。数量成长性由总收入数量增长量、第一主要来源收入增长量、第二主要来源收入增长量 3 个指标反映。③ 来源稳定性包括收入主要来源和收入分项途径稳定性 2 个指标。④

收入的成本性反映为收入获取过程中付出代价的特性，由生产成本性和生活成本性 2 个二级指标组成。生产成本性是指农户

---

① 收入结余数量 = 总收入 − 费用总支出。

② 本研究中，收入来源有四大类收入来源和 26 项分途径来源。四大类来源是指经营性收入、工资性收入、转移支付收入、财产性收入，分途径来源是指农户获取收入的具体途径，例如，经营性收入包括：务农、农产品加工、零售业、运输经营等 14 项具体途径；工资性收入包括：当地零工—农活、当地零工—非农活等 6 项具体途径；转移支付收入包括：社会救助、政府补贴等 4 项具体途径；财产性收入包括：财产继承、租金和利息收入 2 项具体途径。

③ 具体的调查数据显示，15.7% 的农户仅有一项主要收入来源，43.3% 的农户拥有两项主要收入来源，39.5% 的农户拥有三项主要收入来源，仅 1.4% 的农户拥有四项收入来源。其中，第三项主要收入来源中的 90% 是转移支付收入，考虑到转移支付收入长期平稳，增长空间有限，因此，本研究中仅用第一主要来源收入增长量、第二主要来源收入增长量及总收入数量增长量 3 个指标来综合反映数量成长性。

④ 在具体评估中，收入来源稳定性是指农户 2013 年收入来源个数与 2012 年收入来源个数的差值，差值越大表明其来源越具有稳定性。收入分项途径稳定性指标处理类似。

农业生产投入特性，包括可变成本支出和固定成本支出，具体采用可变成本占经营性收入比重、固定成本占经营性收入比重 2 个指标反映。① 生活成本性是指农户为了获取收入而需要维持的日常生活成本支出所呈现的特征。本研究中的生活成本由人际关系支出和一般日常生活成本反映。人际关系支出作为农村当前社会网络构建的物质基础，为农户在收入获取过程中充分获取各类信息、金融、生产资料等资源发挥了重要作用。一般日常生活成本具体指农户家庭成员的日常吃、穿、用、行方面的活动支出。生活成本性具体由人际关系支出成本占总收入比重、一般生活成本支出成本占总收入比重 2 个指标进行刻画。

收入的知识性反映为收入获取活动中所呈现的知识和技能特征，由通识教育及技能和培训再教育 2 个二级指标构成。通识教育及技能具体是指农户家庭成员受教育程度和收入获取过程中拥有的技能专长（例如从业资格证书和技术职称评定等），由受教育程度、家庭劳动力成员中拥有从业资格证书数量、家庭劳动力成员中拥有初级及以上技术职称人数 3 个指标反映。培训再教育是指农户家庭成员在具体的收入获取过程中参加的针对性培训，由农户家庭劳动力参加过培训的人数、受访者近三年参加培训的次数 2 个指标反映。

2. 农户收入质量评估体系信度与效度检验

由于农户收入质量指数测度指标体系为首次构建，为了准确有效测算其指数，本研究依次对构建的指标体系进行信度检验与验证性因子分析。信度检验采用克朗巴哈系数（Cronbach'α）② 的

---

① 可变成本占经营性收入比重、固定成本占经营性收入比重两个指标是修正指标，实际数据采集过程中，我们发现部分农户没有经营性收入，为了充分利用数据信息，减少因数据缺失造成的偏差，本研究采用总收入替代经营性收入计算两个指标值。

② α 系数越接近 1，表明测度量表指标构建的可信度越高。当 $\alpha > 0.8$ 时，可认为其内部一致性较理想；当 $0.8 \geq \alpha > 0.7$ 时，认为其内部一致性良好；当 $0.7 \geq \alpha > 0.5$ 时，则认为一致性一般；当 $0.5 \geq \alpha > 0.3$ 时，则认为一致性可接受；当 $\alpha < 0.3$ 时，认为其内部一致性水平较低。

大小来判断指标体系内部的一致性水平。效度检验采用验证性因子分析判断指标体系的结构效度。表 3 - 1 显示了农户收入质量指数测度指标体系中三级指标的二阶验证性因子分析结果与信度检验。

表 3 - 1 结果显示，从测度体系拟合效果来看，各项适配度指标值均符合标准值范围要求，表明测度量表指标体系二阶验证性因子模型拟合效果较优。各指标值为 $\chi^2/df = 2.492$，$RMSEA = 0.033$，$GFI = 0.970$，$AGFI = 0.956$，$CFI = 0.981$，$TLI = 0.975$，$IFI = 0.981$，$NFI = 0.969$。[①] 从测度体系信度检验结果来看，农户收入质量的充足性和结构性一致性 α 系数值分别为 0.750、0.756，表明这两个维度的构建一致性良好；农户收入质量的成长性和知识性一致性 α 系数值分别为 0.552、0.645，反映了这两个维度的一致性一般；农户收入质量的成本性一致性 α 系数值为 0.427，反映了成本性维度一致性偏低，但仍在可接受范围内。[②] 综合来看，本研究中农户收入质量评估指标体系构建比较合理，可实施农户收入质量指数测度。

3. 农户收入质量指标权重计算

在多指标评估体系中，准确、科学、合理地确定评价指标的权重是核心问题（郭晓晶等，2012）。就现有研究来看，权重确定方法分为主观赋权法和客观赋权法两类。主观赋权法是基于决策者的经验或偏好，通过对各指标重要性进行比较而赋权的方法，目前使用较多的是专家评分法、层次分析法（AHP）、对比

---

① χ^2/df 表示模型简约适配度，其值在 [1，5] 区间表明模型拟合简约，越接近 2，认为模型拟合越简约；$RMSEA$ 为模型绝对适配指数，其值小于 0.05 表明模型拟合适配良好，且该值越接近 0 表明模型拟合效果越优；GFI 和 $AGFI$ 为绝对适配度指数，其值大于等于 0.9 表明模型拟合效果好，且越接近 1 表示拟合效果越优；CFI、TLI、IFI、NFI 为模型增值适配度指数，其值大于等于 0.9 表明模型拟合适配度良好，越接近 1 表示拟合效果越优。

② 其中固定成本占经营收入比重指标在 90% 统计水平上不显著，说明该指标未能充分反映成本性，也因此导致了成本性的 α 系数偏小，其原因是固定成本来自购买农业生产固定设备投入，一次性购买，长期使用，而本研究中的收入是指当期收入，因而未能充分反映固定成本性。总体而言，在农业生产中，购买固定生产设备是一大笔投资，当期固定成本支出会对当期收入质量存在影响，综合考虑，本研究对该指标做保留处理。

排序法等；客观赋权法则是依据实际数据，利用各指标值所反映的客观信息确定权重，如标准离差法、熵值法、变异系数法等。主观赋权法因依据既有决策者的经验或偏好确权，带有主观随意性；客观赋权法则因依据数据的客观信息确权，忽视了专家的经验，造成一定的偏差。为了有效克服主客观赋权法各自的缺点，本研究运用 AHP 分析法、熵值法分别计算权重，并利用熵组合权重值作为指标的最终权重来进一步核实农户收入质量指数大小。

在确权之前，由于各个指标的度量单位、内在属性、数量级存在差异，不能直接进行比较，需对所有评价指标进行标准化处理，以消除量纲影响，将其转化为无量纲、无数量级差异、方向一致的标准指标值，然后再进行指标合成。常见的线性无量纲化方法主要有 Z-Score 法、极差化法、极大化法、极小化法、均值化法、秩次化法。选择合适的指标标准化方法可有效提高综合评价结果的准确性。常用的指标无量纲化方法中，Z-Score 法和极差法相对于其他方法更为有效（张立军和袁能文，2010）。基于此，本研究采用极差化法对农户收入质量指标进行无量纲化处理。

本研究基于主观权重 w_{j1} 和客观权重 w_{j2} 计算得到熵组合权重 w_j。虽然主客观计算权重的方法存在差异，但它们反映的是同一个问题，因此 w_{j1} 和 w_{j2} 应该尽可能接近。根据最小相对信息熵原理（吴开亚和金菊良，2008），公式如下：

$$\min F = \sum_j^m w_j(\ln w_j - \ln w_{j1}) + \sum_i^n w_j(\ln w_j - \ln w_{j2}) \qquad (3-1)$$

其中，$\sum_i^n w_j = 1$，且 $\sum_i^n w_j > 0$。利用拉格朗日乘子法对上述问题进行优化，则：

$$w_j = (w_{j1} \cdot w_{j2})^{1/2} / \sum_j^m (w_{j1} \cdot w_{j2})^{1/2} \qquad (3-2)$$

基于式（3-2）可知，只有在取 w_{j1} 和 w_{j2} 的几何平均数的基础上，所需要的信息量才能达到最小。基于此，本研究通过计算 w_{j1} 和 w_{j2} 的几何平均数作为收入质量最终测算的权重值。综合权重值如表 3 - 2 所示。

4. 农户收入质量及其单维度测算

依据上文，农户收入质量指数计算如下：

$$IQI_i = \sum_{j=1}^{m} w_j \times x_{ij}^{*} \qquad (3-3)$$

式（3 - 3）表示第 i 个样本对象收入质量指数的综合评价值，x_{ij}^{*} 表示第 i 个评价对象在第 j 项指标值进行无量纲化处理后的数值。

收入的充足性、结构性、成长性、成本性、知识性各指数则是通过计算的指标综合权重值乘以单向的三级指标数值，然后加总。

5. 农户收入质量的现状特征分析

（1）农户收入质量的分布特征

受访样本农户收入质量个体分布特征如图 3 - 18 所示。

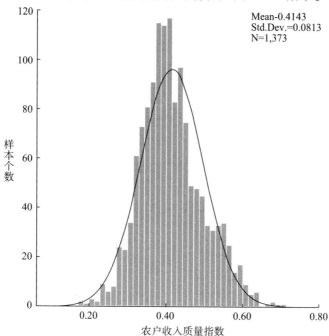

图 3 - 18　样本农户收入质量分布

表3-2 农户收入质量评估体系指标综合权重

总指数	一级指标	综合权重	二级指标	综合权重	三级指标	综合权重
农户收入质量	收入的充足性	0.3360	绝对量充足性	0.1451	总收入数量（元）	0.0690
					第一主要来源收入数量（元）	0.0310
					第二主要来源收入数量（元）	0.0465
			相对量充足性	0.0936	收入是否存在结余（是=1，否=0）	0.0719
					收入结余数量（元）	0.0204
	收入的结构性	0.2114	数量结构性	0.1757	第一主要来源收入占总收入比重（%）	0.0801
					农业经营收入占总收入比重（%）	0.0277
					第二来源收入与第一来源收入比值	0.0720
			来源结构性	0.0786	收入主要来源个数（个）	0.0435
					收入分项途径个数（个）	0.0312
	收入的成长性	0.1192	数量成长性	0.0971	总收入数量增长量（元）	0.0651
					第一主要来源收入增长量（元）	0.0176
					第二主要来源收入增长量（元）	0.0159
			来源稳定性	0.0564	收入主要来源稳定性	0.0246
					收入分项途径稳定性	0.0304

续表

总指数	一级指标	综合权重	二级指标	综合权重	三级指标	综合权重
农户收入质量	收入的成本性	0.1357	生产成本性	0.0761	可变成本占经营性收入比重（%）	0.0580
					固定成本占经营性收入比重（%）	0.0161
			生活成本性	0.0610	人际关系支出成本占总收入比重（%）	0.0234
					一般生活支出成本占总收入比重（%）	0.0397
	收入的知识性	0.1978	通识教育及技能	0.1218	受教育程度	0.0686
					家庭劳动力成员中拥有从业资格证书数量（个）	0.0318
					家庭劳动力成员中拥有初级及以上技术职称人数（人）	0.0159
			培训再教育	0.0947	家庭劳动力参加过培训的人数（人）	0.0358
					受访者近三年参加培训的次数（次）	0.0645

综合来看，样本农户收入质量的最低值为 0.1721，最高值为 0.7072，平均值为 0.4143。样本农户收入质量呈现"纺锤体"形状，中间大、两头尖，属于较为理想的表现形态，但整体平均水平偏低，个体差异较大，存在较大的改善空间。从个体区间分段分布情况来看，差异较大，具体如下。

第一，农户收入质量在 [0，0.1)、[0.8，0.9)、[0.9，1.0] 区间上的样本农户均为 0.0%，表明样本农户的收入质量没有两极化分布。

第二，接近半数样本农户收入质量在平均值以下水平，具体为：0.2% 的样本农户收入质量落在 [0.1，0.2) 区间，5.5% 的样本农户收入质量落在 [0.2，0.3) 区间，41.4% 的样本农户收入质量落在 [0.3，0.4) 区间，表明这部分样本农户收入质量水平偏低，需要重点改善。

第三，超过半数以上的样本农户收入质量在 0.4 及以上，其中，37.4% 的样本农户收入质量落在 [0.4，0.5) 区间，13.6% 的样本农户收入质量落在 [0.5，0.6) 区间，1.7% 的样本农户收入质量落在 [0.6，0.7) 区间，另有 0.1% 的样本农户收入质量落在 [0.7，0.8) 区间。可以看出，相较于其他样本农户，这部分样本农户收入质量水平较高，但仍存在优化空间，且高水平收入质量的样本农户较少。

（2）农户收入质量单维度分布特征

样本农户收入的充足性统计特征值具体表现为：最低值为 0.0109，最高值为 0.2041，平均值为 0.0810。从个体区间分段分布情况来看，21.1% 的样本农户收入的充足性落在 [0.0，0.05) 区间，53.6% 的样本农户收入的充足性落在 [0.05，0.10) 区间，21.9% 的样本农户收入的充足性落在 [0.10，0.15) 区间，3.3% 的样本农户收入的充足性落在 [0.15，0.20) 区间，另有 0.1% 的样本农户收入的充足性落在 [0.20，0.25] 区间。具体分布如图 3 - 19 所示。

样本农户收入的结构性统计特征值具体表现为：最低值为

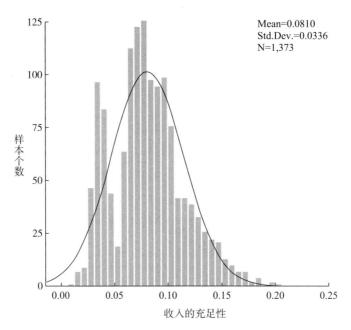

图 3 – 19　样本农户收入的充足性分布

0.0005，最高值为 0.2359，平均值为 0.0843。从个体区间分段分布情况来看，23.6% 的样本农户收入的结构性落在 [0.0，0.05)区间，44.9% 的样本农户收入的结构性落在 [0.05，0.10) 区间，18.9% 的样本农户收入的结构性落在 [0.10，0.15) 区间，12.0% 的样本农户收入的结构性落在 [0.15，0.20) 区间，另有 0.6% 的样本农户收入的结构性落在 [0.20，0.25] 区间。具体分布如图 3 – 20 所示。

　　样本农户收入的成长性统计特征值具体表现为：最低值为 0.0158，最高值为 0.1415，平均值为 0.1006。从个体区间分段分布情况来看，0.5% 的样本农户收入的成长性落在 [0.0，0.03)区间，2.5% 的样本农户收入的成长性落在 [0.03，0.06) 区间，9.7% 的样本农户收入的成长性落在 [0.06，0.09) 区间，84.4% 的样本农户收入的成长性落在 [0.09，0.12) 区间，另有 2.9% 的样本农户收入的成长性落在 [0.12，0.15] 区间。具体分布如图 3 – 21 所示。

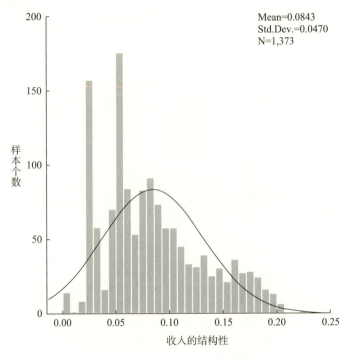

图 3 - 20　样本农户收入的结构性分布

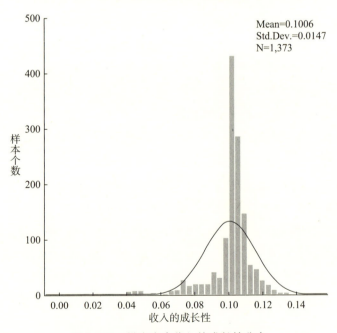

图 3 - 21　样本农户收入的成长性分布

样本农户收入的成本性统计特征值具体表现为：最低值为0.0353，最高值为0.1322，平均值为0.1093。从个体区间分段分布情况来看，无样本农户收入的成本性落在［0.0，0.03）区间，1.1%的样本农户收入的成本性落在［0.03，0.06）区间，9.7%的样本农户收入的成本性落在［0.06，0.09）区间，62.6%的样本农户收入的成本性落在［0.09，0.12）区间，另有26.7%的样本农户收入的成本性落在［0.12，0.15］区间。具体分布如图3－22所示。

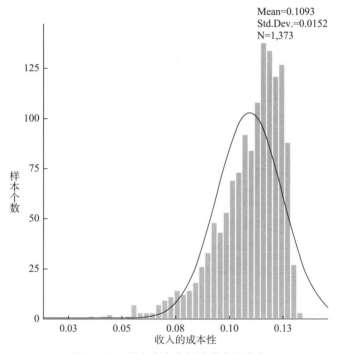

图3－22　样本农户收入的成本性分布

样本农户收入的知识性统计特征值具体表现为：最低值为0.0007，最高值为0.2010，平均值为0.0390。从个体区间分段分布情况来看，76.5%的样本农户收入的知识性落在［0.0，0.05）区间，16.7%的样本农户收入的知识性落在［0.05，0.10）区间，6.1%的样本农户收入的知识性落在［0.10，0.15）区间，0.6%的样本农户收入的知识性落在［0.15，0.20）区间，另有

0.3% 的样本农户收入的知识性落在 ［0.20，0.25］ 区间。具体分布如图 3-23 所示。

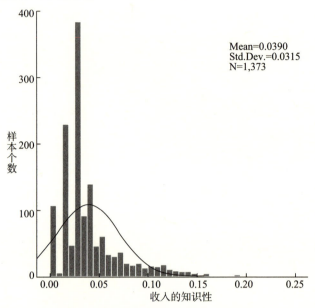

Mean=0.0390
Std.Dev.=0.0315
N=1,373

图 3-23　样本农户收入的知识性分布

总之，农户的收入质量普遍偏低，其中以收入的知识性水平为最低，收入的成本性水平为最高。

（3）农户收入质量与其单维度的关系特征分析

本研究采用散点图和最优估计曲线呈现农户收入质量与收入的充足性、结构性、成长性、成本性、知识性五个单维度之间的关系，具体如图 3-24a、图 3-24b、图 3-24c、图 3-24d、图 3-24e 所示。

由图可知，首先，农户收入质量与收入的结构性呈现单调线性关系，即收入的结构性水平越高，农户收入质量越优。换言之，通过增加收入途径，提高收入来源的多元化程度，可以有效提高农户的收入质量水平。其次，农户收入质量与收入的充足性、成长性之间呈现二次曲线、三次曲线关系，即在一定收入质量范围内，收入的数量增加可以在一定程度上促进农户收入质量的改善，但当收入数量达到一定水平时，对收入质量的改善作用

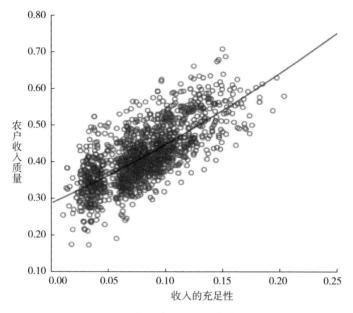

图 3 - 24a　收入的充足性与农户收入质量

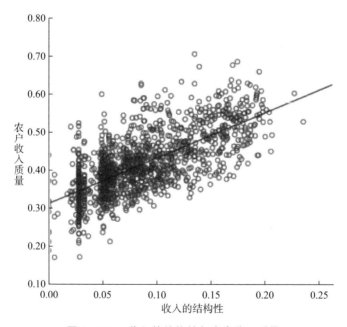

图 3 - 24b　收入的结构性与农户收入质量

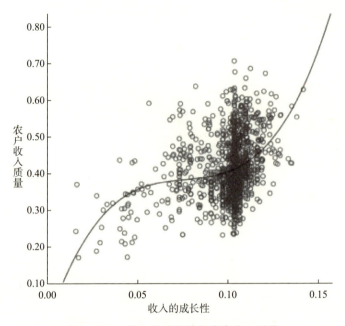

图 3 - 24c　收入的成长性与农户收入质量

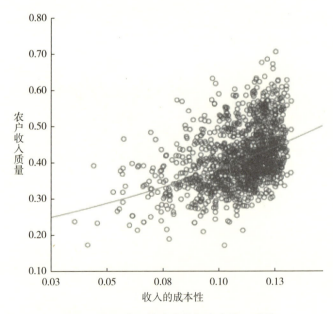

图 3 - 24d　收入的成本性与农户收入质量

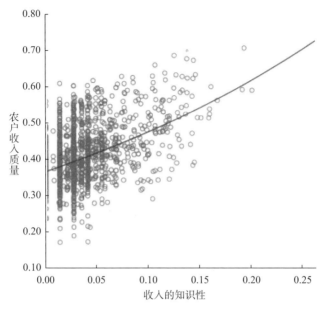

图 3 - 24e 收入的知识性与农户收入质量

非常有限。换言之，收入从"量变"到"质变"是一个长期过程，在该过程中，单一的"量变"具有局限性，在其他内在的特性综合发生变化的基础上，才最终实现"质变"。最后，农户收入质量与收入的成本性、知识性之间表现为复合曲线关系，反映了农户收入质量与收入成本性、知识性之间复杂的非线性关系。从图 3 - 24d 来看，高成本性和高水平收入质量息息相关。换言之，高成本投入不一定能实现高水平收入质量，但一方面高成本投入为获得较高水平收入质量提供了更高的可能性，另一方面也会影响到收入质量提高，比如高成本投入可能会降低收入的充足性。图 3 - 24e 表明高知识性水平的农户，收入质量呈现普遍较高的趋势。因此，提高农户的知识和技能，是帮助农户实现较高水平收入质量的重要途径。农户获取收入的成本性太高导致现有收入质量的整体水平偏低。

（4）农户收入质量测度的稳定性与有效性特征分析

基于以上分析，农户收入质量指数大小已测度，但该指数测度的稳定性及其运用的有效性有待验证。本研究首先从减少部分指标后的指数（减维指数）与原指数进行相关性分析，并对相近区域样本进行独立样本 T 检验分析，从两方面检验农户收入质量指数的稳定性；其次用农户人均可支配收入（PCDI）[①] 和单个样本农户家庭收入占样本总收入比重（IR）[②] 两个指标分别与农户收入质量指数（IQI）进行相关性分析，以相关系数大小与显著性水平反映农户收入质量指数检验实际运用的有效性。

对收入质量指数稳定性的检验，主要判断该指数在多大程度上依赖单个指标和区域的变化。基于此，本研究首先对每个单维度减少了一个指标或两个指标，重新计算出减维指数 IQI1、IQI2、IQI3、IQI4、IQI5、IQI6、IQI7，并将其与 IQI 进行相关性分析。表 3 – 3 显示，所有的相关性系数均在 1% 的显著性水平上大于 0.97，表明减维指数与原指数基本无差异，利用减维指数仍然可计算出大小近似的指数，由此说明即使去掉一个或两个指标，其测度的收入质量指数仍然非常稳定。其次基于前文分析可知，中部与西部地区均值相近，对其进行独立样本 T 检验，检验其均值的差异性。表 3 – 4 显示，方差均等性 Levene 检验中，Sig. 的值为 0.448，大于 0.05，表明中部与西部地区收入质量指数方差是齐次的，其对应的平均值均等性检验 Sig.（双侧）值为 0.816，大于 0.05，说明利用已构建的指标体系对中部与西部地区分别测度的农户收入质量指数无差异，而对分别位于中部和西部的两个省份河南、陕西同样进行独立样本 T 检验，检验结果仍显示无差异，即该指标体系对收入质量指数的测度不随区域的变动产生较大的差异性。综合表明，该指标体系具有良好的稳定性。

关于农户收入质量的实效性检验，依据前文分析可知，相较于单一的收入数量性而言，收入质量的引入可更全面地反映个体参与经济活动的能力。因此，有必要进一步检验该指数在具体运

---

① 农村居民人均可支配收入（Per Capita Disposable Income）=（农村居民总收入 – 家庭经营费用支出 – 税费支出 – 生产性固定资产折旧 – 财产性支出 – 转移性支出）/家庭常住人口。

② 单个样本农户家庭收入占样本总收入比重（Income Ratio, IR）=单个农户家庭总收入/所有农户家庭总收入×100%。

表 3 - 3　原指数与减维指数相关性描述

指数	IQI1	IQI2	IQI3	IQI4	IQI5	IQI6	IQI7
IQI	0.992**	0.978**	0.997**	0.993**	0.982**	0.985**	0.980**

注：** 即相关性双侧检验下显著性为 0.01。

表 3 - 4　独立样本 T 检验分析

检验区域		方差均等性 Levene 检验		平均值均等性 t 检验			
		F	Sig.	t	Sig.（双侧）	均值差值	标准误差值
中部与西部	假设方差相等	0.577	0.448	0.233	0.816	0.0014	0.0059
	假设方差不相等			0.234	0.815	0.0014	0.0059
河南与陕西	假设方差相等	1.395	0.238	-1.652	0.099	-0.0102	0.0062
	假设方差不相等			-1.647	0.100	-0.0102	0.0062

用中是否具有实践性。以往研究中，PCDI、IR 是用于分析居民经济状况、社会不平等、减缓贫困等经济问题的重要衡量指标。因此，本研究对样本农户的 PCDI 和 IR 分别与 IQI 进行相关性分析，并做了散点图与最优拟合曲线图，通过相关系数大小及其显著性水平、散点图、拟合曲线综合反映 IQI 实际运用的有效性。最优拟合曲线与散点图如图 3 - 25、图 3 - 26 所示。

结果显示，IQI 在 5% 的显著性水平上与 PCDI、IR 相关，其相关系数分别为 0.538、0.534。可知，农户收入质量指数测度具有实效性，可运用于对家庭福利、收入差距、多维贫困等社会经济问题的分析。

（5）东、中、西部农户收入质量区域内特征分析

从各区域来看，东部地区农户收入质量分布相对集中，趋于平均值，个体差异相对较小；中、西部地区个体分布较为分散，个体差异相对较大。

A. 东部地区

东部地区样本农户收入质量统计特征值具体表现为：最低值为 0.2366，最高值为 0.6387，平均值为 0.4352。东部地区农户

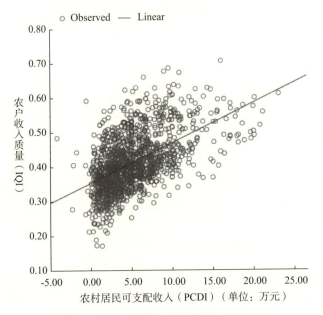

图 3 - 25　PCDI 与 IQI

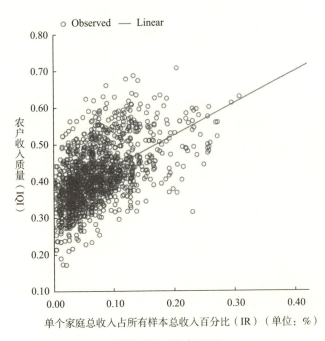

图 3 - 26　IR 与 IQI

收入质量区间分布特征如图 3 - 27 所示。

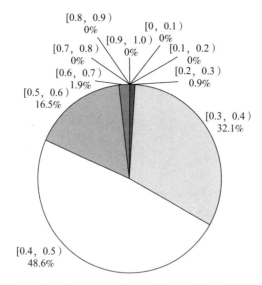

图 3 - 27　东部地区农户收入质量各区间占比

从个体区间分段分布情况来看，首先，农户收入质量在 [0，0.2)、[0.7，1.0) 区间上的样本农户均为 0.0%。其次，33% 的样本农户收入质量在 0.4 以下水平，其中，0.9% 的样本农户收入质量落在 [0.2，0.3) 区间，32.1% 的样本农户收入质量落在 [0.3，0.4) 区间，表明这部分样本农户收入质量水平偏低，需要重点改善。最后，大多数样本农户收入质量在 0.4 及以上，其中，48.6% 的样本农户收入质量落在 [0.4，0.5) 区间，16.5% 的样本农户收入质量落在 [0.5，0.6) 区间，1.9% 的样本农户收入质量落在 [0.6，0.7) 区间，相较于其他样本农户，这部分样本农户收入质量水平较高，但仍存在优化空间，且高水平的样本农户较少。

B. 中部地区

中部地区样本农户收入质量统计特征值具体表现为：最低值为 0.2379，最高值为 0.6777，平均值为 0.4115。中部地区农户收入质量区间分布特征如图 3 - 28 所示。

从个体区间分段分布情况来看，首先，农户收入质量在 [0，

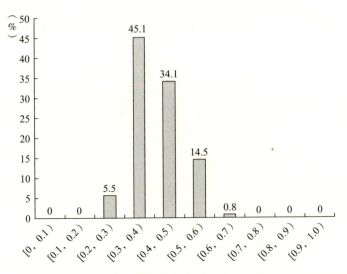

图 3 - 28　中部地区农户收入质量各区间占比

0.2)、[0.7，1.0) 区间上的样本农户均为 0.0%。其次，超过半数样本农户收入质量在 0.4 以下水平，其中，5.5% 的样本农户收入质量落在 [0.2，0.3) 区间，45.1% 的样本农户收入质量落在 [0.3，0.4) 区间，表明这部分样本农户收入质量水平偏低，需要重点改善。最后，接近半数样本农户收入质量在 0.4 及以上，其中，34.1% 的样本农户收入质量落在 [0.4，0.5) 区间，14.5% 的样本农户收入质量落在 [0.5，0.6) 区间，0.8% 的样本农户收入质量落在 [0.6，0.7) 区间，相较于其他样本农户，这部分样本农户收入质量水平较高，但仍存在优化空间，且高水平的样本农户较少。

C. 西部地区

西部地区样本农户收入质量统计特征值具体表现为：最低值为 0.1721，最高值为 0.7072，平均值为 0.4102。西部地区农户收入质量区间分布特征如图 3 - 29 所示。

从个体区间分段分布情况来看，首先，农户收入质量在 [0，0.1)、[0.8，1.0) 区间上的样本农户均为 0.0%。其次，接近半数样本农户收入质量在 0.4 以下水平，其中，0.3% 的样本农户收

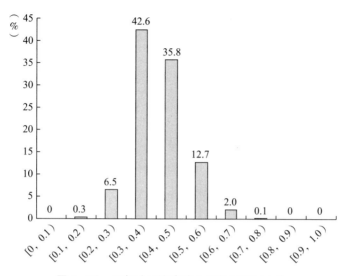

图 3 - 29 西部地区农户收入质量各区间占比

入质量落在 [0.1，0.2) 区间，6.5% 的样本农户收入质量落在
[0.2，0.3) 区间，42.6% 的样本农户收入质量落在 [0.3，0.4)
区间，表明这部分样本农户收入质量水平偏低，需要重点改善。
最后，超过半数样本农户收入质量在 0.4 及以上，其中，35.8%
的样本农户收入质量落在 [0.4，0.5) 区间，12.7% 的样本农户
收入质量落在 [0.5，0.6) 区间，2.0% 的样本农户收入质量落
在 [0.6，0.7) 区间，0.1% 的样本农户收入质量落在 [0.7，
0.8) 区间，相较于其他样本农户，这部分样本农户收入质量水
平较高，但仍存在优化空间，且高水平的样本农户较少。

本部分按照收入质量单维度分布特点，将各维度分成 5 个区
间水平，分别为"低水平""较低水平""一般水平""较高水
平""高水平"五个组，然后对东、中、西部区域内的各分段中
农户进行百分比计算。样本收入质量单维度在东、中、西部区域
内具体分布情况如下。

A. 东部地区

东部地区农户收入质量单维度区间分布特征如图 3 - 30 所示。

从收入的充足性来看，样本农户落在"低水平""较低水平"

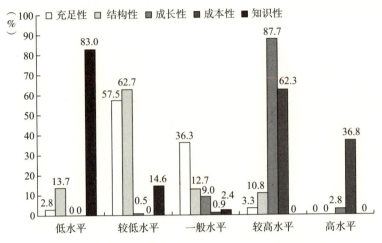

图 3 – 30　东部地区农户收入质量单维度分布特征

"一般水平""较高水平""高水平"的百分比依次为 2.8%、57.5%、36.3%、3.3%、0.0%。从收入的结构性来看，样本农户落在"低水平""较低水平""一般水平""较高水平""高水平"的百分比依次为 13.7%、62.7%、12.7%、10.8%、0.0%。从收入的成长性来看，样本农户落在"低水平""较低水平""一般水平""较高水平""高水平"的百分比依次为 0.0%、0.5%、9.0%、87.7%、2.8%。从收入的成本性来看，样本农户落在"低水平""较低水平""一般水平""较高水平""高水平"的百分比依次为 0.0%、0.0%、0.9%、62.3%、36.8%。从收入的知识性来看，样本农户落在"低水平""较低水平""一般水平""较高水平""高水平"的百分比依次为 83.0%、14.6%、2.4%、0.0%、0.0%。综合来看，东部地区样本农户收入的成长性、收入的成本性在"较高水平""高水平"组分布比例较高，表明这两个维度的水平较高；样本农户收入的结构性、收入的知识性在"较低水平"组分布比例较高，反映了这两个维度的水平较低；样本农户收入的充足性在"较低水平""一般水平"组分布比例较高，体现了充足性水平一般。

B. 中部地区

中部地区农户收入质量单维度区间分布特征如图 3 - 31 所示。从收入的充足性来看,样本农户落在"低水平""较低水平""一般水平""较高水平""高水平"的百分比依次为 19.6%、48.6%、26.7%、4.7%、0.4%。从收入的结构性来看,样本农户落在"低水平""较低水平""一般水平""较高水平""高水平"的百分比依次为 27.5%、40.8%、18.0%、12.5%、1.2%。从收入的成长性来看,样本农户落在"低水平""较低水平""一般水平""较高水平""高水平"的百分比依次为 0.0%、2.4%、11.0%、83.9%、2.7%。从收入的成本性来看,样本农户落在"低水平""较低水平""一般水平""较高水平""高水平"的百分比依次为 0.0%、0.8%、8.2%、71.4%、19.6%。从收入的知识性来看,样本农户落在"低水平""较低水平""一般水平""较高水平""高水平"的百分比依次为 83.1%、13.4%、3.5%、0.0%、0.0%。综合来看,中部地区样本农户收入的成长性、收入的成本性在"较高水平""高水平"组分布比例较高,表明这两个维度的水平较高;样本农户收入的结构性、收入的知识性在"较低水平"组分布比例较高,反映了这两个维度的水平较低;样本农户收入的充足性在

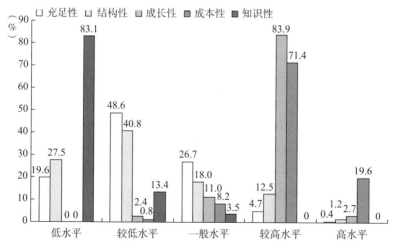

图 3 - 31 中部地区农户收入质量单维度分布特征

"较低水平""一般水平"组分布比例较高，体现了充足性水平
一般。

C. 西部地区

西部地区农户收入质量单维度区间分布特征如图 3-32 所示。
从收入的充足性来看，样本农户落在"低水平""较低水平""一
般水平""较高水平""高水平"的百分比依次为 25.7%、54.1%、
17.2%、2.9%、0.0%。从收入的结构性来看，样本农户落在"低
水平""较低水平""一般水平""较高水平""高水平"的百分比
依次为 24.8%、41.8%、20.6%、12.1%、0.6%。从收入的成长
性来看，样本农户落在"低水平""较低水平""一般水平""较高
水平""高水平"的百分比依次为 0.8%、3.0%、9.5%、83.8%、
3.0%。从收入的成本性来看，样本农户落在"低水平""较低水
平""一般水平""较高水平""高水平"的百分比依次为 0.0%、
1.4%、12.1%、60.2%、26.3%。从收入的知识性来看，样本农户
落在"低水平""较低水平""一般水平""较高水平""高水平"
的百分比依次为 73.1%、18.1%、7.7%、0.9%、0.1%。综合来
看，西部地区样本农户收入的成长性、收入的成本性在"较高水
平""高水平"组分布比例较高，表明这两个维度的水平较高；样

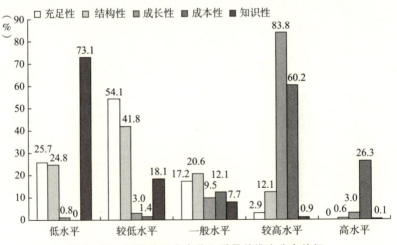

图 3-32　西部地区农户收入质量单维度分布特征

本农户收入的结构性、收入的充足性在"较低水平"组分布比例较高，反映了这两个维度的水平较低；样本农户收入的知识性在"低水平"组分布比例较高，表明西部地区知识性水平处于低水平。

以上分析表明，区域内农户收入质量单维度水平分布如下：东部地区从最高到最低依次是成本性、成长性、充足性、结构性、知识性；中部地区从最高到最低依次是成本性、成长性、充足性、结构性、知识性；西部地区从最高到最低依次是成本性、成长性、结构性、充足性、知识性。

6. 东、中、西部农户收入质量区域间特征分析

（1）东、中、西部地区农户收入质量综合水平分布特征

受访样本农户收入质量区域分布特征如图 3 - 33 和图 3 - 34 所示。

图 3 - 33 呈现的是在各分段区间内，东、中、西部地区占比，图上有具体的百分比数值，在此不再一一赘述。图 3 - 34 呈现的是各分段区间内，东、中、西部地区占本区间内的样本百分比，图上有东、中、西部各区域具体的百分比数值，在此不再一一赘述。

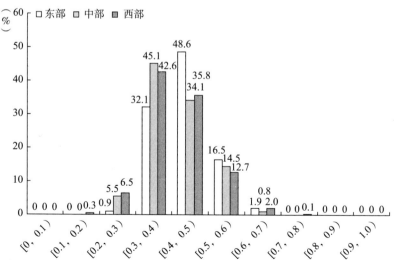

图 3 - 33 东、中、西部地区农户收入质量区间纵向比较分析

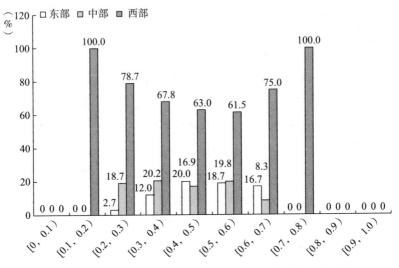

图 3 - 34 东、中、西部地区农户收入质量区间横向比较分析

（2）东、中、西部地区农户收入质量单维度分布特征

前文已对农户收入的充足性、收入的结构性、收入的成长性、收入的成本性、收入的知识性的区间和区域分布特征进行了全面呈现，因此在本部分，采用各维度在东、中、西部地区的均值替代百分比呈现整体的单维度特征。图 3 - 35 描述了东、中、西部地区农户收入的充足性、结构性、成长性、成本性、知识性的比较特征。整体来看，东、中、西部地区农户收入质量单维度水平从高到低依次是成本性、成长性、结构性、充足性、知识性。比较区域间农户收入质量单维度水平，收入的充足性平均水平从高到低依次是东部、中部、西部；收入的结构性平均水平从高到低依次是西部、中部、东部；收入的成长性东、中、西部差异性不显著，相对于东部地区，中部和西部地区农户收入的成长性水平稍微偏低；收入的成本性平均水平东部地区最高，中部和西部地区持平；收入的知识性平均水平从高到低依次是西部、东部、中部。

综上可知，首先是农户收入的知识性水平普遍偏低，是目前农户收入质量优化亟待改善的重点方面，其次是结构性和充足

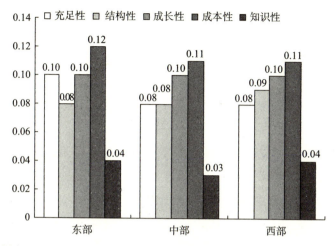

图3－35　东、中、西部区域间农户收入质量单维度特征比较分布

性。就区域比较分析来看，东部地区农户收入的结构性和知识性的提升，可有效改善东部地区收入质量综合水平，中、西部地区在保持原有结构的基础上，需要首先改善充足性和成本性水平，其次是成长性和知识性水平，以提高区域整体的收入质量水平。[①]

（二）农户信贷约束识别

以往研究证实，个体存在信贷需求而不去申请信贷的现象非常普遍（史清华和陈凯，2002；牛荣等，2012）。西方经济学家对这个现象关注已久，其中 Baydas 等（1994）是最早提出借贷需求者会因为"觉得贷款会被拒绝"而不申请的观点。随后，更多学者验证了该观点，并在此基础上加以补充，指出信贷约束不仅来自金融机构，还与个体自我排斥有关（Kon and Storey，2003；Petrick，2004），并将这些约束按照产生的原因划分为交易成本约束、信贷风险约束、信贷规模约束，且确定了三类约束的具体分类标准（Boucher et al.，2005；Boucher et al.，2008）。程郁和罗丹（2009）在三类标准基础上进一步对农户"存在信贷需求却未

[①]　学者张世伟和王广慧（2010）关于"培训对农民工收入的影响"研究表明，职前培训和在职培训均能够有效促进农民工收入的增加。

申请贷款"的行为进行解析,认为"较高的交易成本""认知偏差""风险规避"三方面因素综合造成了该行为,并对农户的实际需求信贷约束进行分类研究。换言之,认为"利率太高""担心还不了本金"的农户应当被排除在有效需求个体之外,因为这部分个体无足够能力偿还本金及利息。基于以上研究,本研究在实际调研中通过设计"是否存在借贷需求""没有借贷的原因""有借贷,则借贷资金数额、期限、利率考虑""是否有申请过正规信贷""没有申请或主动退出申请正规信贷的原因""申请获得部分正规信贷资金的原因"等问题对农户的有效信贷需求进行识别,并借鉴 Boucher 等(2005)的方法,从信贷决策的逻辑出发来判断和识别农户的信贷约束及其类型。

1. 农户资金需求现状

调查数据显示,半数以上的样本农户无信贷需求,占比为51.90%,其中排在第一位的原因是"不需要贷款",其次是"借款需要付利息"和"还款风险"因素,部分样本农户则表示"自己家有存款"而不需要借款。此外,仍有较小比例的样本农户表示,因为缺乏"人际关系","不想失去抵押物"而不存在信贷需求。

有近半数的样本农户存在信贷需求,占比为48.10%。对于存在信贷需求的样本农户,本研究对其所需信贷额度、预期借款期限、可承受的利息以及资金的具体用途进行了深入访问。调查数据显示,从资金需求额度来看,40.42%的样本农户资金需求在10万元以上,5万元以下的资金需求样本农户占比为36.21%,另有23.36%的样本农户资金需求为5万~10万元。从预期借款期限来看,接近半数的样本农户对资金使用的预期年限在2年以内,百分比为45.09%,其中短期内存在借款需求的样本农户为18.89%;3年预期使用期限的农户占比为25.94%;有21.41%的样本农户对资金使用的预期年限在3~5年;另有7.56%的样本农户预期资金使用期限为5年以上。换言之,农户对资金需求的预期使用年限以短期和中期为主。从可承受的最高利率来看,16.80%的样本农户可承担的最高年利息为无利率,34.73%的样本农户可承担的最高年利率为 5% 以下，31.44% 的样本农户可承担的最高年利率为 5% ~ 10%，表明样本农户存在较强的信贷需求，接近半数样本农户可承担 5% 以上的年利率。此外，17.07% 的样本农户可承担的最高年利率为 10% 以上。从资金需求的用途来看，样本农户将借款资金用于"生产支出"的占主要地位，其中排在第一位的资金用途是"扩大生产规模"，其次是"生产经营资金周转"和"购买生产资料"，另有一部分农户表示借款用于创业初始投资。另外，生活消费中，借款用于"购买或修建房屋"的排在第一位，由于房屋修建或购买需要较大额度的资金量，借款买房或建房是生活消费的大项；其次是教育投资和婚丧嫁娶支出，以及日常生活消费和医疗花销；最后为购买交通代步工具和还债。

以上的调查数据显示，农户存在较为显著的信贷需求，其中以短期和中期借款需求为主，农户可承担较高利率，增加投资或扩大生产是其最主要的资金用途方式。然而，在这种显著的信贷需求下，有 61.32% 的样本农户表示未前往正规金融机构申请过贷款；38.68% 的样本农户表示有过正规信贷申请经历，其中 24.9% 的样本农户获得全额贷款，7.1% 的样本农户获得部分贷款，4.3% 的样本农户的贷款申请被拒绝，另有 2.5% 的样本农户在申请过程中主动放弃了贷款申请。从被拒绝（完全拒绝和部分拒绝）的这部分样本来看，农户受到来自金融机构的信贷约束。那么，另外一部分存在信贷需求，但"未申请信贷"和"自动放弃申请"的样本是否存在信贷约束呢？下文将通过需求过程分析进一步对其信贷约束进行识别。

2. 农户信贷过程分析

在现实生活中，农户因扩大生产、增加投资、建房、婚丧嫁娶等重大活动对资金的使用需求有所增加。在家庭经济收入无法支撑资金需求的情况下，农户转而通过外部环境获得资金，于是，产生了信用贷款申请行为。然而，信用贷款申请获得审批需要通过一系列条件和要求。在这个过程中，一方面，正规金融机构以基本条件对农户个体进行筛选，判断其是否具备偿还贷款的能力，若金融机构认为农户偿债能力不足，则会直接拒绝农户的贷款申请，该过程产生了供给型信贷约束；另一方面，农户因个人条件和能力有限，考虑到需要提供担保、支付高利息、人际关系、繁杂手续、放款额度、放款时间等因素，可能会主动在信贷申请过程中进行自我排斥，因此形成了需求型信贷约束。具体如图 3 – 36 所示。

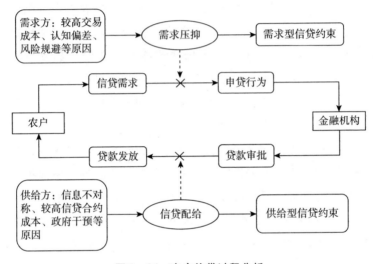

图 3 – 36　农户信贷过程分析

供给型信贷约束是指个体因受政策环境与正规金融机构影响，无法满足自身资金需求而抑制个体行为的过程，根源在于政府对信贷市场的干预、信息不对称、正规金融机构信贷成本高等。

需求型信贷约束是指个体因自身原因无法满足资金需求而主动造成的对信贷自我排斥的过程。这是一种间接性约束，具体表现为实际存在信贷需求却不主动申请贷款或者在申请贷款过程中自动放弃。

本研究对存在有效信贷需求，但未申请贷款的样本进行了访问，发现样本中表示"不需要贷款"和"缺乏人际关系，贷不上"的农户分别占到有资金需求样本的 36.5% 和 34.4%。换言之，"不需要贷款"和"缺乏人际关系，贷不上"是存在有效资金需求的样本农户不前往正规金融机构申请贷款的主要原因。

"不需要贷款"存在几个方面的解释：①贷款后没有可行的资金使用规划；②有其他资金可供使用，例如储蓄；③自身的能力很弱，无规划资金的能力，借了没用处。也就是说，"不需要贷款"受个人能力、金融机构、经济环境三方面因素的影响。"缺乏人际关系，贷不上"存在几个方面的解释：①金融机构对个人担保的要求；②农户自身没有可供担保的有效抵押物；③农户自身存在有效抵押物，但金融机构因无法获得对称信息，而对农户个体的偿债能力做出了偏差判断；④农户个体缺乏关系网络，致使其不能充分获得金融市场资源，即能力和制度共同作用于个体，使农户个体采用"用脚投票"的方式应对金融市场环境。以上分析表明，农户行为是在有限资源和环境体制下做出的有限理性决策，该决策也恰好表明因自我排斥所产生的信贷约束显而易见。

3. 农户信贷约束的识别分析

首先，"是否有借贷需要"是申请信贷决策的出发点，而"能否偿还本金""支付资金使用成本"则是在决策基础上识别有效信贷的"分水岭"。因"利率太高""担心还不了本金"而未申请或退出申请程序的农户个体，本研究将其归为无效需求个体。对于存在有效需求的个体，本研究根据"较高的交易成本""认知偏差"等因素对个体受到的信贷约束进行具体划分，识别农户个体受到的信贷约束类型。具体来说，本研究将"手续麻烦、附加条件太多""从其他借款渠道更容易获得便利借款""申请手续审批时间太长""银行服务态度不好""距离太远""无抵押担保或担保费用太高"以及"贷款额度太小不能满足需要"归纳为金融机构服务不完善和交易成本过高的问题；将"缺乏人际关系，贷不上""没有被评为信用户，申请也得不到贷款""对正规金融机构提供的贷款条件和手续不了解"划分为农户对正规信贷条件存在认知偏差。因此，对于有借贷需求而又没有获得正规贷款的农户，只要在"没有主动申请贷款"或"申请后自动放弃"原因中选择任何一个，都将被视为受到"需求型信贷约束"。

其次，本研究将"金融机构基于非能力因素所实施的信贷配

给，导致申请贷款被拒绝""信贷额度不能满足需要""实际获得
信贷数额小于期望贷款额度"三类因素导致个体不能获得贷款或
由此获得部分贷款造成的约束划分为供给型信贷约束。具体来
说，因"无抵押或担保""没有亲戚朋友在正规金融机构工作"
"不是信用户""银行不相信我的还款能力""银行资金短缺"
"不能满足需要"等原因受到信贷约束的农户，将被划分到受到
供给型信贷约束的农户样本组内。

基于上述信贷约束识别与分类标准，本研究将存在有效需求
但因自身原因而实施自我排斥造成自身信贷需求未能满足的样本
识别为受到需求型信贷约束的农户；而将直接因金融机构的信贷
配给而未能满足自身资金需求的样本识别为受到供给型信贷约束
的农户。

4. 农户信贷约束现状特征分析

（1）农户整体信贷约束现状分析

在对具体信贷约束识别和分类的基础上，本研究对农户个体受
到信贷约束的现状进行描述性统计分析，如表 3-5、表 3-6 所示。

表 3-5　农户信贷约束现状描述

	样本（个）	百分比（%）
需求型信贷约束	380	26.8
供给型信贷约束	77	5.4
无信贷约束	961	67.8
合计	1418	100

资料来源：根据 2014 年调研数据整理。

表 3-6　农户供给型信贷约束现状描述

	样本（个）	百分比（%）
部分信贷约束	48	62.3
完全信贷约束	29	37.7
合计	77	100

资料来源：根据 2014 年调研数据整理。

由此可以看到，目前 67.8% 的样本农户未受到信贷约束；26.8% 的样本农户受到需求型信贷约束；另有 5.4% 的样本农户受到供给型信贷约束，其中大多数样本农户受到部分供给型信贷约束，其占比为 62.3%，而受到完全供给型约束的样本农户占供给型信贷约束样本农户的 37.7%。

以上数据验证了以往学者的观点，即很多个体存在自身排斥行为不去申请正规贷款，且该现象在我国的农村地区一直以来比较普遍。与供给型信贷约束相比，受需求型信贷约束的样本农户约是其 5 倍。

（2）东、中、西部区域内农户信贷约束现状分析

我国东部地区样本农户个体受到信贷约束的现状如表 3 - 7 所示。由表 3 - 7 可知，目前 151 个样本农户未受到信贷约束，百分比为 77.8%；41 个样本农户受到需求型信贷约束，百分比为 21.1%；另有 2 个样本农户受到供给型信贷约束，其中部分供给型信贷约束和完全供给型约束的样本农户各占 50%。

表 3 - 7　东部地区农户信贷约束现状描述

信贷约束类型			样本（个）	百分比（%）
无信贷约束			151	77.8
有信贷约束	需求型		41	21.1
	供给型	完全信贷约束	1	0.5
		部分信贷约束	1	0.5
合计			194	100

资料来源：根据 2014 年调研数据整理。

我国中部地区样本农户个体受到信贷约束的现状如表 3 - 8 所示。由表 3 - 8 可知，目前 166 个样本农户未受到信贷约束，百分比为 65.4%；82 个样本农户受到需求型信贷约束，百分比为 32.3%；另有 6 个样本农户受到供给型信贷约束，均为受部分供给型信贷约束的样本农户。

表 3 - 8   中部地区农户信贷约束现状描述

信贷约束类型			样本（个）	百分比（%）
无信贷约束			166	65.4
有信贷约束	需求型		82	32.3
	供给型	完全信贷约束	0	0
		部分信贷约束	6	2.4
合计			254	100

资料来源：根据 2014 年调研数据整理。

我国西部地区样本农户个体受到信贷约束的现状如表 3 - 9 所示。由表 3 - 9 可知，587 个样本农户未受到信贷约束，百分比为 65.96%；242 个样本农户受到需求型信贷约束，百分比为 27.19%；另有 6.85% 的样本农户受到供给型信贷约束，其中大多数样本农户受到部分供给型信贷约束，占比为 62.3%，而受到完全供给型约束的样本农户为 37.7%。分省份比较来看，陕西省的样本农户中，71.40% 的样本农户未受到信贷约束，22.43% 的样本农户受到需求型信贷约束，6.17% 的样本农户受到供给型信贷约束，其中部分信贷约束农户个体占大多数；甘肃省的样本农户中，57.75% 的样本农户未受到信贷约束，34.37% 的样本农户受到需求型信贷约束，7.89% 的样本农户受到供给型信贷约束，

表 3 - 9   西部地区农户信贷约束现状描述

		无信贷约束	有信贷约束			合计
			需求型信贷约束	供给型信贷约束		
				完全信贷约束	部分信贷约束	
陕西	样本（个）	382	120	7	26	535
	百分比（%）	71.40	22.43	1.31	4.86	100
甘肃	样本（个）	205	122	16	12	355
	百分比（%）	57.75	34.37	4.51	3.38	100
合计			587	242	23	38	890

资料来源：根据 2014 年调研数据整理。

其中完全信贷约束农户个体占多数。

（3）东、中、西部区域间农户信贷约束现状比较分析

由表 3 - 10 可知，目前 904 个样本农户未受到信贷约束，百分比为 67.56%；365 个样本农户受到需求型信贷约束，占总样本的 27.28%；另有 5.16 的样本农户受到供给型信贷约束，其中受到部分供给型信贷约束样本农户占总样本的 3.36%，而受到完全供给型信贷约束的样本农户占总样本的 1.79%。

从东、中、西部地区间横向比较看，东、中、西部无信贷约束样本占比分别为 16.70%、18.36%、64.94%；受需求型信贷约束样本中，东、中、西部占比分别为 11.23%、22.47%、66.30%；受供给型信贷约束样本中，东、中、西部完全信贷约束农户占比分别为 4.17%、0、95.84%，东部、中部、西部部分信贷约束农户占比分别为 2.22%、13.33%、84.45%。

表 3 - 10　东、中、西部地区农户信贷约束横向比较现状描述

			无信贷约束	有信贷约束		
				需求型信贷约束	供给型信贷约束	
					完全信贷约束	部分信贷约束
东部	山东	样本（个）	151	41	1	1
		百分比（%）	16.70	11.23	4.17	2.22
中部	河南	样本（个）	166	82	0	6
		百分比（%）	18.36	22.47	0.00	13.33
西部	陕西	样本（个）	382	120	7	26
		百分比（%）	42.26	32.88	29.17	57.78
西部	甘肃	样本（个）	205	122	16	12
		百分比（%）	22.68	33.42	66.67	26.67
合计			904	365	24	45
百分比合计			100	100	100.01	100

资料来源：根据 2014 年调研数据整理。

依据前文分析可知，来自东、中、西部地区的样本分布比例

为 19.04%、14.68%、66.28%。结合区域样本总体分布比例和信贷约束比例来看，中部地区受到信贷约束的样本比例最高，其次是西部地区，东部地区样本比例最低。换言之，中部地区样本农户受信贷约束最严重，其次是西部地区，受信贷约束相对较轻的是东部地区。从具体约束类型而言，需求型信贷约束中，中部地区样本农户受约束比例较高，其次是西部地区和东部地区；供给型信贷约束中，西部地区农户受约束的比例最高，其中以完全供给型信贷约束农户比例最高。这表明与东部和中部地区相比，西部地区受供给型信贷约束较为严重，其中以完全信贷约束为主要来源，而中部地区受到的供给型信贷约束主要表现为部分信贷约束，东部地区受信贷约束的样本农户较少且程度较低。

四　农户创业面临的主要问题分析

本部分将从计划创业者和创业者创业难易程度判断、希望获得的支持、面临的创业困难因素、农户收入质量水平偏低四个方面来阐述和剖析目前存在的主要问题。

（一）当前创业难度系数较高

创业者对创业的认知在一定程度上会影响个体的创业行为。对于计划创业个体而言，前期的创业认知直接影响了其创业态度，进而作用其创业行为；而就在创业个体而言，对当前创业现状的认知，直接决定了个体的创业行为效果。从认知理论来说，自我效能感强的个体，更倾向于呈现较好的创业效果。因此，对创业难易程度的判断实际上是个体最直观的创业感知，这种感知直接影响了计划创业者的创业转换率和在创业者的创业绩效。从实地调研数据统计结果来看，计划创业个体样本中，15.2% 的农户表示创业"非常难"，70.4% 的农户表示创业"比较难"，9.1% 的农户表示创业难度"一般"，仅有 5.4% 的农户表示创业"比较容易"；在创业个体样本中，12.8% 的农户表示创业"非常难"，

61.9%的农户表示创业"比较难"，18.5%的农户表示创业难度"一般"，有6.5%的农户表示创业"比较容易"，另有0.4%的农户表示创业"非常容易"。

（二）农户创业环境艰难

由上文可知，绝大多数农户表示当前创业存在较大的难度，那么究竟是哪些方面的因素导致计划创业者和在创业者认为当前创业难度较大呢？本部分将从个人能力、家庭经济、金融环境、创业环境（市场、政府政策、文化）因素进行考察，并将这些因素对创业造成的困难程度进行了排序，以回答这个问题。

计划创业个体样本中，农户选择第一难度的因素排序为金融环境、家庭经济、创业环境、个人能力，占总样本的百分比分别为38.46%、29.43%、26.76%、5.35%；农户选择第二难度的因素排序为创业环境、家庭经济、金融环境、个人能力，占总样本的百分比分别为36.90%、34.52%、18.25%、10.32%；第三难度的因素排序为创业环境、金融环境、家庭经济、个人能力，占总样本的百分比分别为33.78%、26.35%、20.27%、19.59%；作为第四难度的因素排序为个人能力、家庭经济、创业环境、金融环境，占总样本的百分比分别为72.58%、11.29%、8.06%、8.06%。由此可知，对计划创业者而言，金融环境是农户面临的第一难度因素，其次是创业环境，再次是家庭经济，最后是个人能力。从具体因素来看，金融环境因素中排在前四位的困难依次是"贷款利息太高""贷款申请手续太复杂""贷款附加条件太多""贷款审批手续时间长"；创业环境因素中排在前四位的困难依次是"缺乏充足的创业资金""缺乏信息来源""缺乏专业技术""缺乏市场销售渠道"；家庭经济因素中排在前四位的困难依次是"收入不充足""收入不稳定""来源单一""收入获取成本高"；个人能力因素中排在前四位的困难依次是"创业素质低""风险管理能力弱""组织管理技能水平低""人际关系协调能力弱"。

在创业样本中，作为第一难度的因素排序为创业环境、金融环境、家庭经济、个人能力，占总样本的百分比分别为 51.01%、29.65%、13.81%、5.52%；作为第二难度的因素排序为创业环境、家庭经济、金融环境、个人能力，占总样本的百分比分别为 40.06%、22.13%、19.61%、18.21%；作为第三难度的因素排序为创业环境、个人能力、家庭经济、金融环境，占总样本的百分比分别为 32.43%、27.03%、22.30%、18.24%；作为第四难度的因素排序为个人能力、金融环境、家庭经济、创业环境，占总样本的百分比分别为 62.79%、18.60%、16.28%、2.33%。由此可知，对于在创业者而言，创业环境一直是农户面临的难度最大的因素，无论是第一、第二、第三难度，都是农户选择比例最高的选项，表明我国农户创业环境艰难，其次是金融环境和家庭经济因素，最后是个人能力。从具体因素来看，创业环境因素中排在前四位的困难依次是"缺乏市场销售渠道""缺乏信息来源""缺乏创业发展资金""缺乏市场营销技能"；金融环境因素中排在前四位的困难依次是"贷款申请手续太复杂""贷款利息太高""贷款审批手续时间长""贷款附加条件太多"；家庭经济因素中排在前四位的困难依次是"收入不充足""来源单一""收入不稳定""收入获取成本高"；个体能力因素中排在前四位的困难依次是"组织管理技能水平低""风险管理能力弱""创业素质低""人际关系协调能力弱"。

综合表明，当前农户创业环境艰难。因此，推动创业的第一步就是解决首要的难点。对于计划创业者，要想促进其意愿转化为具体行为，第一难点是解决创业初始资金问题；而对于在创业个体，当前面临的艰难环境是创业发展的首要困境。关于金融环境中的难点问题，重点完善农村金融市场、金融体系，增加信贷资金数量，缩短信贷资金审批时间、简化信贷申请手续，提高农户的信贷资金可获得性，进而在一定程度上缓解资金瓶颈，强化计划创业农户个体的创业意愿和创业者的后续发展基础。关于创业环境中的难点问题，重点提高计划创业个体适应和处理创业环境中各种问题的能力，提高创业行为转换率和持续发展能力，具体通过构建市场信息体系，培训农户搜索、甄别、筛选、整合信息的方式，提高其信息处理能力，增加市场销售技能实训课程，强化个体构建销售渠道的能力。关于家庭经济中的难点问题，增加家庭收入，增加创业资金渠道，巩固经济基础，为创业提供资金支持。关于个人能力中的难点问题，提高个体的创业素质和综合能力，通过扩充农户个体的行业知识、积累专业技能，建构自身的风险管理体系，形成具有一定水平的核心优势和竞争力。

（三）农户创业急需信贷支持

由前文的调查可知，绝大多数农户表示创业难度较大，那么计划创业的农户最希望获得的政府支持又是什么呢？就创业者当前的状况而言，他们又希望获得政府怎样的支持呢？下文将回答这些问题。本研究从增加信贷、提供创业培训、提供创业政策优惠、增加市场信息服务、提供用地便利、政府不干预、改善公共基础设施七个方面对计划创业和在创业个体进行了调查。

对于计划创业个体而言，从希望获得的最重要支持来看，比例排在前四位的因素分别是"增加信贷""提供创业培训""提供创业政策优惠""增加市场信息服务"，占比依次为 56.21%、13.79%、12.76%、10.69%。这表明，信贷资金问题是大多数农户目前计划创业过程中遇到的最重要的问题，其次是与创业相关的服务支持，例如创业培训、政策优惠、提供市场信息，帮助农户做决策。从希望获得的次要支持来看，比例排在前四位的因素分别是"提供创业培训""提供创业政策优惠""增加市场信息服务""增加信贷"，占比依次为 28.65%、27.08%、22.40%、10.94%；从希望获得的第三重要支持来看，比例排在前三位的因素分别是"增加市场信息服务""提供创业政策优惠""提供创业培训"，占比依次为 33.33%、22.22%、13.33%。具体如图 3-37 所示。

第二、第三选择的样本数据统计进一步支持了该结论，即资金解决之后，"技术培训""政策优惠""市场信息"就是农户考虑的第二因素。换言之，鼓励和支持农户创业，解决资金问题是

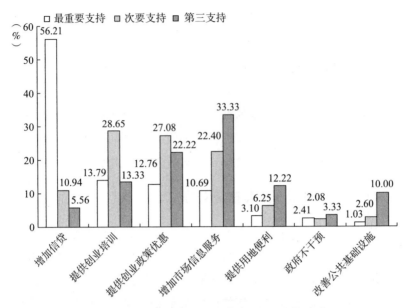

图 3 - 37 计划创业者希望获得的创业支持统计

资料来源：根据 2014 年实地调研数据整理。

首要，其次是提供相应的"技术培训""政策优惠""市场信息"服务，再次是"提供用地便利""改善公共基础设施"。

就在创业个体而言，从希望获得的最重要支持来看，比例排在前四位的因素分别是"增加信贷""增加市场信息服务""提供创业政策优惠""提供创业培训"，占比依次为 39.89%、17.58%、16.82%、12.29%。这反映了，对创业者而言，信贷资金问题仍然是农户目前创业过程中遇到的最重要的问题，其次是与创业相关的服务支持，例如政策优惠、提供市场信息、创业培训。从希望获得的次要支持来看，比例排在前四位的因素分别是"提供创业政策优惠""增加市场信息服务""提供创业培训""增加信贷"，占比依次为 30.03%、21.25%、19.83%、13.60%；从希望获得的第三重要支持来看，比例排在前四位的因素分别是"增加市场信息服务""提供创业政策优惠""改善公共基础设施""提供用地便利"，其农户占比依次为 32.80%、20.00%、12.80%、12.80%。如图 3 - 38 所示。第二、第三选择的数据进一步表明，对于当前创业者而言，要改善创业现状，解决资金问题是首要，其次是"提供创业政策优惠""增加市场信息服务"，再次是"改善公共基础设施""提供用地便利"。

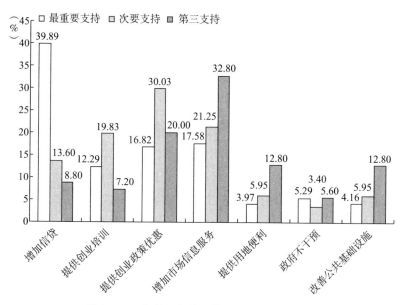

图3-38 在创业者希望获得的创业支持统计
资料来源：根据2014年实地调研数据整理。

（四）农户收入质量水平偏低

综合来看，样本农户收入质量整体平均水平偏低，个体差异较大，存在较大的改善空间。从东、中、西部各区域来看，东部地区农户收入质量分布相对集中，趋于平均值，个体差异相对较小；中、西部地区个体分布较为分散，个体差异相对较大。

从收入质量单维度来看，区域内农户收入质量单维度水平，东部地区从最高到最低依次是成本性、成长性、充足性、结构性、知识性；中部地区从最高到最低依次是成本性、成长性、充足性、结构性、知识性；西部地区从最高到最低依次是成本性、成长性、结构性、充足性、知识性。从区域间比较分析来看，东、中、西部地区农户收入质量单维度水平从高到低依次是成本性、成长性、结构性、充足性、知识性。就区域间农户收入质量单维度水平比较分析而言，收入的充足性平均水平从高到低依次是东部、中部、西部；收入的结构性平均水平从高到低依次是西部、中部、东部；收入的成长性东、中、西部差异性不显著，相对于东部地区，中、西部地区农户收入的成长性水平稍微偏低；收入的成本性平均水平东部地区最高，中部和西部地区持平；收入的知识性平均水平从高到低依次是西部、东部、中部。

五　本章小结

本章主要阐述了我国农户创业发展阶段，并通过对实地调查数据进行描述性统计分析呈现了现阶段农户创业选择的特点以及当前存在的主要问题。通过对当前存在的主要问题进行梳理和总结发现，农户创业资金缺乏和收入质量水平低是个体当前参与创业面临的最重要的两个因素。因此，下文将进一步分别分析论证与计量估计信贷约束和收入质量及其交互作用对农户选择创业与否、创业行业、组织、资金来源等意愿、行为、两次选择的一致性的影响及其作用程度的大小。

第四章 ◀
收入质量对农户创业选择
影响的实证考察

　　基于前文第二章内容中农户收入质量与创业选择之间的逻辑关系论证与第三章内容中实地调查统计的现状分析所呈现的特点和问题，本章将首先实证分析农户收入质量及其单维度对个体选择创业与否的影响，其次实证分析农户收入质量及其单维度对个体具体创业行业选择、创业组织形式选择、创业资金来源选择的作用方向及大小。该层次分析中将主要围绕首次计划创业个体、当前在创业个体、重新计划创业个体分类分析不同农户收入质量水平以及收入质量的不同维度分别对个体创业行业、创业组织形式、创业资金来源选择的影响。具体而言，一是针对首次计划创业个体，分析不同农户收入质量水平以及收入质量的不同维度对其创业行业、创业组织形式、创业资金来源选择意愿的影响方向及大小；二是基于当前在创业个体，研究不同农户收入质量水平以及收入质量的不同维度对其创业行业、创业组织形式、创业资金来源选择行为的作用方向及大小；三是着眼于重新计划创业个体，剖析不同农户收入质量水平以及收入质量的不同维度对其创业行业、创业组织形式、创业资金来源选择一致性的影响方向及大小。通过分类研究，试图揭示农户收入质量对其创业选择的作用机制。

一　理论分析

　　农户作为微观经济行为主体，在对收益进行比较的驱动下，行为变得复杂。一方面，收入数量是构成家庭财富的核心内容，而家庭初始财富水平是农户实施创业的最低资本前提。不同的初始财富禀赋，决定了农户的创业选择。初始财富较少的个体往往因为资金不足，无法开始创业，而初始财富较多的个体则可以获得融资支持创办或经营企业，从而成为创业者。另一方面，收入质量改善是农户创业者的最终目标，收入质量的提高激励更多的个体加入到创业活动中，同时利用增加的收入作为资金投入到下一轮的创业活动中。因此，收入既是农户选择创业与否的物质基础，又是创业实现的最终目标。因此，本研究认为，收入质量与农户选择创业行为之间存在内生关系。

以往研究证实，农民收入水平不仅与收入绝对数量相关，与收入质量亦存在内在联结关系，同时也证实了收入质量对农户投资和消费等经济行为具有重要影响（邓锴和孔荣，2016；孔荣和王欣，2013；王欣和孔荣，2014）。弗兰克·艾利思（1988）指出，传统农民被称为"小农"是因为他们只是部分参与不完全的市场，绝大部分是自给自足，而家庭农场主则是完全融入完善市场，参与各种经济活动。从该角度而言，与家庭农场主相比，传统的"小农"表现出部分参与市场经济活动的能力，所以与农场主存在差别。由此可知，市场经济活动参与能力是个体融入市场环境的重要前提。对农户个体"经济活动参与能力"的关注是分析创业行为能否发生以及能否实现较好的创业效果的重要前提。换言之，农户收入质量水平越高，越有利于农户选择创业，也越有利于农户做出合理的行业、组织形式、资金来源选择。农户收入质量由农户收入的充足性、收入的结构性、收入的成长性、收入的成本性、收入的知识性五个维度构成。收入的充足性反映为收入的数量特征。收入数量的多少直接影响农户创业选择的物质基础水平。理论上而言，收入数量越多，农户选择创业和实施具体创业行为的物质基础就越多，对其做选择越有利。换言之，农户收入的充足性越高，对其创业选择的促进作用越显著。朱守银等（2003）的研究表明，收入水平较高的农户向农村信用社等正规金融机构和高息借款者借款的比例要高于低收入水平的农户。因此，本研究认为收入充足性越高，农户创业过程中从正规渠道获取资金的可能性越大。收入的结构性反映为收入数量的来源多元化和渠道的多样性特征。农户从多种途径获得收入有助于增强其抵抗风险的能力，同时来源构成进一步决定了收入的增长空间。理论上而言，收入来源结构越单一，农户抵抗风险的能力越弱，农户趋于风险规避（Popkin，1979）。秦建群等（2011）的研究显示，对于低收入家庭，家庭主要收入来源对农户选择正规金融渠道有显著的负向影响。因此收入的结构性越高（结构多元化程度越高），农户抵抗风险的能力越强，越有利于其选择创业，同时在实施具体创业选择时，则会倾向于风险较高的行业、个体创业组织形式以及非正规渠道获取资金。收入的成长性反映为收入获取途径的稳定性和收入数量的增长空间特征。收入的成长性水平越高，表明其收入来源越稳定，收入数量的增长空间越大，预期的收入质量水平越高，因此对农户创业选择的促进作用越显著。收入的成本性反映为收入获取过程中付出代价的特性。理论上而言，收入的成本性越高，收入质量水平越低，越不利于农户的创业选择。收入的知识性反映为收入获取活动中所呈现的知识和技能特征。换言之，知识技能水平越高，农户的专业能力越强，在创业选择过程中，依据自身专业技术技能实施创业的可能性越高；与此同时，具有一定专业技能的个体相对具有更高的可靠性，获得外部资金的可能性更大，因此选择从正规渠道获得资金的倾向性更显著。

二　模型设定

（一）收入质量影响农户选择创业与否的模型设定

本研究运用 IV-Probit 模型论证农户收入质量对其选择创业与否的影响，具体方程如下：

$$Prob(Entre = 1) = F(G) = \int_{-\infty}^{G} f(v) \, dv \qquad (4-1)$$

$$G = \alpha + \beta X + \gamma IQI^* \qquad (4-2)$$

$$IQI^* = a + b \cdot IQIIV + \varepsilon \qquad (4-3)$$

式（4-1）和式（4-2）是农户创业与否的概率选择模型，其中 $Entre = 1$，表示农户创业受因素 G 的影响。影响因素 G 具体包括：农户收入质量（IQI^*）和控制变量（X）。控制变量具体包括：性别、年龄、家庭拥有孩子的数量、劳动力数量、耕地面积、家庭有无电脑、家庭总资产、家庭生活满意度、社会网络规模、是否愿意提供担保、财务风险态度。式（4-3）是农户收入质量的工具变量方程式。本研究采用同村样本收入质量的平均水平（$IQIIV$）作为农户收入质量的工具变量进行分析。

作为同村样本平均水平的收入质量，与单个农户的收入质量存在显著相关性，但同村样本收入质量均值并不能直接影响农户个体的创业决策。因此，同村农户收入质量水平可作为工具变量进行分析。

（二）收入质量影响农户具体创业选择的模型设定

本章采用多元 Logistic 模型分析收入质量影响农户创业不同决策以及对行业、组织形式的选择意愿与行为，用 Probit 模型剖析收入质量影响农户创业决策过程中关于资金选择意愿与行为以及对农户在曾经创业与当前计划创业的行业、组织形式、资金选择一致性的影响方向及大小。

（1）多元 Logistic 模型。考虑到本研究的研究目的主要是分别估计收入质量及其单维度对不同类型农户创业选择的影响，因此构建简单的多元 Logistic 模型来进行分析。给定农户创业类型共有（$J+1$）项，设定一个 Logistic 模型估计农户收入质量影响第 i 个农户属于第 j 种类型创业农户的概率 P_{ij}。如果第（$J+1$）个随机误差项互不相关，并且服从 $Weibull$ 分布，可得：

$$Prob(Y_j = j) = \frac{e^{\beta_j Z_i}}{1 + \sum_{s=0}^{J} e^{\beta_j Z_i}}, i = 1, 2, \cdots, N; j = 1, 2, \cdots, J \qquad (4-4)$$

$$Z = \alpha + \beta X + \gamma C^*　\qquad (4-5)$$

其中，N 是样本容量，J 是农户创业选择类型。影响因素 Z 具体包括：收入质量（IQI）和控制变量（X）。为了进一步测度解释变量的具体影响程度，本研究计算各变量的边际效应 η，公式如下：

$$\eta_k = \hat{\beta}_k \exp\ (\hat{\beta}_0 + Z\hat{\beta})\ /[\,1 + \exp\ (\hat{\beta}_0 + Z\hat{\beta})\,]^2　\qquad (4-6)$$

式中，$\hat{\beta}_k$ 为第 k 解释变量的回归系数。从式（4-6）中可知，任何一个解释变量的边际效应同样取决于所有解释变量的取值。

（2）Probit 模型。本研究选择 Probit 模型剖析收入质量影响农户创业选择过程中对资金选择意愿与行为以对于农户在曾经创业与当前计划创业的行业、组织形式、资金选择一致性等因素的影响方向及大小。其具体方程如下：

$$Prob\,(Y_j = j)\ =\ F(Z)\ =\ \int_{-\infty}^{Z} f(v)\,dv　\qquad (4-7)$$

$$Z = \alpha + \beta X + \gamma IQI　\qquad (4-8)$$

式（4-7）和式（4-8）是农户选择其中某一类资金来源与否的概率选择模型，其中 $Y_j = j$ 表示农户具体创业选择类型，受到因素 Z 影响，Z 包括：收入质量（IQI）和控制变量（X）。

三　收入质量影响农户选择创业的实证分析

（一）收入质量与农户是否选择创业行为的关系论证

1. 变量解释

本部分运用的变量包括因变量、解释变量、工具变量、控制变量，具体内容如下。

因变量。本研究设计"您曾经是否有过创业经历?"与"您的创业目前是否仍在继续?"两个问题对创业因变量进行确定，仅当两个问题都回答"是"，则 $Entre = 1$，否则为 0。

解释变量。基于前文对农户收入质量的测算，本研究采用收入质量作为影响农户创业的关键解释变量进行分析。理论上，低水平的农户收入质量会阻碍创业行为发生；另外，创业与否反过来会影响农户收入质量水平的高低。即农户收入质量与其创业两者之间存在内生性关系。

工具变量。本研究采用同村样本收入质量的平均水平（*IQI-IV*）作为农户收入质量的工具变量进行分析。

控制变量。本研究部分的控制变量包括人口特征、家庭因素、人力资本、自然资本、物质资本、心理资本、社会资本、风险意识八类。表 4 – 1 对变量进行了描述性统计，包括变量解释及其与因变量的关系预期描述。

表 4 – 1　变量的描述性统计结果

	分类	变量名称	最小值	最大值	平均值	预期作用方向
因变量		是否创业：1 = 是，0 = 否	0	1	0.44	/
解释变量		收入质量	0.1721	0.7072	0.4143	–
工具变量		同村农户收入质量平均值	0.28	0.53	0.41	/
控制变量	人口特征	性别	0	1	0.44	–
		年龄	16	54	41.59	/
	家庭因素	家庭拥有孩子的数量	0	4	1.81	+
	人力资本	劳动力数量	1	5	2.56	+
	自然资本	耕地面积	0	63	3.06	+
	物质资本	家庭是否拥有电脑	0	1	0.44	+
		家庭年总资产	0.3	80	23.39	+
	心理资本	家庭生活满意度	1	5	3.43	–
	社会资本	社会网络规模	0	4	0.24	+
	风险意识	是否愿意提供抵押担保	0	1	0.59	+
		财务风险态度	1	3	1.86	–

注："/" 表示预期作用方向不确定。

（1）人口特征。本研究将性别和年龄作为个人特质进行分析。性别变量中，男性赋值为 0，女性赋值为 1。以往文献已证实，男性创业倾向高于女性（Brush，1992；Weber and Key，2015）。年龄反映了个体存储和处理信息、解决问题、化解复杂性以及适应新情况的能力（Kaufman and Horn，1996）。年龄与决策创业之间紧密相关（Kautonen et al.，2014；Singh and DeNoble，2003）。以往研究表明，年龄与创业之间存在正相关关系（Lévesque and Minniti，2006）和倒"U"形关系（Bönte et al.，2009；Thorgren et al. 2016）。本研究认为，在一定范围内，年龄与创业之间存在正相关关系，即年龄越大，创业倾向越显著，但年龄达到一定值的时候，其创业倾向会随着年龄增长显著下降。因此，本研究中预期年龄与创业之间存在倒"U"形关系。

（2）家庭因素。本研究中，选取家庭拥有孩子的数量反映家庭因素。以往研究中，因为生存动机而实施创业的个体占很大一部分，本研究认为家庭孩子数量在一定程度上反映了家庭的经济状况。孩子数量越多，家庭消费支出压力越大，尤其是随着孩子年龄的逐渐增加，这种内在的压力会显著上升。因此，部分农户迫于生存压力，会考虑创业。基于此，本研究认为家庭拥有孩子的数量与创业之间存在正相关关系。

（3）人力资本。本研究用家庭拥有劳动力数量来表征农户家庭的人力资本水平。劳动力数量反映的是一个家庭中拥有的可用劳动力资源。本研究预期劳动力资源越多，对创业活动越有促进作用。

（4）自然资本。自然资本是用以实施生计活动的土地等自然资源，本研究采用家庭拥有的耕地面积表征自然资本水平。耕地面积越多，通过自然资本获得的资源也越多，因而自然资本水平越高。Yesuf 和 Bluffstone（2007）指出，农业生产活动中的利润获取为农民提供了重要的财富基础，且这些基础可激励农民的投资行为和风险管理行为。在此，本研究预期农户拥有更多耕地面积与其创业之间正相关。

（5）物质资本。本研究采用家庭是否拥有电脑和家庭资产水平反映农户个体拥有的物质资本水平。电脑是农户生活实现信息化的重要通道。通过网络，个体能够快捷地获得各种资源。创业活动本质上就是各种资源的整合过程，拥有电脑这种信息化产品有助于创业活动。家庭年总资产水平反映了农户参与市场经济活动的物质基础水平。理论上，家庭总资产水平越高，能够为个体参与创业活动提供的物质越多。因此，本研究预期家庭是否拥有电脑和家庭年总资产与其创业之间正相关。

（6）心理资本。心理资本反映的是农户个体基于现有知识体系对自身能力与周围环境形成的综合认知。创业是一个非常复杂且具有高风险性的活动，正如波普金（Popkin，1979）指出的，在风险面前，有限理性的农户倾向于风险规避。本研究采用家庭生活满意度变量反映农户心理资本，并预期农户对当前生活满意度与创业之间负相关。

（7）社会资本。社会资本是农户为了实施生计策略而维系和利用的社会网络。本研究采用被访农户家庭成员或亲戚在乡镇单位、军队、国有企业、正规金融机构等的就职人数来表征个体的社会网络规模。现实生活中，农户通过参加村委会与信用社建立良好信用关系，同时也从家庭或个人社会网络获取支持和帮助，以支持其参与经济活动。因此，本研究预期社会网络规模与创业之间正相关。

（8）风险意识。农户的风险意识表现为农户个体对各种风险如生产风险、市场风险、技术风险、信贷风险、天气风险等的敏感度和认知度。创业是一个非常复杂且具有高风险性的活动，正如波普金（Popkin，1979）指出的，在风险面前，有限理性的农户倾向于表现为风险规避。本研究采用是否愿意提供抵押担保和财务风险态度两个变量来反映农户的风险意识。是否愿意提供抵押担保，在一定程度上可反映个体对信贷风险的认知能力和经济可承受能力，财务风险态度则从另一方面表征了农户个体对信贷风险的敏感程度。本研究预期，是否愿意提供担保与创业之间正相关，而财务风险态度则与创业之间负相关。

从样本农户基本情况分析，本次被访样本中半数以上调查对象为男性，占总样本的56.3%，女性受访者的比例为43.7%。被访样本平均年龄为41.59岁。被访样本家庭拥有孩子的数量为1的比例为26.0%，拥有2个孩子的样本农户占总样本的55.7%。52.3%的样本农户家庭拥有2个劳动力，37.5%的样本农户拥有3~4个劳动力。受访样本的家庭耕地面积平均为3.06亩。43.7%的被调查者家庭拥有电脑。受访样本的家庭总资产水平平均为23.39万元。52.2%的受访样本表示对目前的生活满意度为一般及不满意，另有43.1%的受访样本表示比较满意。59.4%的受访样本表示愿意提供担保。19.4%的受访样本表示家庭成员或亲戚中至少有1人在乡镇单位、军队、国有企业、正规金融机构等就业。28.2%的受访样本表示从正规金融机构借贷无风险，56.4%的样本表示借贷存在风险，但风险在自己可承受范围之内，仅有15.4%的受访样本表示从正规金融机构借贷存在较大的风险，且超出自己的承受能力。

从创业农户与非创业农户的收入质量的比较来看，创业者收入质量的平均值为0.4310，非创业者收入质量的平均值为0.4044。从不同收入质量水平看创业者比例，创业者在"低水平""较低水平""一般水平""较高水平""高水平"五个层次中所占的百分比依次为33.33%、38.77%、46.04%、76.00%、0。

2. 结果解释与讨论

表4-2中，模型1和模型2分别为未采用工具变量的Probit模型和采用了工具变量的IV-Probit。由表4-2可知，首先，rho是随机误差项的系数，当其显著异于0，判断为内生变量，反之，则为外生变量，分析结果显示，该值为0.0551显著接近于0，因此为外生变量。其次，Wald test结果显示接受原假设，即存在外生关系。为了进一步验证该结论，本研究采用Hausman test检验农户收入质量与创业之间的内生关系，检验结果显示χ^2（12）=1.18，Sig.=0.9996>0.1，检验不显著，因此接受原假设，即外生。以上结果表明，模型不存在内生关系，即采用Probit模型结果进行解释。

表 4 - 2　收入质量影响农户选择是否创业的分析结果

变量名称	Probit 模型（模型 1）		IV-Probit（模型 2）	
	系数	Z	系数	Z
收入质量	1.4768***	3.16	0.8033	0.61
性别	-0.0836	-1.11	-0.0881	-1.17
年龄	0.0325	0.93	0.0316	0.91
年龄平方项	-0.0004	-0.90	-0.0004	-0.88
家庭拥有孩子的数量	0.0793	1.61	0.0735	1.46
劳动力数量	-0.0321	-0.81	-0.0222	-0.51
耕地面积	0.0147*	1.67	0.0153*	1.71
家庭是否拥有电脑	0.4295***	5.47	0.4447***	5.37
家庭年总资产	0.0113***	4.33	0.0117***	4.34
家庭生活满意度	0.0858*	1.69	0.0901*	1.75
社会网络规模	0.0537	0.79	0.0608	0.88
是否愿意提供抵押担保	0.2074***	2.69	0.2167***	2.75
财务风险态度	-0.1518***	-2.59	-0.1522***	-2.59
常数项	-2.0837***	-2.83	-1.8388**	-2.13
rho	—	—	0.0551	
sigma	—	—	0.0720	
χ^2 (13)	LR Chi (13) = 147.29***		Wald Chi (13) = 129.85***	
Pseudo R^2	0.0830		—	
-Log likelihood	814.0887		759.8597	
Wald test of exogeneity (/athrho = 0)	—		Chi (1) = 0.30	
	—		Prob > chi2 = 0.5868	

注：* $p < 0.1$，** $p < 0.05$，*** $p < 0.01$。

综上所述，农户收入质量与其是否创业之间不存在内生性关系，即农户收入质量作为外生变量对个体的创业行为发挥作用。

农户收入质量在 1% 的显著性统计水平上对创业产生正向影响，表明农户个体收入质量水平越高，对农户创业行为的促进作用越显著。

从控制变量来看，性别与创业负相关，表明男性更倾向于创业，与预期作用方向一致。年龄与创业之间呈倒"U"形关系，即随着个体年龄的增加，农户个体创业概率先上升后下降，与理论预期一致。家庭拥有孩子的数量与创业正相关，即孩子越多，个体将生活压力转化为创业动力的概率随之上升。劳动力数量与创业负相关，但不显著，表明劳动力数量增加反而会降低创业概率。耕地面积、家庭是否拥有电脑、家庭年总资产、家庭生活满意度分别在10%、1%、1%、10%的显著性统计水平上与创业正相关，表明随着农户家庭耕地面积和资产水平的增加、信息化水平和生活满意度的提高，个体的创业概率随之上升，与预期的作用一致。社会网络规模与创业正相关，表明社会资本可促进个体创业。是否愿意提供抵押担保在1%显著性统计水平上与创业正相关，反映了个体提供抵押担保意愿的增强，个体创业概率随之上升。财务风险态度与创业负相关，即个体对风险越敏感，其创业概率也随之下降。

（二）不同收入质量对农户创业决策的影响分析

前文根据收入质量的测算数值最小值为0.1721，最大值为0.7072，现将最小值与最大值之间分成3个均等区间，组间距为0.1784，各组区间段及对应的层次水平分别为：[0.1721，0.3505)→"低水平"、[0.3505，0.5288)（样本为274个，占总样本1298个的21.1%）→"中等水平"、[0.5288，0.7072)（样本为876个，占总样本1298个的67.5%）→"高水平"（样本为148个，占总样本1298个的11.4%）。

基于第二章理论分析和第三章收入质量的测度分析，本部分深度剖析"高水平""中等水平""低水平"三个层次的收入质量，和收入的充足性、收入的结构性、收入的成长性、收入的成本性、收入的知识性五个维度的收入质量对"不创业""计划创业""继续创业""终止创业""重新创业"五类具体决策的影响。

1. 变量选择

因变量。创业决策的5种具体状态：y_1 = 不创业，y_2 = 计划创业，y_3 = 继续创业，y_4 = 终止创业，y_5 = 重新创业。

解释变量。关键解释变量为农户收入质量的三个层次"低水平""中等水平""高水平"和五个单维度"收入的充足性""收入的结构性""收入的成长性""收入的成本性""收入的知识性"。

控制变量。本部分所采用的控制变量仍基于表4-1中8类共12个指标进行分析，具体包括人口特征、家庭因素、人力资本、自然资本、物质资本、心理资本、社会资本、风险意识八类。表4-1中已对控制变量进行了描述性统计，表4-3补充了对因变量和解释变量的描述性统计。

表4-3　变量描述性统计

变量		变量定义	最小值	最大值	平均值
因变量		创业选择：y_1 = 不创业；y_2 = 计划创业；y_3 = 继续创业；y_4 = 终止创业；y_5 = 重新创业	1	5	2.31
解释变量	不同水平	低水平收入质量	0.1721	0.3504	0.3130
		中等水平收入质量	0.3505	0.5287	0.4214
		高水平收入质量	0.5288	0.7072	0.5703
	不同维度	收入的充足性	0.0109	0.2041	0.0810
		收入的结构性	0.0005	0.2359	0.0843
		收入的成长性	0.0158	0.1415	0.1006
		收入的成本性	0.0353	0.1322	0.1093
		收入的知识性	0.0007	0.2010	0.0390

2. 不同农户收入质量水平对不同创业选择的影响检验

模型估计结果如表4-4所示，模型 χ^2 检验值为289.20，-Loglikelihood = 1513.5182，且 p 值小于0.001，表明各变量提供的信息具备显著的解释能力。表4-5呈现了以"低水平收入质量"为参照下，"中等水平收入质量"与"高水平收入质量"对"不创业""计划创业""继续创业""终止创业""重新创业"的边际影响大小。

表4-4 不同农户收入质量水平影响创业选择的回归分析结果

变量	y_2/y_1	y_3/y_1	y_4/y_1	y_5/y_1	y_3/y_2	y_4/y_2	y_3/y_4	y_5/y_4	y_2/y_5	y_3/y_5
中等水平收入质量	0.1272	-0.3685**	0.1590	0.2935	-0.4957***	0.0317	-0.5274	0.1346	-0.1663	-0.6620
高水平收入质量	0.1659	0.9736***	0.3676	0.9624	0.8077**	0.2017	0.6060	0.5949	-0.7966	0.0111
性别	-0.2352	-0.3093**	-0.5343*	-0.8331**	-0.0741	-0.2990	0.2249	-0.2989	0.5979	0.5238
年龄	-0.1272*	-0.0141	0.5777***	-0.1209	0.1131*	0.7048***	-0.5917***	-0.6986**	-0.0062	0.1069
年龄平方项	0.0012	-0.0001	-0.0073***	0.0009	-0.0012	-0.0085***	0.0073***	0.0082**	0.0003	-0.0009
家庭拥有孩子的数量	-0.0321	0.1421	0.2445	0.2513	0.1742*	0.2766	-0.1024	0.0068	-0.2834	-0.1092
劳动力数量	-0.1444*	-0.1101	0.1474	-0.1332	0.0343	0.2918*	-0.2575*	-0.2806	-0.0113	0.0231
耕地面积	-0.0002	0.0364*	0.0361	0.0194	0.0366*	0.0364	0.0003	-0.0168	-0.0196	0.0170
家庭是否拥有电脑	0.2963	0.8392***	-0.3774	0.6088	0.5429***	-0.6737*	1.2166***	0.9863*	-0.3125*	0.2304
家庭年总资产	-0.0030	0.0172**	0.0033	-0.0083	0.0201***	0.0063	0.0139	-0.0116	0.0053	0.0255*
家庭生活满意度	0.0226	0.2215**	0.6402**	-0.1809	0.1990*	0.6176***	-0.4186**	-0.8211***	0.2035	0.4025
社会网络规模	-0.0507	0.0364	-0.6845	0.2835	0.0872	-0.6338	0.7210*	0.9680*	-0.3342	-0.2470
是否愿意提供抵押担保	0.6271***	0.5454***	-0.1011	-0.4177	-0.0817	-0.7282**	0.6465**	-0.3166	1.0448***	0.9631**
财务风险态度	-0.1531	-0.3632***	-0.5956**	-0.3591	-0.2100*	-0.4464	0.2364	0.2405	0.2059	-0.0041
常数项	3.3113**	0.2463	-14.6052***	2.2237	-3.0650***	-17.9166***	14.8516***	16.8289***	1.0877	-1.9773

注：①$*p<0.1$，$**p<0.05$，$***p<0.01$；②中等水平收入质量与高水平收入质量对各创业决策的影响，是以低水平收入质量为参照行的分析。

123

表 4 – 5 不同农户收入质量水平影响创业选择的边际效应分析结果

变 量		边际系数	标准差	Z	95% 置信区间	
中等水平收入质量	不创业	0.0233	0.0291	0.80	– 0.0336	0.0803
	计划创业	0.0517*	0.0291	1.78	– 0.0053	0.1086
	继续创业	– 0.0951***	0.0317	– 3.00	– 0.1571	– 0.0330
	终止创业	0.0110	0.0145	0.76	– 0.0175	0.0395
	重新创业	0.0091	0.0114	0.80	– 0.0133	0.0315
高水平收入质量	不创业	– 0.1147**	0.0567	– 2.02	– 0.2259	– 0.0036
	计划创业	– 0.0685	0.0536	– 1.28	– 0.1735	0.0365
	继续创业	0.1765***	0.0502	3.51	0.0781	0.2750
	终止创业	– 0.0043	0.0271	– 0.16	– 0.0574	0.0488
	重新创业	0.0110	0.0171	0.65	– 0.0224	0.0445

注：① * $p < 0.1$，** $p < 0.05$，*** $p < 0.01$；②中等水平收入质量与高水平收入质量对各类创业决策的影响，是以低水平收入质量为参照进行的分析。

（1）以"不创业"决策为参照组，中等水平收入质量和高水平收入质量与"计划创业""终止创业""重新创业"正向相关，表明相较于"不创业"选择行为，农户收入质量的提高促进了其做出"计划创业""终止创业""重新创业"三类决策行为。另外，以"不创业"决策为参照组，中等水平收入质量在 0.01 的统计水平上显著负向影响个体"继续创业"行为，而高水平收入质量在 0.01 的统计水平上显著正向影响个体"继续创业"行为，表明相较于"不创业"决策行为，高水平收入质量对"继续创业"产生显著正向影响。换言之，收入质量水平越高对农户选择"继续创业"的促进作用越显著。

（2）以"计划创业"决策为参照组，中等水平收入质量在 0.01 的统计水平上显著负向影响个体的"继续创业"行为，而高水平收入质量在 0.01 的统计水平上显著正向影响个体的"继续创业"行为，表明相较于"计划创业"决策行为，高水平收入质量对"继续创业"产生显著正向影响。另外，中等水平收入质量和高等水平收入质量与"终止创业"正向相关，但影响均不显著，表明相较于"计划创业"决策行为，当前农户收入质量水平促进了其做出"终止创业"决策行为，换言之，当前农户收入质量水平较低的现状限制了创业行为的可持续。

（3）以"终止创业"决策为参照组，中等水平收入质量负向影响个体"继续创业"行为，而高水平收入质量正向影响个体"继续创业"行为，表明相较于"终止创业"决策行为，高水平收入质量对"继续创业"具有正向影响。另外，中等水平收入质量和高水平收入质量与"重新创业"正向相关，但影响不显著，表明相较于"终止创业"决策行为，当前农户收入质量水平促进了其"重新创业"行为。

（4）以"重新创业"决策为参照组，中等水平收入质量与"继续创业"决策负相关，但影响不显著。这表明相较于低水平收入质量，当前中等水平收入质量仍会阻碍"继续创业"行为决策。另外，高水平收入质量与"计划创业"负相关，与"继续创业"正相关，表明相较于"重新创业"，高水平收入质量促进"继续创业"选择，但会抑制"计划创业"选择。

依据表4-5可知中等水平收入质量影响创业选择的边际效应结果。一是中等水平收入质量在1%的统计性水平上显著负向影响"继续创业"行为，且相较于低水平收入质量，中等水平收入质量每提高一个单位，个体选择"继续创业"的概率显著降低9.51%。二是中等水平收入质量在0.01的统计性水平上显著正向影响"计划创业"行为，且相较于低水平收入质量，中等水平收入质量每提高一个单位，个体选择"计划创业"的概率显著提高5.17%。三是中等水平收入质量正向影响"不创业""终止创业""重新创业"选择行为，但作用不显著。具体表现为，相较于低水平收入质量，中等水平收入质量每提高一个单位，个体选择"不创业""终止创业""重新创业"行为的概率分别提高2.33%、1.10%、0.91%。

依据表4-5可知高水平收入质量影响创业选择的边际效应结果。一是高水平收入质量在1%的统计性水平上显著正向影响"继续创业"行为，且相较于低水平收入质量，高水平收入质量

每提高一个单位，个体选择"继续创业"的概率显著上升
17.65%。二是，高水平收入质量在5%的统计性水平上显著负向
影响"不创业"行为，且相较于低水平收入质量，高水平收入质
量每提高一个单位，个体选择"不创业"的概率显著降低
11.47%。三是，高水平收入质量负向影响"计划创业""终止创
业"行为，但作用不显著。具体表现为，相较于低水平收入质
量，高水平收入质量每提高一个单位，个体选择"计划创业"
"终止创业"的概率分别下降6.85%、0.43%。四是，高水平收
入质量正向影响"重新创业"，但作用不显著，即相较于低水平
收入质量，高水平收入质量每提高一个单位，个体选择"重新创
业"的概率上升1.10%。

总之，相较于低水平收入质量，随着收入质量水平的提高，
个体选择"计划创业""重新创业"的决策概率逐渐提高，且高
水平收入质量与"继续创业"显著相关。关于中低水平收入质量
对创业选择的影响解释具体为：低水平收入质量无法为个体提供
创业的物质基础，因此在该水平的个体选择"不创业""终止创
业"的概率较高，但随着收入质量水平的提高，部分计划创业个
体或重新创业个体创业前提条件得到改善，会激发其内在积极
性，促进其创业。某种程度上来说，从前面测算的指数大小来
看，当前处于"中等水平收入质量"的农户仍然是收入质量水平
较低的群体，因此其创业物质条件仍然不充分，从"中等水平收
入质量"对"继续创业"的边际效应可知，较低水平收入质量显
著抑制了"继续创业"行为。

3. 不同农户收入质量维度对不同创业选择的影响检验

模型估计结果如表4-6所示，模型 χ^2 检验值为321.34，-
Log likelihood = 1497.45，且 p 值小于0.001，表明各变量提供的
信息具备显著的解释能力。表4-7呈现了收入的充足性、收入
的结构性、收入的成长性、收入的成本性、收入的知识性对"不创
业""计划创业""继续创业""终止创业""重新创业"选择的边
际影响大小。

表 4 - 6　不同农户收入质量维度对创业选择的影响分析结果

变量	y_2/y_1	y_3/y_1	y_4/y_1	y_5/y_1	y_3/y_2	y_4/y_2	y_3/y_4	y_5/y_4	y_2/y_5	y_3/y_5
收入的充足性	-1.9843	14.7592***	1.1106	-10.9360	16.7434***	3.0949	13.6485**	-12.0467	8.9518	25.6952***
收入的结构性	-0.9639	-2.0515	-0.8753	-0.2223	-1.0876	0.0886	-1.1762	0.6530	-0.7416	-1.8292
收入的成长性	-1.5592	-9.9086*	-2.7127	49.2790**	-8.3493	-1.1535	-7.1959	51.9917**	-50.8382*	-59.1875**
收入的成本性	-6.6737	-15.7577***	-1.4953	-18.4728	-9.0840	5.1784	-14.2624	-16.9775	11.7991	2.7151
收入的知识性	10.5724***	10.4085***	11.6967*	18.7904***	-0.1640	1.1243	-1.2883	7.0937	-8.2180	-8.3820
性别	-0.1679	-0.2265	-0.4690	-0.7026	-0.0586	-0.3011	0.2425	-0.2336	0.5347	0.4761
年龄	-0.0654	0.0394	0.6526***	0.0072	0.1048	0.7179*	-0.6131*	-0.6453*	-0.0726	0.0322
年龄平方项	0.0005	-0.0007	-0.0082**	-0.0006	-0.0011	-0.0087**	0.0075**	0.0076**	0.0011	0.0000
家庭拥有核子的数量	-0.0407	0.1424	0.2501	0.2058	0.1831	0.2908	-0.1076	-0.0443	-0.2464	-0.0633
劳动力数量	-0.1276	-0.1675**	0.1519	-0.0161	-0.0399	0.2796	-0.3194*	-0.1680	-0.1115	-0.1514
耕地面积	-0.0054	0.0287	0.0297	0.0060	0.0341	0.0351	-0.0010	-0.0237	-0.0114	0.0227
家庭是否拥有电脑	0.2440	0.7092***	-0.4730	0.5040	0.4651***	-0.7171*	1.1822***	0.9770	-0.2599	0.2052
家庭年总资产	-0.0023	0.0112**	0.0018	-0.0010	0.0135**	0.0041	0.0094	-0.0029	-0.0012	0.0123
家庭生活满意度	0.0320	0.1342	0.6254***	-0.1397	0.1023	0.5934***	-0.4912**	-0.7651**	0.1717	0.2740
社会网络规模	-0.0925	0.0095	-0.7583	0.2561	0.1020	-0.6658	0.7678	1.0144**	-0.3486	-0.2466

续表

变量	y_2/y_1	y_3/y_1	y_4/y_1	y_5/y_1	y_3/y_2	y_4/y_2	y_3/y_4	y_5/y_4	y_2/y_5	y_3/y_5
是否愿意提供抵押担保	0.5736***	0.5358***	-0.1527	-0.5235	-0.0378	-0.7263**	0.6885**	-0.3708	1.0971***	1.0593***
财务风险态度	-0.1655	-0.3857**	-0.6154***	-0.3537	-0.2203	-0.4499	0.2297	0.2617	0.1882	-0.0321
常数项	2.7984	0.9083	-15.9026***	-3.6511	-1.8901	-18.7011***	16.8109***	12.2515	6.4496	4.5595

注：$*p<0.1$，$**p<0.05$，$***p<0.01$。

表 4 - 7　不同农户收入质量维度影响创业选择的边际效应分析结果

变量		边际系数	标准差	Z	95% 置信区间	
收入的充足性	不创业	- 1.2294**	0.4895	- 2.51	- 2.1888	- 0.2699
	计划创业	- 1.6128***	0.4743	- 3.40	- 2.5424	- 0.6831
	继续创业	3.3763***	0.5075	6.65	2.3815	4.3710
	终止创业	- 0.1785	0.2278	- 0.78	- 0.6251	0.2680
	重新创业	- 0.3556*	0.1837	- 1.94	- 0.7157	0.0045
收入的结构性	不创业	0.2688	0.2695	1.00	- 0.2594	0.7970
	计划创业	0.0318	0.2594	0.12	- 0.4766	0.5403
	继续创业	- 0.3299	0.2881	- 1.15	- 0.8945	0.2347
	终止创业	0.0096	0.1314	0.07	- 0.2479	0.2671
	重新创业	0.0197	0.0894	0.22	- 0.1555	0.1948
收入的成长性	不创业	0.7778	0.8691	0.89	- 0.9257	2.4812
	计划创业	0.3543	0.8231	0.43	- 1.2589	1.9676
	继续创业	- 2.3346***	0.8753	- 2.67	- 4.0501	- 0.6190
	终止创业	0.0274	0.3876	0.07	- 0.7322	0.7870
	重新创业	1.1751**	0.5562	2.11	0.0849	2.2652
收入的成本性	不创业	2.0566**	0.9728	2.11	0.1499	3.9632
	计划创业	0.4225	0.9101	0.46	- 1.3614	2.2063
	继续创业	- 2.5440**	1.0379	- 2.45	- 4.5782	- 0.5098
	终止创业	0.2899	0.4543	0.64	- 0.6005	1.1803
	重新创业	- 0.2250	0.3016	- 0.75	- 0.8161	0.3661
收入的知识性	不创业	- 1.9193***	0.4910	- 3.91	- 2.8816	- 0.9571
	计划创业	0.6239	0.4081	1.53	- 0.1759	1.4237
	继续创业	0.8837**	0.4588	1.93	- 0.0155	1.7828
	终止创业	0.1676	0.1905	0.88	- 0.2057	0.5409
	重新创业	0.2441**	0.1284	1.90	- 0.0075	0.4958

注：$* p < 0.1$，$** p < 0.05$，$*** p < 0.01$。

（1）以"不创业"决策为参照组，收入的充足性在 1% 的统计水平上显著正向影响个体"继续创业"行为；收入的充足性与

"计划创业""重新创业"选择负相关，与"终止创业"负相关，但作用不显著。以"计划创业"决策为参照组，收入的充足性在1%的统计水平上显著正向影响农户"继续创业"行为，正向影响"终止创业"行为，但作用不显著。以"终止创业"为决策参照组，收入的充足性在1%的统计水平上显著正向影响"继续创业"选择行为，与"重新创业"行为负相关。以"重新创业"为决策参照组，收入的充足性在1%的统计水平上显著正向影响"继续创业"决策行为，以及正向影响"计划创业"的选择行为，但作用不显著。依据表4-7收入的充足性对"不创业""计划创业""继续创业""终止创业""重新创业"选择的边际影响大小分析，在1%的统计水平上，收入的充足性每增加一个单位，个体选择"继续创业"的概率上升337.63%，即收入的充足性显著促进了个体的"继续创业"行为。另外，农户收入的充足性每增加一个单位，个体选择"不创业""计划创业""重新创业""终止创业"的概率分别下降122.94%、161.28%、35.56%、17.85%。

（2）以"不创业"决策为参照组，收入的结构性与"继续创业"负相关。换言之，相比于"不创业"，收入的结构性越单一，越促进农户个体做出"计划创业""终止创业""重新创业"的选择行为。以"计划创业"决策为参照组，收入的结构性与"继续创业"负相关，与"终止创业"正相关。即相较于"不创业"，收入的结构性越单一，越促进农户个体做出"继续创业"的决策行为，另外，多元化收入结构反而会促进个体"终止创业"的选择行为。以"终止创业"为决策参照组，收入的结构性与"继续创业"负相关，与"重新创业"正相关。即相较于"终止创业"，收入的结构越单一，对农户个体做出"继续创业"的选择行为的促进作用越显著，另外，多元化收入结构反而会促进个体的"重新创业"选择行为。以"重新创业"为决策参照组，收入的结构性与"继续创业"负相关。即相较于"重新创业"，收入的结构性越单一，越促进农户个体做出"继续创业"的行为。依据表4-7可知，收入的结构越单一，越会促进个体做出"继续创业"决定，具体表现为收入的结构性每降低一个单位，个体选择"继续创业"的概率上升32.99%。多元化收入结构则会促进"不创业""计划创业""终止创业""重新创业"的选择行为，具体表现为收入的结构性每降低一个单位，个体选择"不创业""计划创业""终止创业""重新创业"的概率分别下降26.88%、3.18%、0.96%、1.97%。

（3）以"不创业"决策为参照组，收入的成长性与"继续创业"负相关，其在10%的统计水平上负向影响"继续创业"选择行为，在5%的统计水平上正向影响"重新创业"选择。以"计划创业"决策为参照组，收入的成长性与"继续创业"选择行为负相关。以"终止创业"为决策参照组，收入的成长性与"继续创业"决策行为负相关，但在5%的统计水平上正向影响"重新创业"选择行为。以"重新创业"为决策参照组，收入的成长性在1%的统计水平上负向影响"继续创业"选择行为。依据表4-7可知，收入的成长性在1%的统计水平上显著降低"继续创业"的选择概率，即收入的成长性每增加一个单位，个体选择"继续创业"的可能性下降233.46%。另外，收入的成长性在5%的统计水平上显著提高了农户个体"重新创业"的选择概率，即收入的成长性每增加一个单位，个体选择"重新创业""不创业""计划创业""终止创业"的可能性分别上升117.51%、77.78%、35.43%、2.74%。

（4）以"不创业"决策为参照组，收入的成本性与"继续创业""重新创业"行为负相关，其中在5%的统计水平上负向影响"继续创业"决策行为。以"计划创业"决策为参照组，收入的成本性与"继续创业"选择行为负相关，与"终止创业"决策行为正相关，表明相较于"计划创业"，收入的成本性增加会抑制个体"继续创业"，而促进"终止创业"行为。以"终止创业"为决策参照组，收入的成本性与"继续创业""重新创业"选择行为负相关。以"重新创业"为决策参照组，收入的成本性与"计划创业""终止创业"选择行为正相关，但作用不显著。依据表4-7可知，收入的成本性在5%的统计水平上显著降低了选择"继续创业"的概率，即收入的成本性每增加一个单位，个体选择"继续创业"的可能性下降 254.40%。另外，收入的成本性每增加一个单位，个体选择"重新创业"的可能性下降 22.50%，选择"不创业""计划创业""终止创业"的可能性分别上升 205.66%、42.25%、28.99%。

（5）以"不创业"决策为参照组，收入的知识性在 5% 的统计水平上显著正向影响"继续创业""重新创业"的选择行为。即相较于"不创业"，收入的知识性显著促进了农户个体的"计划创业""继续创业""终止创业""重新创业"选择行为。以"计划创业"决策为参照组，收入的知识性与"终止创业"正相关，但作用均不显著。以"终止创业"为决策参照组，收入的知识性在 5% 的统计水平上与"继续创业""重新创业"正相关。以"重新创业"为决策参照组，收入的知识性与"计划创业""终止创业"选择行为正相关，但作用不显著。依据表 4 – 7 可知，收入的知识性在 1% 的统计水平上显著降低了选择"不创业"的概率，即收入的知识性每增加一个单位，个体选择"不创业"的可能性下降 191.93%。换言之，对农户个体的技能培训可以改善"不创业"现状。另外，收入的知识性在 5% 的统计水平上对"继续创业""重新创业"产生正向作用，即收入的知识性每增加一个单位，个体选择"继续创业""重新创业"的概率分别上升 88.37%、24.41%，表明对个体的技能培训可以显著促进创业。此外，收入的知识性每增加一个单位，个体选择"计划创业""终止创业"的可能性分别上升 62.39%、16.76%，但作用不显著。

四　收入质量影响农户创业行业选择的实证分析

根据第三章的归类分析，本部分将农户创业行业分成了种养殖、农业生产服务、批发零售、居民生活服务、建筑制造、餐饮六大类。对于农户而言，种养殖行业是最为传统的行业，也是农户最有经验的行业，因此本研究中将该类行业作为定量模型分析中的对照组进行对比分析。生产服务行业属于技能型的新兴产业。随着近十年大量农业新兴主体的产生，专业化分工日渐显著，农业生产个体对生产服务的需求也在逐渐增加，由此产生了一批具有相对专业技能的个体，以此作为其谋生的新方式，因此，对于从事该行业个体的技能水平要求较高。批发零售行业属于农村地区较为普遍选择的行业，且不受年龄限制。该类行业相对稳定，但需要一定的资金用于存货，行业内资金周转相对较慢。建筑制造行业需要一定的技能，但主要靠体力，尤其对年龄不敏感，不受年龄限制，有些职业甚至年龄越大、经验越丰富的越有利。餐饮行业属于技能要求相对较高的行业，餐馆需要有特色。因行业选择较为集中，且相近行业具有相似的特征，因此本研究根据具体的行业选择，按照相近行业形成的创业模式进行分类，以探究同类中的共性特征和不同类别之间存在的独特性。

本部分将主要围绕农户收入质量的不同水平和不同维度对其创业行业选择的影响进行分析。本研究将按照个体首次计划创业、当前在创业、重新计划创业进行分类。因此，创业选择的具体研究对象包括计划创业个体（简称为"计划创业者"）、当前在创业个体（简称为"在创业者"）、重新计划创业个体（简称为"重新创业者"）。

（一）收入质量对计划创业农户行业选择意愿的影响分析

1. 不同收入质量水平下计划创业农户行业选择意愿现状描述

按照行业选择意愿纵向比较不同收入质量水平，在计划创业样本中，35.19%的受访样本将"种养殖行业"作为意愿选择行业，其中低水平收入质量、中等水平收入质量、高水平收入质量的样本农户所占的百分比分别为 23.76%、69.31%、6.93%。6.97%的受访样本将"农业生产服务行业"作为意愿选择行业，其中低水平收入质量、中等水平收入质量、高水平收入质量的样本农户所占的百分比分别为 30.00%、65.00%、5.00%。19.86%的受访样本将"批发零售行业"作为意愿选择行业，其中低水平收入质量、中等水平收入质量、高水平收入质量的样本农户所占的百分比分别为 12.28%、80.70%、7.02%。14.63%的受访样本将"居民生活服务行业"作为意愿选择行业，其中低水平收入质量、中等水平收入质量、高水平收入质量的样本农户所占的百分比分别为 28.57%、66.67%、4.76%。6.97% 的受访样本将"建筑制造行业"作为意愿选择行业，低水平收入质量、中等水平收入质量、高水平收入质量的样本农户所占的百分比分别为 10.00%、80.00%、10.00%。另有 16.38% 的受访样本将"餐饮行业"作为意愿选择行业，其中低水平收入质量、中等水平收入质量、高水平收入质量的样本农户所占的百分比分别为 14.89%、82.98%、2.13%。

从不同收入质量水平的农户具体的行业选择意愿横向比较来看，在计划创业样本中，20.21% 的样本农户收入质量处于"低水平"，其中种养殖行业、农业生产服务行业、批发零售行业、居民生活服务行业、建筑制造行业、餐饮行业的样本比例依次为 41.38%、10.34%、12.07%、20.69%、3.45%、12.07%。73.87% 的样本农户收入质量处于"中等水平"，其中种养殖行业、农业生产服务行业、批发零售行业、居民生活服务行业、建筑制造行业、餐饮行业的样本比例依次为 33.02%、6.13%、21.70%、13.21%、7.55%、18.40%。5.92% 的样本农户收入质量处于"高水平"，其中种养殖行业、农业生产服务行业、批发零售行业、居民生活服务行业、建筑制造行业、餐饮行业的样本比例依次为 41.18%、5.88%、23.53%、11.76%、11.76%、5.88%。

2. 收入质量影响计划创业农户行业选择意愿分析

（1）模型和变量选择

本部分采用多元 Logistic 模型分析农户收入质量对计划创业者行业选择意愿的影响。因变量为种养殖行业、农业生产服务行业、批发零售行业、居民生活服务行业、建筑制造行业、餐饮行业六类，其中以传统的种养殖行业作为对照组进行分析。解释变量为农户收入质量，农户收入质量按照不同水平和不同维度两方面进行具体考察。控制变量包括九类：人口特征（性别、年龄）、家庭因素（家庭拥有孩子的数量）、人力资本（劳动力数量）、自然资本（耕地面积）、物质资本（家庭是否拥有电脑、家庭年总资产）、心理资本（家庭生活满意度）、社会资本（社会网络规模）、风险意识（是否愿意提供抵押担保、财务风险态度）和区域虚拟变量（中部、西部）。表4－8对变量进行了描述性统计。

表4－8　变量的描述性统计结果

分类		变量名称	平均值	标准差	最小值	最大值
因变量		创业行业选择：y_1＝种养殖；y_2＝农业生产服务；y_3＝批发零售；y_4＝居民生活服务；y_5＝建筑制造；y_6＝餐饮	3	1.8410	1	6
解释变量	不同水平	低水平收入质量	0.3132	0.0335	0.1721	0.3499
		中等水平收入质量	0.4220	0.0455	0.3507	0.5286
		高水平收入质量	0.5703	0.0349	0.5289	0.7072
	不同维度	收入的充足性	0.0729	0.0277	0.0137	0.1515
		收入的结构性	0.0826	0.0446	0.0052	0.2071
		收入的成长性	0.1004	0.0143	0.0300	0.1292
		收入的成本性	0.1076	0.0144	0.0412	0.1320
		收入的知识性	0.0416	0.0320	0.0072	0.2010
控制变量	人口特征	性别	0.45	0.4980	0	1
		年龄	40.23	9.0440	18	54
	家庭因素	家庭拥有孩子的数量	1.70	0.8590	0	4
	人力资本	劳动力数量	2.48	0.9240	1	5
	自然资本	耕地面积	2.82	2.7700	0	17
	物质资本	家庭是否拥有电脑	0.38	0.4870	0	1
		家庭年总资产	21.73	15.1786	0.30	100.00
	心理资本	家庭生活满意度	3.34	0.7190	1	5
	社会资本	社会网络规模	0.22	0.5280	0	3
	风险意识	是否愿意提供抵押担保	0.62	0.4790	0	1
		财务风险态度	1.88	0.7040	1	3

从计划创业样本农户基本情况来看，本次被访样本中半数以上调查对象为男性，占总样本的 55.0%，女性受访者比例则为 45.0%。被访样本平均年龄为 40 岁。被访样本家庭拥有 1 个孩子的比例为 27.3%，拥有 2 个孩子的样本农户占总样本的 49.7%。55.0% 的样本农户家庭拥有 2 个劳动力，34.4% 的样本农户拥有 3~4 个劳动力。受访样本的家庭耕地面积平均为 2.82 亩。38% 的被调查者家庭拥有电脑。受访样本的家庭年总资产水平平均为 21.73 万元。58.7% 的受访样本表示对目前的生活满意度为一般及不满意，另有 38.7% 的受访样本表示比较满意。18.0% 的受访样本表示家庭成员或亲戚至少有 1 人在乡镇单位、军队、国有企业、正规金融机构等就业。62% 的受访样本表示愿意提供抵押担保。30.7% 的受访样本表示从正规金融机构借贷无风险，49.3% 的样本表示借贷存在风险，但风险在自己可承受范围之内，另有 20.0% 的受访样本表示从正规金融机构借贷存在较大风险，且超出自己的承受能力。

从不同收入质量水平看创业者比例，计划创业者收入质量在"低水平""中等水平""高水平"中的样本所占的百分比依次为 19.7%、74.7%、5.7%。

从行业意愿选择来看，计划创业样本中，选择"种养殖""农业生产服务""批发零售""居民生活服务""建筑制造""餐饮"行业所占的百分比分别为 35.2%、7.0%、19.9%、14.6%、7.0%、16.4%。

（2）回归结果及解释

农户不同的收入质量水平对计划创业者行业选择意愿的影响结果如表 4-9 所示，模型 χ^2 检验值为 159.15，Log likelihood = -390.35，且 p 值小于 0.001，表明各变量提供的信息具备显著的解释能力。表 4-10 呈现了以"低水平收入质量"为参照，"中等水平收入质量"与"高水平收入质量"对"种养殖""农业生产服务""批发零售""居民生活服务""建筑制造""餐饮"六类行业的边际影响大小。变量影响及其具体解释如下。

表4-9　农户收入质量影响计划创业者行业选择意愿分析结果

变量	y_2/y_1 模型1	y_2/y_1 模型2	y_3/y_1 模型1	y_3/y_1 模型2	y_4/y_1 模型1	y_4/y_1 模型2	y_5/y_1 模型1	y_5/y_1 模型2	y_6/y_1 模型1	y_6/y_1 模型2
中等水平收入质量	0.0987	—	1.0175*	—	-0.1335	—	1.0799	—	0.7436	—
高水平收入质量	-0.3103	—	0.1720	—	-0.8568	—	1.4948	—	-0.4595	—
收入的充足性	—	14.7135	—	11.8093	—	-2.3962	—	11.2970	—	9.9410
收入的结构性	—	7.7846	—	-5.0053	—	-11.8105*	—	1.6487	—	0.9263
收入的成长性	—	-4.3331	—	27.0849*	—	-10.1916	—	43.6218	—	15.2294
收入的成本性	—	-16.0920	—	16.0139	—	15.6919	—	49.6676*	—	-1.9735
收入的知识性	—	-6.3935	—	-5.3240	—	0.3711	—	1.2442	—	1.4125
性别	-0.0084	-0.0488	1.1129***	0.9184**	-0.0953*	-0.2970	-0.5334	-0.7692	0.3676	0.3265
年龄	-0.0386	-0.0620	-0.3484*	-0.3633*	-0.3795	-0.3500*	-0.0286	-0.0534	-0.0257	0.0003
年龄平方项	-0.0005	-0.0004	0.0040*	0.0042*	0.0033	0.0030	-0.0002	0.0001	-0.0006	-0.0009
家庭拥有孩子的数量	-0.0654	-0.0626	-0.2321	-0.3086*	0.2030	0.2360	-0.4737	-0.5446	0.1293	0.1044
劳动力数量	-0.1380	-0.1649	-0.3131	-0.3466	0.1147	0.0617	-0.3130	-0.3426	-0.4780*	-0.5557**
耕地面积	0.0048	-0.0282	-0.2844***	-0.2550**	0.0224	0.0425	-0.3370**	-0.3377**	-0.1384*	-0.1318*
家庭是否拥有电脑	0.8958*	0.9305*	0.6701*	0.7054*	0.6454*	0.5964*	0.3104	0.1739	0.8257*	0.7898

续表

变量	y_2/y_1		y_3/y_1		y_4/y_1		y_5/y_1		y_6/y_1	
	模型 1	模型 2	模型 1	模型 2	模型 1	模型 2	模型 1	模型 2	模型 1	模型 2
家庭年总资产	-0.0270	-0.0374	-0.0254	-0.0220	-0.0090	-0.0092	0.0003	0.0002	-0.0127	-0.0152
家庭生活满意度	0.5987*	0.5709	0.1226	0.0524	0.2468	0.1961	0.7125*	0.7773*	-0.3050	-0.3503
社会网络规模	0.1572	0.2246	0.3158	0.3551	0.5211	0.4817	0.4764	0.4417	0.0166	-0.0145
是否愿意提供抵押担保	0.3475	0.3629	0.0070	0.2032	-0.2804	-0.0636	-0.8314*	-0.6524	0.3309	0.4517
财务风险态度	-0.6671*	-0.7844*	0.3875	0.4570*	0.2304	0.3768	0.3496	0.4982	-0.0935	-0.0181
中部地区	14.3779	13.9161	-1.5921*	-1.4303*	-0.9509	-0.6536	-0.4909	0.0571	-1.6233*	-1.5319*
西部地区	13.6465	13.0419	-1.6897**	-1.3379**	-1.4240*	-1.0473*	-0.8211	-0.2919	-1.4648**	-1.3683**
LR	模型 1：LR chi=159.15***		模型 2：LR chi=176.46**							
P-R²	模型 1：R²=0.1693		模型 2：R²=0.1878							
-LLd	模型 1：-Log likelihood=390.35		模型 2：-Log likelihood=381.69							

注：①*p<0.1，**p<0.05，***p<0.01；②表中数字为系数；③模型1是农户收入量水平影响分析，模型2是农户收入质量维度影响分析。

表 4 – 10　农户收入质量影响计划创业者行业选择意愿的边际效应

变量	行业选择意愿	边际系数	标准差	Z	95% 置信区间	
中等水平收入质量	种养殖	- 0.1033	0.0650	- 1.59	- 0.2306	0.0241
	农业生产服务	0.0129	0.0339	- 0.38	- 0.0793	0.0535
	批发零售	0.0970	0.0675	1.44	- 0.0353	0.2293
	居民生活服务	- 0.0685	0.0484	- 1.41	- 0.1634	0.0265
	建筑制造	0.0404	0.0487	0.83	- 0.0552	0.1359
	餐饮	0.0473	0.0614	0.77	- 0.0730	0.1676
高水平收入质量	种养殖	- 0.0209	0.1283	- 0.16	- 0.2724	0.2305
	农业生产服务	- 0.0204	0.0704	- 0.29	- 0.1585	0.1176
	批发零售	0.1763	0.1130	1.56	- 0.0451	0.3976
	居民生活服务	- 0.1253	0.1030	- 1.22	- 0.3272	0.0766
	建筑制造	0.0836	0.0673	1.24	- 0.0483	0.2155
	餐饮	- 0.0933	0.1430	- 0.65	- 0.3735	0.1869
收入的充足性	种养殖	- 1.7017	1.1687	- 1.46	- 3.9923	0.5890
	农业生产服务	0.5868	0.6276	0.94	- 0.6432	1.8168
	批发零售	0.8609	1.1116	0.77	- 1.3178	3.0396
	居民生活服务	- 0.5296	0.9211	- 0.57	- 2.3348	1.2757
	建筑制造	0.2692	0.7054	0.38	- 1.1133	1.6517
	餐饮	0.5144	1.1028	0.47	- 1.6472	2.6759
收入的结构性	种养殖	0.5644	0.6438	0.88	- 0.6974	1.8261
	农业生产服务	0.6222*	0.3574	1.74	- 0.0783	1.3228
	批发零售	- 0.3506	0.6339	- 0.55	- 1.5929	0.8918
	居民生活服务	- 1.1627*	0.6087	- 1.91	- 2.3557	0.0302
	建筑制造	0.0857	0.3909	0.22	- 0.6804	0.8518
	餐饮	0.2410	0.5432	0.44	- 0.8236	1.3056
收入的成长性	种养殖	- 3.4983*	2.0458	- 1.71	- 7.2566	0.7628
	农业生产服务	- 0.3884	1.0763	- 0.36	- 2.4978	1.7211
	批发零售	2.0659	2.0879	0.99	- 2.0264	6.1582
	居民生活服务	- 0.4459	1.4654	- 0.3	- 3.3180	2.4263
	建筑制造	1.7642	1.7234	1.02	- 1.6137	5.1421

变量	行业选择意愿	边际系数	标准差	Z	95% 置信区间	
	餐饮	0.2510	1.8751	0.13	- 3.4242	3.9261
收入的成本性	种养殖	- 1.8670	2.0853	- 0.90	- 5.9541	2.2201
	农业生产服务	- 1.4165	1.1748	- 1.21	- 3.7190	0.8860
	批发零售	0.9628	2.1640	0.44	- 3.2786	5.2042
	居民生活服务	0.8613	1.7032	0.51	- 2.4769	4.1995
	建筑制造	2.8905*	1.7003	1.71	- 0.8842	5.7808
	餐饮	- 0.9889	1.9577	- 0.51	- 4.8260	2.8481
收入的知识性	种养殖	0.3803	1.0090	0.38	- 1.5974	2.3580
	农业生产服务	- 0.3313	0.5693	- 0.58	- 1.4471	0.7844
	批发零售	- 0.6799	0.8645	- 0.79	- 2.3743	1.0146
	居民生活服务	0.1530	0.6584	0.23	- 1.1375	1.4434
	建筑制造	0.0289	0.5104	0.06	- 0.9714	1.0292
	餐饮	0.4490	0.8288	0.54	- 1.1754	2.0734

注: $* p < 0.1$, $** p < 0.05$, $*** p < 0.01$。

以传统的"种养殖"行业选择意愿为参照组，中等水平收入质量与"农业生产服务""批发零售""建筑制造""餐饮"行业意愿选择正相关，另外，中等水平收入质量与"居民生活服务"负相关。结合表 4 - 10 可知，相较于低水平收入质量，中等水平收入质量每提高一个单位，个体选择"种养殖""居民生活服务"行业的概率分别降低 10.33%、6.85%，而选择"农业生产服务""批发零售""建筑制造""餐饮"行业的概率分别上升 1.29%、9.70%、4.04%、4.73%。换言之，随着中等水平收入质量的改善，个体选择"种养殖""批发零售""居民生活服务""餐饮""建筑制造""农业生产服务"行业的影响依次减弱。

以传统的"种养殖"行业选择意愿为参照组，高水平收入质量与"农业生产服务""居民生活服务""餐饮"行业意愿选择负相关，与"批发零售""建筑制造"行业意愿选择正相关。结合表4 - 10 可知，相较于低水平收入质量，高水平收入质量每提高一个单位,个体选择"种养殖""农业生产服务""居民生活服务""餐饮"行业的概率分别下降 2.09%、2.04%、12.53%、9.33%,而选择"批发零售""建筑制造"行业的概率分别上升 17.63%、8.36%。即随着高水平收入质量的改善,个体选择"批发零售""居民生活服务""餐饮""建筑制造""种养殖""农业生产服务"行业的影响依次减弱。

总之,随着农户收入质量的提升,对"种养殖""农业生产服务""居民生活服务""餐饮"行业的选择意愿逐渐减弱,而对"批发零售""建筑制造"行业的选择意愿逐渐增强。

不同维度农户收入质量对计划创业者行业选择意愿的影响结果如表 4-9 所示,模型 χ^2 检验值为 176.46,Log likelihood = -381.69,且 p 值小于 0.001,表明各变量提供的信息具备显著的解释能力。表 4-10 呈现了农户收入的充足性、收入的结构性、收入的成长性、收入的成本性、收入的知识性五个维度对"种养殖""农业生产服务""批发零售""居民生活服务""建筑制造""餐饮"六类行业的边际影响大小。变量影响及其具体解释如下。

以传统的"种养殖"行业选择意愿为参照组,农户收入的充足性与"农业生产服务""批发零售""建筑制造""餐饮"行业选择意愿正相关,但与"居民生活服务"行业选择意愿负相关。表明收入的充足性有助于强化农户个体对"农业生产服务""批发零售""建筑制造""餐饮"行业的选择意愿。结合表 4-10 可知,农户收入的充足性每增加一个单位,个体选择"种养殖""居民生活服务"行业的概率分别下降 170.17%、52.96%,而对"农业生产服务""批发零售""建筑制造""餐饮"行业选择的概率分别上升 58.68%、86.09%、26.92%、51.44%。换言之,随着农户收入的充足性的提高,对"种养殖""批发零售""农业生产服务""居民生活服务""餐饮""建筑制造"的影响逐渐减弱。

以传统的"种养殖"行业选择意愿为参照组,农户收入的结构性与"农业生产服务""建筑制造""餐饮"行业选择意愿正相关,另一方面与"批发零售""居民生活服务"行业选择意愿负相关，其中在10%的显著性统计水平上负向影响"居民生活服务"行业选择意愿。表明收入的结构性改善有助于强化农户个体对"农业生产服务""建筑制造""餐饮"行业的选择意愿。结合表4-10可知，农户收入的结构性每增加一个单位，个体选择"批发零售""居民生活服务"行业的概率分别下降35.06%、116.27%，而对"种养殖""农业生产服务""建筑制造""餐饮"行业选择的概率分别上升56.44%、62.22%、8.57%、24.10%。换言之，随着农户收入的结构性的提高，对"居民生活服务""农业生产服务""种养殖""批发零售""餐饮""建筑制造"行业选择意愿的影响逐渐减弱。

以传统的"种养殖"行业选择意愿为参照组，农户收入的成长性与"批发零售""建筑制造""餐饮"行业选择意愿正相关，另外，与"农业生产服务""居民生活服务"行业选择意愿负相关。表明收入的成长性改善有助于强化农户个体对"批发零售""建筑制造""餐饮"行业选择的意愿。结合表4-10可知，农户收入的成长性每增加一个单位，个体选择"种养殖""农业生产服务""居民生活服务"行业的概率分别下降349.83%、38.84%、44.59%，而选择"批发零售""建筑制造""餐饮"行业的概率分别上升206.59%、176.42%、25.10%。换言之，随着农户收入的成长性的提高，对"种养殖""批发零售""建筑制造""居民生活服务""农业生产服务""餐饮"行业选择意愿的影响逐渐减弱。

以传统的"种养殖"行业选择意愿为参照组，农户收入的成本性与"批发零售""居民生活服务""建筑制造"行业选择意愿正相关，并在10%的显著性统计水平上正向影响"建筑制造"行业选择意愿；另外，与"农业生产服务""餐饮"行业选择意愿负相关。表明收入的成本性改善有助于强化农户个体对"批发零售""居民生活服务""建筑制造"行业选择的意愿。结合表4-10可知，农户收入的成本性每增加一个单位，个体选择"种养殖""农业生产服务""餐饮"行业的概率分别下降186.70%、141.65%、98.89%，而选择"批发零售""居民生活服务""建筑制造"行业的概率分别上升 96.28%、86.13%、289.05%。换言之，随着农户收入成本性的提高，对"建筑制造""种养殖""农业生产服务""餐饮""批发零售""居民生活服务"行业选择意愿的影响逐渐减弱。

以传统的"种养殖"行业选择意愿为参照组，农户收入的知识性与"居民生活服务""建筑制造""餐饮"行业选择意愿正相关；另外，与"农业生产服务""批发零售"行业选择意愿负相关。表明收入的知识性改善有助于强化农户个体对"居民生活服务""建筑制造""餐饮"行业选择的意愿。结合表 4 - 10 可知，农户收入的知识性每增加一个单位，个体选择"种养殖""居民生活服务""建筑制造""餐饮"行业的概率分别上升 38.03%、15.30%、2.89%、44.90%，而选择"农业生产服务""批发零售"行业的概率分别下降 33.13%、67.99%。换言之，随着农户收入的知识性的提高，对"批发零售""餐饮""种养殖""农业生产服务""居民生活服务""建筑制造"行业选择意愿的影响逐渐减弱。

总之，农户收入质量对其不同创业行业选择意愿存在显著的影响。

（二）　收入质量对在创业农户行业选择行为的影响分析

1. 不同收入质量水平下在创业农户行业选择行为现状描述

按照行业选择行为纵向比较不同收入质量水平，在创业样本中，17.15% 的受访样本选择了"种养殖"行业，其中低水平收入质量、中等水平收入质量、高水平收入质量的样本农户所占的百分比分别为 21.28%、55.32%、23.40%。15.33% 的受访样本选择了"农业生产服务"行业，其中低水平收入质量、中等水平收入质量、高水平收入质量的样本农户所占的百分比分别为 32.14%、47.62%、20.24%。33.03% 的受访样本选择了"批发零售"行业，其中低水平收入质量、中等水平收入质量、高水平收入质量的样本农户所占的百分比分别为 19.89%、61.88%、18.23%。18.80% 的受访样本选择了"居民生活服务"行业，其中低水平收入质量、中等水平收入质量、高水平收入质量的样本农户所占的百分比分别为 22.33%、52.43%、25.24%。7.66% 的受访样本选择了"建筑制造"行业,其中低水平收入质量、中等水平收入质量、高水平收入质量的样本农户所占的百分比分别为 11.90%、80.95%、7.14%。另有 8.03% 的受访样本选择了"餐饮"行业,其中低水平收入质量、中等水平收入质量、高水平收入质量的样本农户所占的百分比分别为 18.18%、70.45%、11.36%。

从不同收入质量水平的农户具体的行业选择行为横向比较来看,在创业样本中,21.72% 的样本农户收入质量处于"低水平",其中种养殖行业、农业生产服务行业、批发零售行业、居民生活服务行业、建筑制造行业、餐饮行业的样本比例依次为 16.81%、22.69%、30.25%、19.33%、4.20%、6.72%。58.94% 的样本农户收入质量处于"中等水平",其中种养殖行业、农业生产服务行业、批发零售行业、居民生活服务行业、建筑制造行业、餐饮行业的样本比例依次为 16.10%、12.38%、34.67%、16.72%、10.53%、9.60%。19.34% 的样本农户收入质量处于"高水平",其中种养殖行业、农业生产服务行业、批发零售行业、居民生活服务行业、建筑制造行业、餐饮行业的样本比例依次为 20.75%、16.04%、31.13%、24.53%、2.83%、4.72%。

2. 收入质量影响在创业农户行业选择行为分析

(1) 模型和变量选择

本部分内容采用多元 Logistic 模型分析农户收入质量影响在创业者行业选择意愿。因变量为种养殖行业、农业生产服务行业、批发零售行业、居民生活服务行业、建筑制造行业、餐饮行业六类,其中以传统的种养殖行业作为对照组进行分析。解释变量为农户收入质量,农户收入质量按照不同水平和不同维度两方面进行具体考察。控制变量包括十类:人口特征(性别、年龄)、家庭因素(家庭拥有孩子的数量)、人力资本(劳动力数量)、自然资本(耕地面积)、物质资本(家庭是否拥有电脑、家庭年总资产)、心理资本(家庭生活满意度)、社会资本(社会网络规模）、风险意识（是否愿意提供抵押担保、财务风险态度）、金融资源（能否提供抵押担保、与邻近金融机构关系）和区域虚拟变量（中部、西部）。表4-11对变量进行了统计描述。

表4-11 变量的描述性统计结果

分类		变量名称	平均值	标准差	最小值	最大值
因变量		创业行业选择：y_1=种养殖；y_2=农业生产服务；y_3=批发零售；y_4=居民生活服务；y_5=建筑制造；y_6=餐饮	3.09	1.433	1	6
解释变量	不同水平	低水平收入质量	0.3079	0.0361	0.1721	0.3499
		中等水平收入质量	0.4295	0.0486	0.3509	0.5286
		高水平收入质量	0.5712	0.0337	0.5289	0.7072
	不同维度	收入的充足性	0.0910	0.0369	0.0109	0.1977
		收入的结构性	0.0857	0.0538	0.0052	0.2276
		收入的成长性	0.1000	0.0165	0.0158	0.1415
		收入的成本性	0.1103	0.0153	0.0455	0.1322
		收入的知识性	0.0441	0.0320	0.0072	0.1933
控制变量	人口特征	性别	0.40	0.4890	0	1
		年龄	41.50	7.951	17	54
	家庭因素	家庭拥有孩子的数量	1.82	0.7610	0	4
	人力资本	劳动力数量	2.56	0.9380	1	5
	自然资本	耕地面积	3.2061	5.4557	0	63
	物质资本	家庭是否拥有电脑	0.57	0.4960	0	1
		家庭年总资产	29.70	21.2391	1.00	120.00
	心理资本	家庭生活满意度	3.53	0.7090	1	5
	社会资本	社会网络规模	0.29	0.5860	0	4
	风险意识	是否愿意提供抵押担保	0.66	0.4700	0	1
		财务风险态度	1.76	0.5730	1	3
	金融资源	能否提供抵押担保	0.63	0.4790	0	1
		与邻近金融机构关系	2.59	0.995	1	5

从在创业样本农户基本情况来看，本次被访样本中半数以上调查对象为男性，占总样本的 60.4%，女性受访者比例则为 39.6%。被访样本平均年龄为 41 岁。被访样本家庭拥有 1 个孩子的比例为 26.2%，拥有 2 个孩子的样本农户占总样本的 57.6%。57.4% 的样本农户家庭拥有 2 个劳动力，34.7% 的样本农户拥有 3~4 个劳动力。受访样本的家庭耕地面积平均为 3.2 亩。56.7% 的被调查者家庭都拥有电脑。受访样本的家庭年总资产平均为 29.70 万元。46.3% 的受访样本表示对目前的生活满意度在一般及不满意。23.0% 的受访样本表示家庭成员或亲戚至少有 1 人在乡镇单位、军队、国有企业、正规金融机构等就业。66.5% 的受访样本表示愿意提供抵押担保。30.3% 的受访样本表示从正规金融机构借贷无风险，61.9% 的样本表示借贷存在风险，但风险在自己可承受范围之内，另有 7.8% 的受访样本表示从正规金融机构借贷存在较大的风险，且超出自己的承受能力。63.8% 的受访样本表示可以提供抵押担保。53.3% 的样本表示与邻近金融机构的关系比较疏远。

从不同收入质量水平看创业者比例，在创业者收入质量在"低水平""中等水平""高水平"中的样本所占的百分比依次为 21.4%、59.2%、19.4%。

从行业选择行为来看，在创业样本中，选择"种养殖""居民农业生产服务""批发零售""居民生活服务""建筑制造""餐饮"行业的样本所占的百分比分别为 17.2%、15.3%、33.0%、18.8%、7.7%、8.0%。

（2）回归结果及解释

不同水平的农户收入质量对在创业者行业选择行为的分析结果如表 4-12 所示，模型 χ^2 检验值为 207.77，Log likelihood = -810.90，且 p 值小于 0.001，Pseudo R^2 = 0.1136，表明各变量提供的信息具备显著的解释能力。表 4-13 呈现了以"低水平收入质量"为参照，"中等水平收入质量"与"高水平收入质量"对"种养殖""农业生产服务""批发零售""居民生活服务""建筑制造"

表4-12　农户收入质量影响在创业者行业选择行为的回归结果

变量	y_2/y_1		y_3/y_1		y_4/y_1		y_5/y_1		y_6/y_1	
	系数1	系数2	系数1	系数2	系数1	系数2	系数1	系数2	系数1	系数2
中等水平收入质量	-0.5966*	—	-0.0397	—	-0.0208	—	0.8672*	—	0.4382	—
高水平收入质量	-1.0427**	—	-1.0104**	—	0.2269	—	-1.2736	—	-0.9898	—
收入的充足性	—	1.7145	—	-17.1487***	—	7.6262	—	-11.4386	—	-16.8155**
收入的结构性	—	-2.5430	—	0.6196	—	0.7920	—	-8.2420*	—	-7.7194*
收入的成长性	—	-8.5203	—	-2.8514	—	10.6342	—	-8.3068	—	4.4320
收入的成本性	—	-4.6981	—	34.5066***	—	27.9219**	—	34.2000**	—	55.9442***
收入的知识性	—	4.5312	—	-11.1613**	—	3.1990	—	6.5007	—	-11.0426*
性别	-0.1840	-0.2107	0.3063	0.1600	0.1794	0.1019	0.1157	0.0345	0.3563	0.2264
年龄	-0.0157	-0.0109	0.0285	-0.0063	0.1277	0.1095	0.0013	-0.0301	0.2058	0.1600
年龄平方项	0.0003	0.0002	-0.0005	-0.0002	-0.0022	-0.0021	-0.0001	0.0002	-0.0032	-0.0028
家庭拥有孩子的数量	0.0981	0.1943	0.1289	0.1861	-0.0147	0.0407	0.3260	0.3541	-0.0530	0.0130
劳动力数量	0.0355	0.0193	0.0953	0.1112	0.0003	-0.0108	-0.0073	-0.0002	0.3867	0.4475*
耕地面积	-0.1587***	-0.1641***	-0.1141***	-0.1020***	-0.1119***	-0.1020***	-0.1543**	-0.1177**	-0.1366**	-0.1024**
家庭是否拥有电脑	0.0285	-0.0488	0.5343*	0.6333**	0.3620	0.3751	0.0513	0.0271	0.0949	0.1878

续表

变量	y_2/y_1		y_3/y_1		y_4/y_1		y_5/y_1		y_6/y_1	
	系数 1	系数 2	系数 1	系数 2	系数 1	系数 2	系数 1	系数 2	系数 1	系数 2
家庭年总资产	0.0064	0.0097	-0.0089	-0.0004	0.0023	0.0075	0.0158	0.0228	0.0051	0.0134
家庭生活满意度	-0.2148	-0.2119	-0.2637	-0.2255	-0.1664	-0.1774	0.2298	0.2278*	-0.1314	-0.1679
社会网络规模	-0.2484	-0.2172	-0.2189	-0.1867	-0.1898	-0.1450	-0.3142	-0.2547**	-0.8164**	-0.7465*
是否愿意提供抵押担保	-0.1178	-0.0767	-0.1335	-0.0523	0.0980	0.1987	-0.0384	0.0120	-0.0527	0.1612
财务风险态度	-0.0260	-0.0107	-0.0448	-0.0180	0.2297	0.2184	-0.2546	-0.2458	-0.0160	-0.0005
能否提供抵押担保	1.3585***	1.3203***	0.9339***	0.9696***	0.4014	0.3418	0.9232*	0.8950*	0.5176	0.5460
与邻近金融机构关系	0.6658***	0.6262***	0.3866*	0.3554**	0.1788	0.1309	0.1018	0.0183	0.3173*	0.1930
中部地区	-1.5693*	-1.4325	-2.0366*	-1.8478**	-0.9517	-0.8087	-2.0146*	-1.9272*	0.2550	0.4029
西部地区	-1.5133*	-1.3318	-2.9283***	-2.6674***	-0.9917	-0.8249	-2.1462*	-1.9861*	-0.7605	-0.5875
常数项	0.4819	1.5912	2.4168	0.7941	-0.5371	-3.7085	-0.7584	-0.7860	-4.3804	-7.6217

注：①*、**、***分别代表0.1、0.05、0.01水平上显著。②系数1是不同农户收入质量水平影响创业者行业选择行为的分析计算获得的系数，系数2是不同农户收入质量维度影响创业者行业选择行为的分析计算获得的系数。

表 4 – 13 农户收入质量影响在创业者行业选择行为的边际效应

变量	行业选择意愿	边际系数	标准差	Z	95% 置信区间	
中等水平收入质量	种养殖	0.0001	0.0368	0.00	- 0.0721	0.0722
	农业生产服务	- 0.0821**	0.0348	- 2.36	- 0.1502	- 0.0140
	批发零售	- 0.0114	0.0492	- 0.23	- 0.1078	0.0849
	居民生活服务	- 0.0029	0.0413	- 0.07	- 0.0838	0.0780
	建筑制造	0.0634*	0.0343	1.85	- 0.0037	0.1306
	餐饮	0.0330	0.0299	1.10	- 0.0256	0.0915
高水平收入质量	种养殖	0.0965**	0.0461	2.09	0.0061	0.1869
	农业生产服务	- 0.0421	0.0461	- 0.91	- 0.1324	0.0483
	批发零售	- 0.0778	0.0669	- 1.16	- 0.2090	0.0533
	居民生活服务	0.0823	0.0516	1.59	- 0.0189	0.1835
	建筑制造	- 0.0378	0.0525	- 0.72	- 0.1406	0.0650
	餐饮	- 0.0211	0.0443	- 0.48	- 0.1079	0.0656
收入的充足性	种养殖	1.2665**	0.5392	2.35	0.2096	2.3234
	农业生产服务	1.1054**	0.5617	1.97	0.0045	2.2063
	批发零售	- 2.0974***	0.7532	- 2.78	- 3.5736	- 0.6211
	居民生活服务	0.3225	0.6071	0.53	- 0.8674	1.5123
	建筑制造	- 0.0949	0.4323	- 0.22	- 0.9421	0.7524
	餐饮	- 0.5021	0.4373	- 1.15	- 1.3593	0.3550
收入的结构性	种养殖	0.1714	0.2944	0.58	- 0.4057	0.7484
	农业生产服务	- 0.1681	0.3110	- 0.54	- 0.7776	0.4414
	批发零售	0.6158	0.3915	1.57	- 0.1516	1.3831
	居民生活服务	0.3671	0.3240	1.13	- 0.2679	1.0021
	建筑制造	- 0.5038*	0.2654	- 1.90	- 1.0240	0.0165
	餐饮	- 0.4824*	0.2581	- 1.87	- 0.9882	0.0234
收入的成长性	种养殖	- 0.0215	0.9561	- 0.02	- 1.8954	1.8524
	农业生产服务	- 1.0577	0.8358	- 1.27	- 2.6958	0.5804
	批发零售	- 0.6399	1.1930	- 0.54	- 2.9781	1.6984
	居民生活服务	1.9172	1.1998	1.60	- 0.4343	4.2688
	建筑制造	- 0.5474	0.6296	- 0.87	- 1.7813	0.6866

变量	行业选择意愿	边际系数	标准差	Z	95% 置信区间	
	餐饮	0.3492	0.7496	0.47	-1.1200	1.8185
收入的成本性	种养殖	-3.1430**	1.0591	-2.97	-5.2187	-1.0672
	农业生产服务	-3.8310***	1.0831	-3.54	-5.9538	-1.7083
	批发零售	3.0357*	1.6679	1.82	-0.2333	6.3046
	居民生活服务	0.8507	1.3553	0.63	-1.8057	3.5070
	建筑制造	0.7439	1.0052	0.74	-1.2263	2.7140
	餐饮	2.3438**	1.1151	2.10	0.1582	4.5294
收入的知识性	种养殖	0.8317*	0.4363	1.91	-0.0234	1.6869
	农业生产服务	0.2698	0.4682	0.58	-0.6479	1.1875
	批发零售	-1.3239*	0.6959	-1.90	-2.6878	0.0399
	居民生活服务	0.5346	0.5110	1.05	-0.4669	1.5361
	建筑制造	0.0215	0.3985	0.05	-0.7596	0.8026
	餐饮	-0.3338	0.4280	-0.78	-1.1727	0.5051

注：*、* *、* * *分别代表 0.1、0.05、0.01 水平上显著。

"餐饮"六类行业的边际影响大小。变量影响及其具体解释如下。

以传统的"种养殖"行业选择行为为参照组，中等水平收入质量与"建筑制造""餐饮"行业选择行为正相关，与"农业生产服务""批发零售""居民生活服务"行业行为选择负相关。结合表 4 - 13 可知，相较于低水平收入质量，中等水平收入质量每提高一个单位，个体选择"种养殖""建筑制造""餐饮"行业的概率分别上升 0.01%、6.34%、3.30%，而选择"农业生产服务""批发零售""居民生活服务"行业的概率分别下降 8.21%、1.14%、0.29%。换言之，随着中等水平收入质量的改善，其对个体"农业生产服务""建筑制造""餐饮""批发零售""居民生活服务""种养殖"行业选择行为的影响依次减弱。

以传统的"种养殖"行业选择意愿为参照组，高水平收入质量与"居民生活服务"行业选择正相关，与"农业生产服务""批发零售""建筑制造""餐饮"行业选择行为负相关，其中对

"农业生产服务""批发零售"行业选择行为均在5%的统计水平上显著。依据表4－13可知，相较于低水平收入质量，高水平收入质量每提高一个单位，个体选择"种养殖""居民生活服务"行业的概率分别上升9.65%、8.23%，而选择"农业生产服务""批发零售""建筑制造""餐饮"的概率分别下降4.21%、7.78%、3.78%、2.11%。换言之，随着高水平收入质量的改善，对个体"种养殖""居民生活服务""批发零售""农业生产服务""建筑制造""餐饮"行业选择行为的影响依次减弱。

不同维度农户收入质量对在创业者行业选择的影响结果如表4－12所示，模型χ^2检验值为237.14，Log likelihood = －796.22，且p值小于0.001，Pseudo R^2 = 1296，表明各变量提供的信息具备显著的解释能力。[①] 表4－13呈现了农户收入的充足性、收入的结构性、收入的成长性、收入的成本性、收入的知识性五个维度对"种养殖""农业生产服务""批发零售""居民生活服务""建筑制造""餐饮"六类行业的边际影响大小。变量影响及其具体解释如下。

以传统的"种养殖"行业为参照组，农户收入的充足性与"批发零售""建筑制造""餐饮"行业选择行为负相关，与"农业生产服务""居民生活服务"行业选择行为正相关。这表明，收入的充足性的改善有助于强化农户个体对"农业生产服务""居民生活服务"行业的选择。由表4－13可知，农户收入的充足性每增加一个单位，个体选择"种养殖""农业生产服务""居民生活服务"行业的概率分别上升126.65%、110.54%、32.25%，而选择"批发零售""建筑制造""餐饮"行业的概率分别下降209.74%、9.49%、50.21%。换言之，随着农户收入的充足性的提高，对"批发零售""种养殖""农业生产服务""餐饮""居民生活服务""建筑制造"行业选择行为的影响逐渐减弱。

---

① 关于模型的拟合指标均未在表格中体现，其原因为：一是很多表格为了控制在一页内，尽量控制表格的内容，表格中呈现的均为系数结果；二是为了与其他表格保持一致。

以传统的"种养殖"行业为参照组，农户收入的结构性与"批发零售""居民生活服务"行业选择行为正相关，而与"农业生产服务""建筑制造""餐饮"行业选择行为负相关。这表明收入的结构性改善有助于强化农户个体对"批发零售""居民生活服务"行业的选择行为。依据表4－13可知，农户收入的结构性每增加一个单位，个体选择"种养殖""批发零售""居民生活服务"的概率分别上升17.14%、61.58%、36.71%，而对"农业生产服务""建筑制造""餐饮"行业选择的概率分别下降16.81%、50.38%、48.24%。换言之，随着农户收入的结构性的提高，对"批发零售""建筑制造""餐饮""居民生活服务""种养殖""农业生产服务"选择行为的影响逐渐减弱。

以传统的"种养殖"行业为参照组，农户收入的成长性与"居民生活服务""餐饮"行业选择行为正相关，而与"批发零售""建筑制造""农业生产服务"行业选择行为负相关。这表明收入的成长性改善有助于强化农户个体对"居民生活服务""餐饮"行业的选择。依据表4－13可知，农户收入的成长性每增加一个单位，个体选择"种养殖""农业生产服务""批发零售""建筑制造"行业的概率分别下降2.15%、105.77%、63.99%、54.74%，而对"居民生活服务""餐饮"行业的选择概率分别上升191.72%、34.92%。换言之，农户收入的成长性的提高对"居民生活服务""农业生产服务""批发零售""建筑制造""餐饮""种养殖"行业选择行为的影响逐渐减弱。

以传统的"种养殖"行业为参照组，农户收入的成本性分别在10%、5%的显著性统计水平上正向影响"批发零售""餐饮"行业选择行为；但与"农业生产服务"行业选择行为负相关。这表明收入的成本性改善有助于强化农户个体对"批发零售""居民生活服务""建筑制造""餐饮"行业的选择行为。由表4－13可知，农户收入的成本性每增加一个单位，个体选择"种养殖""农业生产服务"行业的概率分别下降314.30%、383.10%，而选择"批发零售""居民生活服务""建筑制造""餐饮"行业的概率分别上升 303.57%、85.07%、74.39%、234.38%。换言之，农户收入的成本性的提高对"农业生产服务""种养殖""批发零售""餐饮""居民生活服务""建筑制造"行业选择行为的影响逐渐减弱。

以传统的"种养殖"行业为参照组，农户收入的知识性与"农业生产服务""居民生活服务""建筑制造"行业选择行为正相关；与"批发零售""餐饮"行业选择行为负相关。这表明收入的知识性的改善有助于强化农户个体对"农业生产服务""居民生活服务""建筑制造"行业选择的行为。由表 4-13 可知，农户收入的知识性每增加一个单位，个体选择"种养殖""农业生产服务""居民生活服务""建筑制造"行业的概率分别上升 83.17%、26.98%、53.46%、2.15%，而对"批发零售""餐饮"行业选择的概率分别下降 132.39%、33.38%。换言之，农户收入的知识性的提高对"批发零售""种养殖""居民生活服务""餐饮""农业生产服务""建筑制造"行业选择行为的影响逐渐减弱。

总之，以传统的"种养殖"行业为参照组，农户收入的充足性的改善有助于强化农户个体对"农业生产服务""居民生活服务"行业的选择行为；收入的结构性的改善有助于强化农户个体对"批发零售""居民生活服务"行业的选择行为；收入的成长性的改善有助于强化农户个体对"居民生活服务""餐饮"行业的选择行为；收入的成本性的改善有助于强化农户个体对"批发零售""居民生活服务""建筑制造""餐饮"行业的选择行为；收入的知识性的改善有助于强化农户个体对"农业生产服务""居民生活服务""建筑制造"行业的选择行为。

（三）收入质量对重新创业农户行业选择一致性的影响分析

1. 不同收入质量水平下重新创业农户两次行业选择状况描述

（1）曾经创业行业选择状况分析

按照不同行业选择行为纵向比较不同收入质量水平，重新创业样本中，24.14%的受访样本选择了"种养殖"行业，其中低水平收入质量、中等水平收入质量、高水平收入质量的样本农户所占的百分比分别为28.57%、71.43%、0。17.24%的受访样本选择了"农业生产服务"行业，其中低水平收入质量、中等水平收入质量、高水平收入质量的样本农户所占的百分比分别为20.00%、80.00%、0。17.24%的受访样本选择了"批发零售"行业，其中低水平收入质量、中等水平收入质量、高水平收入质量的样本农户所占的百分比分别为0、60.00%、40.00%。13.79%的受访样本选择了"居民生活服务"行业，其中低水平收入质量、中等水平收入质量、高水平收入质量的样本农户所占的百分比分别为25.00%、75.00%、0。10.34%的受访样本选择了"建筑制造"行业，其中低水平收入质量、中等水平收入质量、高水平收入质量的样本农户所占的百分比分别为0、66.67%、33.33%。另有17.24%的受访样本选择了"餐饮"行业，其中低水平收入质量、中等水平收入质量、高水平收入质量的样本农户所占的百分比分别为20.00%、80.00%、0。

从不同收入质量水平下具体行业选择行为横向比较来看，重新创业样本中17.24%的样本农户收入质量处于"低水平"，其中种养殖行业、农业生产服务行业、批发零售行业、居民生活服务行业、建筑制造行业、餐饮行业的样本比例依次为40.00%、20.00%、0、20.00%、0、20.00%。72.41%的样本农户收入质量处于"中等水平"，其中种养殖行业、农业生产服务行业、批发零售行业、居民生活服务行业、建筑制造行业、餐饮行业的样本比例依次为23.81%、19.05%、14.29%、14.29%、9.52%、19.05%。10.34%的样本农户收入质量处于"高水平"，其中种养殖行业、农业生产服务行业、批发零售行业、居民生活服务行业、建筑制造行业、餐饮行业的样本比例依次为0、0、66.67%、0、33.33%、0。

（2）当前再次计划创业行业选择意愿现状分析

按照行业选择意愿纵向比较不同收入质量水平，重新创业样本中 33.33% 的受访样本选择了"种养殖"行业，其中低水平收入质量、中等水平收入质量、高水平收入质量的样本农户所占的百分比分别为 37.50%、62.50%、0。20.83% 的受访样本选择了"农业生产服务"行业，其中低水平收入质量、中等水平收入质量、高水平收入质量的样本农户所占的百分比分别为 20.00%、60.00%、20.00%。8.33% 的受访样本选择了"批发零售"行业，其中低水平收入质量、中等水平收入质量、高水平收入质量的样本农户所占的百分比分别为 0、50.00%、50.00%。8.33% 的受访样本选择了"居民生活服务"行业，其中低水平收入质量、中等水平收入质量、高水平收入质量的样本农户所占的百分比分别为 0、100.00%、0。12.50% 的受访样本选择了"建筑制造"行业，其中低水平收入质量、中等水平收入质量、高水平收入质量的样本农户所占的百分比分别为 0、66.67%、33.33%。另有 16.67% 的受访样本选择了"餐饮"行业，其中低水平收入质量、中等水平收入质量、高水平收入质量的样本农户所占的百分比分别为 25.00%、75.00%、0。

从不同收入质量水平中具体的行业选择意愿横向比较来看，在重新创业样本中，20.83% 的样本农户收入质量处于"低水平"，其中种养殖行业、农业生产服务行业、批发零售行业、居民生活服务行业、建筑制造行业、餐饮行业的样本比例依次为 60.00%、20.00%、0、0、0、20.00%。66.67% 的样本农户收入质量处于"中等水平"，其中种养殖行业、农业生产服务行业、批发零售行业、居民生活服务行业、建筑制造行业、餐饮行业的样本比例依次为 31.25%、18.75%、6.25%、12.50%、12.50%、18.75%。12.50% 的样本农户收入质量处于"高水平"，其中种养殖行业、农业生产服务行业、批发零售行业、居民生活服务行业、建筑制造行业、餐饮行业的样本比例依次为 0、33.33%、33.33%、0、33.33%、0。

综合两次行业选择一致性来看，41.67% 的重新创业样本在两次行业选择中不一致，其中低水平收入质量、中等水平收入质量、高水平收入质量的农户所占的百分比分别为 10.00%、

80.00%、10.00%。58.3%的重新创业样本在两次行业选择中不一致，其中低水平收入质量、中等水平收入质量、高水平收入质量的农户所占的百分比分别为28.57%、57.14%、14.29%。

2. 收入质量影响重新创业农户行业选择一致性分析

（1）模型和变量选择

本部分采用 Probit 模型分析农户收入质量对其两次创业行业选择一致性的影响。模型的因变量为两次行业选择的一致性，"一致"赋值为1，"不一致"赋值为0。解释变量为农户收入质量，由于重新创业样本群体非常小，因此，本研究仅对农户收入质量对行业选择一致性的影响进行分析。控制变量包括：性别、年龄、劳动力数量、耕地面积、家庭是否拥有电脑、家庭年总资产。变量统计描述分析如表4-14所示。

表4-14 变量的描述性统计结果

	变量	平均值	标准差	最小值	最大值
因变量	创业选择一致性： 0＝不一致，1＝一致	0.58	0.5040	0	1
解释变量	农户收入质量	0.4103	0.0735	0.2845	0.5855
控制变量	性别	0.33	0.479	0	1
	年龄	39.43	9.1980	20	53
	劳动力数量	2.53	0.9730	1	4
	耕地面积	2.97	3.0403	0	13.00
	家庭是否拥有电脑	0.47	0.507	0	1
	家庭年总资产	20.10	13.69	4.00	60.00

从样本农户基本情况来看，本次被访的重新创业样本中多数调查对象为男性，占总重新创业样本的66.7%，女性所占的比例为33.3%。被访问的重新创业样本平均年龄为39.43岁。50.0%的样本农户家庭拥有2个劳动力，40.0%的样本农户拥有3~4个劳动力。受访样本的家庭耕地面积平均在2.97亩。46.7%的被调查者家庭都拥有电脑。受访样本的家庭年总资产平均为20.10万元。

从被访问的重新创业个体行业选择一致性来看，58.3%的样本选择在同样的行业重新进行创业，另有41.7%的样本在两次创业的行业选择上存在不同。

（2）分析结果及解释

模型估计结果如表4-15所示，模型χ^2检验值为17.638，Log likelihood = -10.52，且p值小于0.05，Pseudo R^2 = 0.3542，表明各变量提供的信息具备显著的解释能力。表4-15呈现了收入质量对重新计划创业者两次行业选择一致性的边际影响大小。

表4-15　农户收入质量影响重新计划创业者
两次行业选择一致性的分析结果

变量	系数	标准误	Z值	95%置信区间	
农户收入质量	-3.0883 (-0.3458)	5.1820 (1.2455)	-0.60 (-0.28)	-13.2448 (-2.7869)	7.0682 (2.0952)
性别	1.3749**	0.6583	2.09	0.0847	2.6651
年龄	-0.0909*	0.0529	-1.72	-0.1945	0.0127
家庭拥有劳动力数量	-0.3453	0.4629	-0.75	-1.2526	0.5621
家庭拥有耕地面积	0.2536*	0.1469	1.73	-0.0344	0.5416
家庭是否拥有电脑	1.4589**	0.6918	2.11	0.1031	2.8148
家庭年总资产	-0.0450*	0.0237	-1.90	-0.0915	0.0015
中部地区	0.8107	0.7945	1.02	-0.7466	2.3679
西部地区	-1.1186	0.7863	-1.42	-2.6598	0.4225
常数项	6.2627*	3.4108	1.84	-0.4225	12.9478
Wald chi2 (9)	17.638**				
Pseudo R^2	0.3542				
-Log likelihood	10.52				

注：① * $p<0.1$, ** $p<0.05$, *** $p<0.01$；②括号内是农户收入质量边际影响分析结果。

农户收入质量对重新计划创业者两次行业选择一致性具有负向影响，但作用不显著。具体表现为，农户收入质量每提高一个单位，个体选择不一致行业的概率上升34.58%。

五 收入质量影响农户创业组织
形式选择的实证分析

本部分主要分析不同农户收入质量水平与不同维度农户收入质量分别对农户创业组织形式选择的影响。在具体研究对象上，本研究将个体按照首次计划创业个体、当前在创业个体、重新计划创业个体进行分类分析。

关于农户创业的组织形式，根据表现的状态可划分为个体创业和非个体创业。对组织形式进行分类分析，为改进不同个体创业行为提供针对性的参考建议。

（一）收入质量对计划创业农户组织形式选择意愿的影响分析

1. 不同水平收入质量下计划创业农户组织形式选择意愿现状描述分析

按照组织形式选择意愿纵向比较不同收入质量水平，在计划创业样本中，88.70%的受访样本选择了"个体创业"组织形式，其中低水平收入质量、中等水平收入质量、高水平收入质量的样本农户所占的百分比分别为18.53%、75.29%、6.18%。11.3%的样本选择了"非个体创业"组织形式，其中低水平收入质量、中等水平收入质量、高水平收入质量的样本农户所占的百分比分别为27.27%、68.70%、3.03%。

从不同收入质量水平中具体的组织形式选择意愿横向比较来看，在计划创业样本中，19.52%的样本农户收入质量处于"低水平"，其中选择"非个体创业""个体创业"组织形式的样本比例依次为15.79%、84.21%。74.66%的样本农户收入质量处于"中等水平"，其中选择"非个体创业""个体创业"组织形式的样本比例依次为10.55%、89.45%。5.82%的样本农户收入质量处于"高水平"，选择"非个体创业""个体创业"组织形式的样本比例依次为 5.88%、94.12%。

2. 收入质量对计划创业农户组织形式选择意愿的影响分析

(1) 模型与变量选择

本研究采用 Probit 模型分析农户收入质量对计划创业者组织形式选择的影响。该分析中,因变量为农户个体①创业与非个体创业。解释变量为农户收入质量,农户收入质量按照不同水平和不同维度两方面进行具体考察。控制变量包括九类:人口特征(性别、年龄)、家庭因素(家庭拥有孩子的数量)、人力资本(劳动力数量)、自然资本(耕地面积)、物质资本(家庭是否拥有电脑、家庭年总资产)、心理资本(家庭生活满意度)、社会资本(社会网络规模)、风险意识(是否愿意提供抵押担保、财务风险态度)和区域虚拟变量(中部、西部)。关于各变量的基本情况描述见表 4-16。

计划创业样本农户基本情况如下。本次被访样本中半数以上调查对象为男性,占总样本的 55.0%,女性受访者比例为 45.0%。被访样本平均年龄 40.23 岁。被访样本家庭拥有 1 个孩子的比例为 27.3%,拥有 2 个孩子的样本农户占总样本的 49.7%。55.0% 的样本农户家庭拥有 2 个劳动力,34.4% 的样本农户拥有 3~4 个劳动力。受访样本的家庭耕地面积平均为 2.82 亩。38.3% 的被调查者家庭拥有电脑。受访样本的家庭年总资产平均为 21.73 万元。58.7% 的受访样本表示对目前的生活满意度为一般及不满意,另有 38.7% 的受访样本表示比较满意。18.0% 的受访样本表示家庭成员或亲戚至少有 1 人在乡镇单位、军队、国有企业、正规金融机构等就业。62% 的受访样本表示愿意提供抵押担保。30.7% 的受访样本表示从正规金融机构借贷无风险,49.3% 的样本表示借贷存在风险,但风险在自己可承受的范围之内,另有 20.0% 的受访样本表示从正规金融机构借贷存在较大的

---

① 引自张维迎《博弈与市场》,本研究中的个体,不单单指农民个体,只要是以农户家庭为基本决策单位的单个组织均称为个体。

风险，且超出自己的承受范围。

表 4-16　变量的描述性统计结果

	分类	变量名称	平均值	标准差	最小值	最大值
因变量		创业组织形式选择： 0＝非个体创业； 1＝个体创业	0.89	0.317	0	1
解释变量	不同水平	低水平收入质量	0.3132	0.0335	0.1721	0.3499
		中等水平收入质量	0.4220	0.0455	0.3507	0.5286
		高水平收入质量	0.5703	0.0349	0.5289	0.7072
	不同维度	收入的充足性	0.0729	0.0277	0.0137	0.1515
		收入的结构性	0.0826	0.0446	0.0052	0.2071
		收入的成长性	0.1004	0.0143	0.0300	0.1292
		收入的成本性	0.1076	0.0144	0.0412	0.1320
		收入的知识性	0.0416	0.0320	0.0072	0.2010
控制变量	人口特征	性别	0.45	0.4980	0	1
		年龄	40.23	9.0440	18	54
	家庭因素	家庭拥有孩子的数量	1.70	0.8590	0	4
	人力资本	劳动力数量	2.48	0.9240	1	5
	自然资本	耕地面积	2.82	2.7700	0	17
	物质资本	家庭是否拥有电脑	0.38	0.4870	0	1
		家庭年总资产	21.73	15.1786	0.30	100.00
	心理资本	家庭生活满意度	3.34	0.7190	1	5
	社会资本	社会网络规模	0.22	0.5280	0	3
	风险意识	是否愿意提供抵押担保	0.62	0.4790	0	1
		财务风险态度	1.88	0.7040	1	3

（2）回归结果及解释

模型估计结果如表 4-17 所示，模型 χ^2 检验值为 19.96，Log likelihood ＝ -94.3483，且 p 值大于 0.1，Pseudo R^2 ＝ 0.1841，表明各变量提供的信息不具备解释能力。表 4-17 中亦呈现了以"低水平收入质量"为参照下，"中等水平收入质量"与"高水平收入质量"对计划创业个体选择"个体创业""非个体创业"
意愿的边际影响大小。

表 4 - 17　不同农户收入质量水平影响计划创业者
组织形式选择意愿回归结果

变量	系数	标准误	Z 值	95% 置信区间	
中等水平收入质量	0.2050	0.2492	0.82	- 0.2835	0.6935
	(0.0361)	(0.0436)	(0.83)	(- 0.0494)	(0.1215)
高水平收入质量	0.5978	0.5655	1.06	- 0.5105	1.7061
	(0.1051)	(0.0984)	(1.07)	(- 0.0876)	(0.2979)
性别	0.3387*	0.1947	1.74	- 0.0430	0.7203
年龄	0.0644	0.0883	0.73	- 0.1086	0.2374
年龄平方项	- 0.0006	0.0011	- 0.52	- 0.0028	0.0016
家庭拥有孩子的数量	0.1173	0.1341	0.87	- 0.1456	0.3802
劳动力数量	0.0725	0.0906	0.80	- 0.1051	0.2502
耕地面积	0.0284	0.0368	0.77	- 0.0437	0.1005
家庭是否拥有电脑	0.1219	0.2208	0.55	- 0.3109	0.5547
家庭年总资产	- 0.0055	0.0073	- 0.75	- 0.0199	0.0089
家庭生活满意度	- 0.2278**	0.1314	- 1.73	- 0.4852	0.0297
社会网络规模	0.0202	0.0327	0.62	0.0439	0.0844
是否愿意提供抵押担保	- 0.2178	0.2077	- 1.05	- 0.6249	0.1893
财务风险态度	- 0.1255	0.1458	- 0.86	- 0.4112	0.1601
中部地区	0.0761	0.4571	0.17	- 0.8199	0.9721
西部地区	- 0.1953	0.3057	- 0.64	- 0.7945	0.4040
常数项	0.1944	1.8198	0.11	- 3.3724	3.7611
Wald chi2	19.96				
Pseudo R^2	0.1841				
-Log likelihood	94.3483				

注：① * $p < 0.1$，** $p < 0.05$，*** $p < 0.01$；②括号内是不同水平农户收入质量边
际影响分析结果。

结果表明，农户收入质量对计划创业者"个体创业"选择意

愿具有正向促进作用，但影响不显著。从边际效应系数来看，中等水平农户收入质量的提高产生的促进作用要低于高水平农户收入质量的提高所产生的促进作用。换言之，随着农户收入质量水平的提高，农户选择"个体创业"的意愿越强，且高水平的农户收入质量对其意愿的促进越大。具体表现为，相较于低水平收入质量，中等水平收入质量每提高一个单位，农户选择"个体创业"的概率上升 3.61%；高水平收入质量每提高一个单位，农户选择"个体创业"的概率上升 10.51%。

在控制变量中，农户性别在 10% 的显著性水平上正向影响"个体创业"的组织形式选择，即女性更倾向于选择"个体创业"组织形式。另外，家庭生活满意度在 5% 的显著性水平上负向影响"个体创业"的组织形式选择意愿，即对家庭生活满意度越高，农户越倾向于"非个体创业"组织形式。

模型估计结果如表 4 – 18 所示，模型 χ^2 检验值为 26.29，Log likelihood = – 93.29，且 p 值大于 0.1，Pseudo R^2 = 0.0945，表明各变量提供的信息不具备解释能力。表 4 – 18 亦呈现了农户收入质量的不同维度对计划创业个体选择"个体创业""非个体创业"意愿的边际影响大小。

表 4 – 18　不同维度农户收入质量影响计划创业者
组织形式选择意愿的回归结果

变量	系数	标准误	Z 值	95% 置信区间	
收入的充足性	– 6.5510	4.7604	– 1.38	– 15.8812	2.7792
	(– 1.1318)	(0.8332)	(– 1.36)	(– 2.7648)	(0.5012)
收入的结构性	2.2724	2.5616	0.89	– 2.7483	7.2931
	(0.3926)	(0.4437)	(0.88)	(– 0.4771)	(1.2623)
收入的成长性	5.0533	7.1190	0.71	– 8.8996	19.0063
	(0.8730)	(1.2227)	(0.71)	(– 1.5234)	(3.2695)
收入的成本性	7.9938	8.5523	0.93	– 8.7683	24.7560
	(1.3811)	(1.4855)	(0.93)	(– 1.5305)	(4.2927)

续表

变量	系数	标准误	Z 值	95% 置信区间	
收入的知识性	3.2369	3.3938	0.95	−3.4148	9.8887
	(0.5592)	(0.5872)	(0.95)	(−0.5916)	(1.7101)
性别	0.3756*	0.2079	1.81	−0.0319	0.7832
年龄	0.0924	0.0897	1.03	−0.0835	0.2683
年龄平方项	−0.0009	0.0011	−0.81	−0.0032	0.0013
家庭拥有孩子的数量	0.1182	0.1344	0.88	−0.1453	0.3817
劳动力数量	0.1158	0.0985	1.18	−0.0773	0.3089
耕地面积	0.0285	0.0372	0.77	−0.0444	0.1013
家庭是否拥有电脑	0.0872	0.2269	0.38	−0.3575	0.5320
家庭年总资产	−0.0045	0.0073	−0.62	−0.0188	0.0098
家庭生活满意度	−0.1834	0.1374	−1.33	−0.4528	0.0860
社会网络规模	0.0251	0.0349	0.72	−0.0433	0.0935
是否愿意提供抵押担保	−0.2131	0.2166	−0.98	−0.6377	0.2116
财务风险态度	−0.1334	0.1470	−0.91	−0.4215	0.1547
中部地区	−0.0468	0.4694	−0.10	−0.9669	0.8732
西部地区	−0.3110	0.3069	−1.01	−0.9125	0.2906
常数项	−1.5486	2.1464	−0.72	−5.7555	2.6583
Wald chi2	26.29				
Pseudo R^2	0.0945				
-Log likelihood	93.29				

注：① $*p<0.1$，$**p<0.05$，$***p<0.01$；②括号内是不同维度农户收入质量边际影响分析结果。

分析结果表明，不同维度的农户收入质量对计划创业者"个体创业"组织形式的选择具有差异性的作用方向和作用大小，但作用均不显著。首先，收入的充足性与计划创业者"个体创业"的组织形式选择负相关，即收入的充足性每提高一个单位，农户选择"个体创业"组织形式的概率下降113.18%。其次，收入的结构性、收入的成长性、收入的成本性、收入的知识性均与计划创业者"个体创业"组织形式选择正相关，即收入的结构性、收入的成长性、收入的成本性、收入的知识性的提高会促进农户选择"个体创业",具体促进作用表现为:收入的结构性每提高一个单位,农户选择"个体创业"组织形式的概率上升 39.26%;收入的成长性每提高一个单位,农户选择"个体创业"组织形式的概率上升 87.30%;收入的成本性每提高一个单位,农户选择"个体创业"组织形式的概率上升 138.11%;收入的知识性每提高一个单位,农户选择"个体创业"组织形式的概率上升 55.92%。综合而言,收入的成本性、收入的充足性、收入的成长性、收入的知识性、收入的结构性对计划创业者"个体创业"的组织形式选择的影响逐渐减弱。

总之,农户收入质量对计划创业者组织形式选择意愿的作用不显著。

(二) 收入质量对在创业农户组织形式选择行为的影响分析

1. 不同收入质量水平在创业农户组织形式选择行为现状描述

按照组织形式选择行为纵向比较不同收入质量水平,在创业样本中,93.01% 的受访样本选择了"个体创业"的组织形式,其中低水平收入质量、中等水平收入质量、高水平收入质量的样本农户所占的百分比分别为 21.97%、58.18%、19.85%。6.99% 的受访样本选择了"非个体创业"组织形式,其中低水平收入质量、中等水平收入质量、高水平收入质量的样本农户所占的百分比分别为 12.82%、74.36%、12.82%。

从不同收入质量水平中具体的组织形式选择行为横向比较来看,在创业样本中,21.33% 的样本农户收入质量处于"低水平",其中选择"非个体创业""个体创业"组织形式的样本比例依次为 4.20%、95.80%。59.32% 的样本农户收入质量处于"中等水平",其中选择"非个体创业""个体创业"组织形式的样本比例依次为 8.76%、91.24%。19.35% 的样本农户收入质量处于"高水平",选择"非个体创业""个体创业"组织形式的样本比例依次为 4.63% 、95.37% 。

2. 收入质量影响在创业农户组织形式选择行为分析

（1）模型与变量选择

本研究采用 Probit 模型分析农户收入质量对在创业者组织形式选择的影响。因变量为农户个体创业与非个体创业。解释变量为农户收入质量，农户收入质量按照不同水平和不同维度进行具体考察。控制变量包括十类：人口特征（性别、年龄）、家庭因素（家庭拥有孩子的数量）、人力资本（劳动力数量）、自然资本（耕地面积）、物质资本（家庭是否拥有电脑、家庭年总资产）、心理资本（家庭生活满意度）、社会资本（社会网络规模）、风险意识（是否愿意提供抵押担保、财务风险态度）、金融资源（能否提供抵押担保、与邻近金融机构关系）和区域虚拟变量（中部、西部）。各变量的基本情况描述如表 4 - 19 所示。

从在创业样本农户基本情况分析，本次被访样本中半数以上调查对象为男性，占总样本的 60.4% ，女性受访者比例则为 39.6% 。被访样本平均年龄为 41.5 岁。被访样本家庭拥有 1 个孩子的比例为 26.2% ，拥有 2 个孩子的样本农户占总样本的 57.6% 。57.4% 的样本农户家庭拥有 2 个劳动力，34.7% 的样本农户拥有 3 ~ 4 个劳动力。受访样本的家庭耕地面积平均为 3.2061 亩。56.7% 的被调查者家庭都拥有电脑。受访样本的家庭年总资产平均为 29.70 万元。46.3% 的受访样本表示对目前的生活满意度为一般及不满意。23.0% 的受访样本表示家庭成员或亲戚至少有 1 人在乡镇单位、军队、国有企业、正规金融机构等就业。66.5% 的受访样本表示愿意提供抵押担保。30.3% 的受访样本表示从正规金融机构借贷无风险，61.9% 的样本表示借贷存在风险，但风险在自己可承受范围之内，另有 7.8% 的受访样本表示从正规金融机构借贷存在较大的风险，且超出自己的承受能力。63.8% 的受访样本表示可以提供抵押担保；53.3% 的样本表示与邻近金融机构的关系比较疏远。

表 4 - 19　变量的描述性统计结果

分类		变量名称	平均值	标准差	最小值	最大值
因变量		创业组织形式选择： 0 = 非个体创业； 1 = 个体创业	0.93	0.550	0	1
解释 变量	不同水平	低水平收入质量	0.3079	0.0361	0.1721	0.3499
		中等水平收入质量	0.4295	0.0486	0.3509	0.5286
		高水平收入质量	0.5712	0.0337	0.5289	0.7072
	不同维度	收入的充足性	0.0910	0.0369	0.0109	0.1977
		收入的结构性	0.0857	0.0538	0.0052	0.2276
		收入的成长性	0.1000	0.0165	0.0158	0.1415
		收入的成本性	0.1103	0.0153	0.0455	0.1322
		收入的知识性	0.0441	0.0320	0.0072	0.1933
控制 变量	人口特征	性别	0.40	0.4890	0	1
		年龄	41.50	7.951	17	54
	家庭因素	家庭拥有孩子的数量	1.82	0.7610	0	4
	人力资本	劳动力数量	2.56	0.9380	1	5
	自然资本	耕地面积	3.2061	5.4557	0	63
	物质资本	家庭是否拥有电脑	0.57	0.4960	0	1
		家庭年总资产	29.70	21.2391	1.00	120.00
	心理资本	家庭生活满意度	3.53	0.7090	1	5
	社会资本	社会网络规模	0.29	0.5860	0	4
	风险意识	是否愿意提供抵押担保	0.66	0.4700	0	1
		财务风险态度	1.76	0.5730	1	3
	金融资源	能否提供抵押担保	0.63	0.4790	0	1
		与邻近金融机构关系	2.59	0.995	1	5

（2）回归结果及解释

模型估计结果如表 4 - 20 所示，模型 χ^2 检验值为 48.35，Log likelihood = - 120.32，且 p 值小于 0.001，Pseudo R^2 = 0.1489，表明各变量提供的信息具备显著的解释能力。表 4 - 20 中亦呈现了以

"低水平"农户收入质量为参照组，"中等水平"农户收入质量和
"高水平"农户收入质量影响在创业者组织形式选择的边际效应
大小。

表 4 - 20　农户收入质量影响在创业者组织形式选择行为的分析结果

变量	系数	标准误	Z 值	95% 置信区间	
中等水平收入质量	- 0.3033	0.2444	- 1.24	- 0.7824	0.1758
	(- 0.0347)	(0.0281)	(- 1.24)	(- 0.0898)	(0.0203)
高水平收入质量	0.1592	0.3290	0.48	- 0.4856	0.8041
	(0.0182)	(0.0378)	(0.48)	(- 0.0558)	(0.0923)
性别	0.5337***	0.1937	2.75	0.1539	0.9134
年龄	0.0190	0.0819	0.23	- 0.1416	0.1795
年龄平方项	- 0.0001	0.0011	- 0.12	- 0.0022	0.0020
家庭拥有孩子的数量	0.0340	0.1163	0.29	- 0.1939	0.2619
劳动力数量	0.0712	0.1092	0.65	- 0.1429	0.2853
耕地面积	- 0.0376***	0.0137	- 2.74	- 0.0646	- 0.0107
家庭是否拥有电脑	0.4088**	0.1743	2.35	0.0672	0.7504
家庭年总资产	- 0.0106*	0.0061	- 1.74	- 0.0225	0.0013
家庭生活满意度	- 0.0246	0.1369	- 0.18	- 0.2928	0.2437
社会网络规模	0.0000	0.0000	0.30	0.0000	0.0001
是否愿意提供抵押担保	- 0.3725*	0.2140	- 1.74	- 0.7919	0.0468
财务风险态度	- 0.0276	0.1575	- 0.18	- 0.3363	0.2811
能否提供抵押担保	0.2945	0.2097	1.40	- 0.1165	0.7054
与邻近金融机构关系	0.0789	0.0881	0.90	- 0.0937	0.2516
中部地区	0.8828**	0.3423	2.58	0.2119	1.5537
西部地区	0.5730**	0.2449	2.34	0.0930	1.0530
常数项	0.3854	1.7426	0.22	- 3.0300	3.8009
Wald chi2	48.35***				
Pseudo R²	0.1489				
-Log likelihood	120.32				

注：① $* p < 0.1, ** p < 0.05, *** p < 0.01$；②括号内是不同水平农户收入质量边
际影响分析结果。

结果表明，不同水平农户收入质量对在创业者"个体创业"组织形式选择行为具有不同的作用方向，其中中等水平收入质量具有负向影响，而高水平收入质量具有正向影响，但作用均不显著。从边际效应系数来看，中等水平农户收入质量的提高产生的作用要大于高水平农户收入质量的提高所产生的影响。换言之，只有高水平收入质量才会对"个体创业"组织形式选择行为产生正向作用，而中等水平收入质量和低水平收入质量则会抑制对"个体创业"组织形式的选择行为。具体表现为，相较于低水平收入质量而言，中等水平收入质量每提高一个单位，农户选择"个体创业"的概率下降3.47%；高水平收入质量每提高一个单位，农户选择"个体创业"的概率上升1.82%。

模型估计结果如表4－21所示，模型χ^2检验值为44.68，Log likelihood ＝ －120.95，且p值小于0.05，Pseudo R^2 ＝ 0.1445，表明各变量提供的信息具备显著的解释能力。表4－21中亦呈现了不同农户质量维度对在创业者组织形式选择影响的边际效应大小。

表4－21　不同维度农户收入质量影响在创业者组织形式选择行为分析结果

变量	系数	标准误	Z 值	95% 置信区间	
收入的充足性	－ 3.7343	3.2330	－ 1.16	－ 10.0709	2.6023
	（ － 0.4311）	（0.3744）	（ － 1.15）	（ － 1.1648）	（0.3027）
收入的结构性	1.9613	1.8961	1.03	－ 1.7551	5.6776
	（0.2264）	（0.2194）	（1.03）	（ － 0.2037）	（0.6565）
收入的成长性	6.1089	4.9731	1.23	－ 3.6382	15.8560
	（0.7051）	（0.5734）	（1.23）	（ － 0.4187）	（1.8290）
收入的成本性	2.5288	6.4947	0.39	－ 10.2006	15.2582
	（0.2919）	（0.7507）	（0.39）	（ － 1.1795）	（1.7633）
收入的知识性	－ 1.2414	2.5297	－ 0.49	－ 6.1995	3.7167
	（ － 0.1433）	（0.2922）	（ － 0.49）	（ － 0.7160）	（0.4294）

续表

变量	系数	标准误	Z 值	95% 置信区间	
性别	0.4687**	0.1952	2.40	0.0861	0.8513
年龄	0.0147	0.0866	0.17	−0.1550	0.1844
年龄平方项	−0.0001	0.0011	−0.08	−0.0023	0.0021
家庭拥有孩子的数量	0.0445	0.1126	0.40	−0.1762	0.2652
劳动力数量	0.1100	0.1114	0.99	−0.1084	0.3283
耕地面积	−0.0406***	0.0133	−3.06	−0.0667	−0.0146
家庭是否拥有电脑	0.4616***	0.1736	2.66	0.1213	0.8019
家庭年总资产	−0.0083	0.0063	−1.32	−0.0207	0.0041
家庭生活满意度	−0.0380	0.1376	−0.28	−0.3077	0.2318
社会网络规模	0.0000	0.0000	0.25	0.0000	0.0001
是否愿意提供抵押担保	−0.3151	0.2171	−1.45	−0.7405	0.1103
财务风险态度	0.0014	0.1509	0.01	−0.2943	0.2971
能否提供抵押担保	0.3014	0.2076	1.45	−0.1054	0.7083
与邻近金融机构关系	0.0990	0.0860	1.15	−0.0695	0.2675
中部地区	0.8715**	0.3475	2.51	0.1903	1.5527
西部地区	0.5573**	0.2511	2.22	0.0653	1.0494
常数项	−0.5768	1.9148	−0.30	−4.3298	3.1762
Wald chi2	44.68**				
Pseudo R^2	0.1445				
-Log likelihood	120.95				

注：①$* p < 0.1$，$** p < 0.05$，$*** p < 0.01$；②括号内是不同维度农户收入质量边际影响分析结果。

分析结果显示，不同维度的农户收入质量对计划创业者"个体创业"组织形式选择行为影响的作用方向和作用大小存在差异，但作用均不显著。首先，收入的充足性、收入的知识性与在创业者"个体创业"组织形式选择行为负相关，即收入的充足性和知识性每提高一个单位，农户选择"个体创业"组织形式的概率分别下降 43.11%、14.33%。其次，收入的结构性、收入的成长性、收入的成本性均与在创业者"个体创业"组织形式选择行为正相关，即收入的结构性、收入的成长性、收入的成本性的提高会促进农户选择"个体创业"，具体促进作用表现为：收入的结构性每提高一个单位，农户选择"个体创业"组织形式的概率上升22.64%，收入的成长性每提高一个单位，农户选择"个体创业"组织形式的概率上升70.51%，收入的成本性每提高一个单位，农户选择"个体创业"组织形式的概率上升29.19%。综合而言，收入的成长性、收入的充足性、收入的成本性、收入的结构性、收入的知识性对在创业者"个体创业"组织形式选择行为产生的影响逐渐减弱。

总之，农户收入质量对在创业者组织形式选择行为产生的作用不显著。

（三）收入质量对重新创业农户组织形式选择一致性的影响分析

1. 不同收入质量水平下重新创业农户两次组织形式选择状况描述

（1）曾经创业的组织形式选择行为

从不同组织形式选择来看，重新创业样本中，82.76%的受访样本选择了"个体创业"的组织形式，其中低水平收入质量、中等水平收入质量、高水平收入质量的样本农户所占的百分比分别为16.67%、79.17%、4.16%。17.24%的受访样本选择了"非个体创业"的组织形式，其中低水平收入质量、中等水平收入质量、高水平收入质量的样本农户所占的百分比分别为20.00%、40.00%、40.00%。

从不同收入质量水平中具体的组织形式选择行为横向比较来看，重新创业样本中，17.24%的样本农户收入质量处于"低水平"，其中选择"非个体创业""个体创业"组织形式的样本比例依次为20.00%、80.00%。72.42%的样本农户收入质量处于"中等水平"，其中选择"非个体创业""个体创业"组织形式的样本比例依次为90.48%、9.52%。10.34%的样本农户收入质量处于"高水平",选择"非个体创业""个体创业"组织形式的样本比例依次为 66.67%、33.33%。

（2）从不同组织形式选择意愿看

按照组织形式选择意愿纵向比较不同收入质量水平,重新创业样本中,56.00%的受访样本选择了"个体创业"的组织形式,其中低水平收入质量、中等水平收入质量、高水平收入质量的样本农户所占的百分比分别为 21.43%、71.43%、7.14%。17.24%的受访样本选择了"非个体创业"的组织形式,其中低水平收入质量、中等水平收入质量、高水平收入质量的样本农户所占的百分比分别为 18.18%、63.64%、18.18%。

从不同收入质量水平来看,重新创业样本中,20.83%的样本农户收入质量处于"低水平",其中选择"非个体创业""个体创业"组织形式的样本比例依次为 40.00%、60.00%。66.67%的样本农户收入质量处于"中等水平",其中选择"非个体创业""个体创业"组织形式的样本比例依次为 37.50%、62.5%。12.5%的样本农户收入质量处于"高水平",选择"非个体创业""个体创业"组织形式的样本比例依次为 66.67%、33.33%。

从被访问的重新创业个体组织形式选择的一致性来看,重新创业样本中,64.00%的样本选择了两次同样的组织形式,其中低水平收入质量、中等水平收入质量、高水平收入质量的样本所占的百分比分别为 25.00%、56.25%、18.75%。另有 36.00%的样本在两次创业中的资金来源选择存在不同,其中低水平收入质量、中等水平收入质量、高水平收入质量的样本所占的百分比分别为 11.11%、88.89%、0。

2. 收入质量影响重新创业农户组织选择一致性分析

（1）模型和变量选择

本部分采用 Probit 模型分析农户收入质量对其两次创业组织形式选择一致性的影响。模型的因变量为两次组织形式选择一致性,一致赋值为 1,不一致赋值为 0。解释变量为农户收入质量。该分析中,仅就农户收入质量对行业选择一致性的影响进行分析。控制变量具体包括：性别、年龄、劳动力数量、耕地面积、家庭是否拥有电脑、家庭年总资产、财务风险态度、能否提供抵押担保。变量统计描述如表 4 – 22 所示。

表 4 – 22　变量的描述性统计结果

	变量	平均值	标准差	最小值	最大值
因变量	创业组织形式选择一致性：0 = 不一致，1 = 一致	0.64	0.4899	0	1
解释变量	农户收入质量	0.4103	0.0735	0.2845	0.5855
控制变量	性别	0.33	0.479	0	1
	年龄	39.43	9.1980	20	53
	劳动力数量	2.53	0.9730	1	4
	耕地面积	2.97	3.0403	0	13.00
	家庭是否拥有电脑	0.47	0.507	0	1
	家庭年总资产	20.10	13.69	4.00	60.00
	财务风险态度	1.82	0.645	1	3
	能否提供抵押担保	0.48	0.500	0	1

样本农户基本情况如下，本次被访的重新创业样本中多数调查对象为男性，占重新创业样本的 66.7%，女性受访者比例为 33.3%。被访问的重新创业样本平均年龄为 39.43 岁。50.0% 的样本农户家庭拥有 2 个劳动力，40.0% 的样本农户拥有 3 ~ 4 个劳动力。受访样本的家庭耕地面积平均为 2.97 亩。46.7% 的被调查者家庭拥有电脑。受访样本的家庭年总资产平均为 20.10 万元。30.0% 的受访样本表示从正规金融机构借贷无风险，56.7% 的样本表示借贷存在风险，但风险在自己可承受范围之内，另有 13.3% 的受访样本表示从正规金融机构借贷存在较大的风险，且超出自己能力的承受范围。50.0% 的受访样本表示可以提供抵押担保。

从被访问的重新创业个体行业选择一致性来看，64.0% 的样本选择了两次在同样的行业进行创业，另有 36.0% 的样本在两次创业中的行业选择存在不同。

（2）回归结果及解释

模型估计结果如表 4 – 23 所示，模型 χ^2 检验值为 318.55，Log likelihood = – 10.31，且 p 值小于 0.001，Pseudo R^2 = 0.3687，表明各变量提供的信息具备显著的解释能力。表 4 – 23 中亦呈现了农户收入质量对重新计划创业者两次创业的组织形式选择一致性的边际影响效应大小。农户收入质量对重新计划创业者两次组织形式选择一致性具有负向影响，但作用不显著。具体表现为：农户收入质量每提高一个单位，个体选择不一致组织形式进行创业的概率上升 94.63%。

表 4 – 23　农户收入质量影响重新计划创业者
组织形式选择一致性分析结果

变量	系数	标准误	Z 值	95% 置信区间	
农户收入质量	– 4.1291 （– 0.9463）	4.7627 （1.0548）	– 0.87 （– 0.90）	– 13.4639 （– 3.0137）	5.2057 （1.1211）
性别	0.2489	0.8834	0.28	– 1.4826	1.9805
年龄	– 0.0086	0.0742	– 0.12	– 0.1540	0.1368
家庭拥有劳动力数量	0.1628	0.4071	0.40	– 0.6351	0.9608
家庭拥有耕地面积	0.1320	0.1219	1.08	– 0.1069	0.3709
家庭是否拥有电脑	1.7743**	0.8641	2.05	0.0806	3.4679
家庭年总资产	– 0.0680***	0.0248	– 2.75	– 0.1165	– 0.0195
财务风险态度	– 0.3366	0.5423	– 0.62	– 1.3996	0.7264
能否提供抵押担保	– 0.3380	0.6623	– 0.51	– 1.6360	0.9601
东部地区	– 5.9783***	1.1237	– 5.32	– 8.1806	– 3.7759
西部地区	– 7.3561***	1.1637	– 6.32	– 9.6369	– 5.0752
常数项	10.1530***	3.7817	2.68	2.7411	17.5650
Wald chi2	318.55***				
Pseudo R^2	0.3687				
-Log likelihood	10.31				

注：① * $p < 0.1$，** $p < 0.05$，*** $p < 0.01$；②括号内为农户收入质量边际效应结果。

控制变量中，家庭是否拥有电脑在 5% 的显著性统计水平上正向影响重新计划创业者两次组织形式选择的一致性，表明提高信息网络化程度有助于农户选择一致的组织形式进行创业。而家庭年总资产水平在 1% 的显著性统计水平上负向影响重新计划创业者两次组织形式选择的一致性，反映了资产水平的提高反而会强化个体选择不同的组织形式进行创业。另外，相对于中部地区，东部和西部地区农户个体组织形式选择的一致性均在 1% 的统计水平上显著，说明东部和西部地区农户更倾向于选择不一致的组织形式进行创业。

六　收入质量影响农户创业资金
来源选择的实证分析

本部分主要分析不同水平农户收入质量与不同维度农户收入质量分别对农户创业资金来源选择的影响。在具体的研究对象上，本研究将个体按照首次计划创业个体、当前在创业个体、重新计划创业个体进行分类。

关于农户创业的资金来源，根据来源方式分为"非正规渠道"和"正规渠道"。通过对资金来源进行分类分析，为改进不同个体创业行为提供针对性的参考建议。

（一）收入质量对计划创业农户资金来源选择意愿的影响分析

1. 不同收入质量水平计划创业农户资金来源选择意愿现状

按照资金选择意愿纵向比较不同收入质量水平，计划创业样本中，54.45% 的受访样本选择了从"非正规渠道"获取资金，其中低水平收入质量、中等水平收入质量、高水平收入质量的样本农户所占的百分比分别为 19.50%、73.58%、6.92%。45.55% 的受访样本选择了从"正规渠道"获取资金，其中低水平收入质量、中等水平收入质量、高水平收入质量的样本农户所占的百分比分别为 19.55%、75.94%、4.51%。

从不同收入质量水平中具体的资金选择意愿横向比较来看，计划创业样本中，19.52% 的样本农户收入质量处于"低水平"，其中选择从"非正规渠道""正规渠道"获取资金的样本比例依次为 54.39%、45.61%。74.66% 的样本农户收入质量处于"中等水平"，其中选择从"非正规渠道""正规渠道"获取资金的样本比例依次为 53.67%、46.33%。5.82% 的样本农户收入质量处于"高水平"，其中选择从"非正规渠道""正规渠道"获取资金的样本比例依次为 64.71%、35.29%。

2. 收入质量影响计划创业农户资金来源选择意愿的分析

（1）模型与变量选择

本部分采用 Probit 模型分析农户收入质量对计划创业者资金来源选择的影响。具体从不同农户收入质量水平和不同农户收入质量维度两方面进行分类研究。

该分析中，因变量为农户的资金来源选择。解释变量为农户收入质量，农户收入质量按照不同水平和不同维度两方面进行具体考察。控制变量包括十类：人口特征（性别、年龄）、家庭因素（家庭拥有孩子的数量）、人力资本（劳动力数量）、自然资本（耕地面积）、物质资本（家庭是否拥有电脑、家庭年总资产）、心理资本（家庭生活满意度）、社会资本（社会网络规模）、风险意识（是否愿意提供抵押担保、财务风险态度）、金融资源（能否提供抵押担保、与邻近金融机构关系）和区域虚拟变量（中部、西部）。各变量的基本情况如表 4-24 所示。

从计划创业样本农户基本情况分析，本次被访样本中半数以上调查对象为男性，占总样本的 55.0%，女性受访者比例为 45.0%。被访样本平均年龄为 40.23 岁。被访样本家庭拥有 1 个孩子的比例为 27.3%，拥有 2 个孩子的样本农户占总样本的 49.7%。55.0% 的样本农户家庭拥有 2 个劳动力，34.4% 的样本农户拥有 3~4 个劳动力。受访样本的家庭耕地面积平均为 2.82 亩。38.3% 的被调查者家庭拥有电脑。受访样本的家庭年总资产

表 4 - 24　变量的描述性统计结果

	分类	变量名称	平均值	标准差	最小值	最大值
因变量		创业资金来源选择： 0 = 非正规渠道； 1 = 正规渠道	0.46	0.4990	0	1
解释变量	不同水平	低水平收入质量	0.3132	0.0335	0.1721	0.3499
		中等水平收入质量	0.4220	0.0455	0.3507	0.5286
		高水平收入质量	0.5703	0.0349	0.5289	0.7072
	不同维度	收入的充足性	0.0729	0.0277	0.0137	0.1515
		收入的结构性	0.0826	0.0446	0.0052	0.2071
		收入的成长性	0.1004	0.0143	0.0300	0.1292
		收入的成本性	0.1076	0.0144	0.0412	0.1320
		收入的知识性	0.0416	0.0320	0.0072	0.2010
控制变量	人口特征	性别	0.45	0.4980	0	1
		年龄	40.23	9.0440	18	54
	家庭因素	家庭拥有孩子的数量	1.70	0.8590	0	4
	人力资本	劳动力数量	2.48	0.9240	1	5
	自然资本	耕地面积	2.82	2.7700	0	17
	物质资本	家庭是否拥有电脑	0.38	0.4870	0	1
		家庭年总资产	21.73	15.1786	0.30	100.00
	心理资本	家庭生活满意度	3.34	0.7190	1	5
	社会资本	社会网络规模	0.22	0.5280	0	3
	风险意识	是否愿意提供抵押担保	0.62	0.4790	0	1
		财务风险态度	1.88	0.7040	1	3
	金融资源	能否提供抵押担保	0.47	0.4920	0	1
		与邻近金融机构关系	2.10	0.804	1	4

水平均为 21.73 万元。58.7% 的受访样本表示对目前的生活满意度为一般及不满意，另有 38.7% 的受访样本表示比较满意。18.0% 的受访样本表示家庭成员或亲戚至少有 1 人在乡镇单位、军队、国有企业、正规金融机构等就业。62% 的受访样本表示愿意提供抵押担保。30.7% 的受访样本表示从正规金融机构借贷无

风险，49.3%的样本表示借贷存在风险，但风险在自己可承受范围之内，另有20.0%的受访样本表示从正规金融机构借贷存在较大的风险，且超出自己能力的承受范围。

（2）回归结果及解释

模型估计结果如表4-25所示，模型 χ^2 检验值为42.89，Log likelihood = -181.21，且 p 值小于0.001，Pseudo R^2 = 0.0996，表明各变量提供的信息具备显著的解释能力。表4-25中亦呈现了以"低水平收入质量"为参照下，"中等水平收入质量"与"高水平收入质量"对计划创业个体选择从"非正规渠道""正规渠道"获得初始资金支持的边际影响大小。

**表4-25 不同农户收入质量水平影响计划创业者
资金来源选择意愿的回归结果**

变量	系数	标准误	Z值	95%置信区间	
中等水平收入质量	0.1448	0.2083	0.70	-0.2634	0.5530
	(0.0512)	(0.0734)	(0.70)	(-0.0928)	(0.1951)
高水平收入质量	-0.3362	0.3654	-0.92	-1.0523	0.3800
	(-0.1187)	(0.1287)	(-0.92)	(-0.3710)	(0.1335)
性别	0.2978*	0.1609	1.85	-0.0177	0.6132
年龄	0.0904	0.0735	1.23	-0.0536	0.2345
年龄平方项	-0.0009	0.0010	-0.99	-0.0028	0.0009
家庭拥有孩子的数量	-0.0292	0.1084	-0.27	-0.2417	0.1834
劳动力数量	-0.0801	0.0872	-0.92	-0.2510	0.0909
耕地面积	0.0368	0.0300	1.23	-0.0219	0.0956
家庭是否拥有电脑	-0.0139	0.1702	-0.08	-0.3476	0.3197
家庭年总资产	-0.0056	0.0063	-0.90	-0.0180	0.0067
家庭生活满意度	-0.2366**	0.1121	-2.11	-0.4564	-0.0169
社会网络规模	-0.1693	0.1504	-1.13	-0.4640	0.1255
是否愿意提供抵押担保	0.4698***	0.1802	2.61	0.1167	0.8229
财务风险态度	-0.1396	0.1130	-1.24	-0.3610	0.0817
能否提供抵押担保	0.1278	0.1742	0.73	-0.2137	0.4692

变量	系数	标准误	Z 值	95% 置信区间	
与邻近金融机构关系	0.1443	0.1018	1.42	-0.0552	0.3439
中部地区	0.0145	0.3228	0.04	-0.6181	0.6471
西部地区	0.4420*	0.2424	1.82	-0.0332	0.9172
常数项	-2.0090	1.5444	-1.30	-5.0359	1.0179
Wald chi2	42.89***				
Pseudo R^2	0.0996				
-Log likelihood	181.21				

注：① $*p<0.1$，$**p<0.05$，$***p<0.01$；②括号内为农户收入质量边际效应结果。

以"低水平收入质量"为参照组，中等水平收入质量与个体资金来源选择意愿正相关，而高水平收入质量与个体资金来源选择意愿负相关，但作用均不显著。因此，相较于低水平收入质量，收入质量水平的提高会强化计划创业农户个体选择从"正规渠道"获取资金的意愿，但当收入质量达到一定程度，会弱化计划创业农户个体选择从"正规渠道"获取资金的意愿。换言之，计划创业农户个体选择从"正规渠道"获取资金的意愿随收入质量的提升先增强、后减弱。具体表现为，相较于低水平收入质量，中等水平收入质量每提高一个单位，计划创业农户个体选择从"正规渠道"获取资金的概率上升5.12%；而高水平收入质量每提高一个单位，计划创业农户个体选择从"正规渠道"获取资金的概率下降11.87%。这反映出，高水平收入质量对计划创业农户个体选择从"正规渠道"获取资金的影响大于中等水平收入质量对计划创业农户个体选择从"正规渠道"获取资金的影响。

模型估计结果如表4-26所示，模型 χ^2 检验值为41.43，Log likelihood = -179.63，且 p 值小于0.001，Pseudo R^2 = 0.1074，表明各变量提供的信息具备显著的解释能力。表4-26中亦呈现了以"低水平收入质量"为参照下，"中等水平收入质量"与"高水平收入质量"对计划创业个体选择从"非正规渠道""正规渠道"

获得创业资金的边际影响。

表 4 – 26 不同维度农户收入质量影响计划创业者
资金来源选择意愿的回归结果

变量	系数	标准误	Z 值	95% 置信区间	
收入的充足性	– 5.0506	3.7235	– 1.36	– 12.3485	2.2473
	(– 1.7714)	(1.2934)	(– 1.37)	(– 4.3064)	(0.7636)
收入的结构性	2.6493	1.9479	1.36	– 1.1686	6.4672
	(0.9292)	(0.6753)	(1.38)	(– 0.3944)	(2.2527)
收入的成长性	– 4.9351	5.5132	– 0.90	– 15.7407	5.8705
	(– 1.7308)	(1.9230)	(– 0.90)	(– 5.4999)	(2.0382)
收入的成本性	4.1268	6.8597	0.60	– 9.3180	17.5716
	(1.4473)	(2.4019)	(0.60)	(– 3.2603)	(6.1550)
收入的知识性	– 2.7653	2.9122	– 0.95	– 8.4732	2.9425
	(– 0.9699)	(1.0162)	(– 0.95)	(– 2.9616)	(1.0218)
性别	0.2885*	0.1667	1.73	– 0.0381	0.6152
年龄	0.0741	0.0757	0.98	– 0.0744	0.2225
年龄平方项	– 0.0008	0.0010	– 0.78	– 0.0027	0.0012
家庭拥有孩子的数量	– 0.0450	0.1110	– 0.41	– 0.2626	0.1726
劳动力数量	– 0.0549	0.0905	– 0.61	– 0.2323	0.1225
耕地面积	0.0358	0.0310	1.16	– 0.0249	0.0966
家庭是否拥有电脑	0.0197	0.1764	0.11	– 0.3260	0.3654
家庭年总资产	– 0.0040	0.0064	– 0.63	– 0.0166	0.0085
家庭生活满意度	– 0.2035*	0.1146	– 1.78	– 0.4280	0.0211
社会网络规模	– 0.1205	0.1517	– 0.79	– 0.4179	0.1769
是否愿意提供抵押担保	0.4419**	0.1814	2.44	0.0863	0.7975
财务风险态度	– 0.1279	0.1126	– 1.14	– 0.3486	0.0928
能否提供抵押担保	0.1339	0.1746	0.77	– 0.2084	0.4762
与邻近金融机构关系	0.1351	0.1036	1.30	– 0.0679	0.3382
中部地区	– 0.1490	0.3297	– 0.45	– 0.7952	0.4972
西部地区	0.2375	0.2540	0.93	– 0.2604	0.7354

变量	系数	标准误	Z 值	95% 置信区间	
常数项	−1.2715	1.8029	−0.71	−4.8052	2.2621
Wald chi2	41.43***				
Pseudo R^2	0.1074				
-Log likelihood	179.63				

注：① $* p < 0.1$，$** p < 0.05$，$*** p < 0.01$；②括号内是农户收入质量边际效应结果。

农户收入的结构性、收入的成本性与个体资金来源选择意愿正相关，而农户收入的充足性、收入的成长性、收入的知识性与个体资金来源选择意愿负相关，但作用均不显著。这表明，农户个体收入的结构性、收入的成本性的提高会强化计划创业农户个体选择从"正规渠道"获取资金的意愿，而收入的充足性、收入的成长性、收入的知识性的提高则会强化计划创业农户个体选择从"非正规渠道"获取资金的意愿。具体表现为，收入的结构性和收入的成本性每提高一个单位，计划创业农户个体选择从"正规渠道"获取资金的概率分别上升 92.92%、144.73%，而收入的充足性、收入的成长性、收入的知识性每提高一个单位，计划创业农户个体选择从"非正规渠道"获取资金的概率分别上升 177.14%、173.08%、96.99%。

（二）收入质量对在创业农户资金来源选择行为的影响分析

1. 不同收入质量水平在创业农户资金来源选择行为现状描述

从资金来源选择行为来看，在创业样本中，87.27% 的受访样本选择了从"非正规渠道"获取资金，其中低水平收入质量、中等水平收入质量、高水平收入质量的样本农户所占的百分比分别为 20.20%、59.17%、20.63%。12.73% 的受访样本选择了从"正规渠道"获取资金，其中低水平收入质量、中等水平收入质量、高水平收入质量的样本农户所占的百分比分别为 32.86%、

57.14%、10.00%。

从不同收入质量水平中具体的资金来源选择行为横向比较来看，在创业样本中，21.82%的样本农户收入质量处于"低水平"，其中选择从"非正规渠道""正规渠道"获取资金的样本比例依次为80.33%、19.67%。58.91%的样本农户收入质量处于"中等水平"，其中选择从"非正规渠道""正规渠道"获取资金的样本比例依次为87.65%、12.35%。19.27%的样本农户收入质量处于"高水平"，其中选择从"非正规渠道""正规渠道"获取资金的样本比例依次为94.40%、6.0%。

2. 收入质量对在创业农户资金来源选择行为的影响分析

（1）模型与变量选择

本部分采用 Probit 模型分析农户收入质量对在创业者组织形式选择的影响。具体从不同水平农户收入质量和不同维度农户收入质量两方面进行分类研究。因变量为农户的资金来源选择。解释变量为农户收入质量，农户收入质量按照不同水平和不同维度两方面进行具体考察。控制变量包括九类：人口特征（性别、年龄）、家庭因素（家庭拥有孩子的数量）、人力资本（劳动力数量）、自然资本（耕地面积）、物质资本（家庭是否拥有电脑、家庭年总资产）、心理资本（家庭生活满意度）、社会资本（社会网络规模）、风险意识（是否愿意提供抵押担保、财务风险态度）、金融资源（能否提供抵押担保、与邻近金融机构关系）。各变量的基本情况描述如表4－27所示。

在创业样本农户基本情况如下，本次被访样本中半数以上调查对象为男性，占总样本的60.4%，女性受访者比例为39.6%。被访样本平均年龄为41.50岁。被访样本家庭拥有1个孩子的比例为26.2%，拥有2个孩子的样本农户占总样本的57.6%。57.4%的样本农户家庭拥有2个劳动力，34.7%的样本农户拥有3~4个劳动力。受访样本的家庭耕地面积平均为3.2061亩。56.7%的被调查者家庭拥有电脑。受访样本的家庭年总资产平均为29.70万元。46.3%的受访样本表示对目前的生活满意度为一般及不满意。23.0%的受访

表 4 - 27　变量的描述性统计结果

分类		变量名称	平均值	标准差	最小值	最大值
因变量		创业资金来源选择： 非正规渠道 = 0； 正规渠道 = 1	0.13	0.3340	0	1
解释 变量	不同水平	低水平收入质量	0.3079	0.0361	0.1721	0.3499
		中等水平收入质量	0.4295	0.0486	0.3509	0.5286
		高水平收入质量	0.5712	0.0337	0.5289	0.7072
	不同维度	收入的充足性	0.0910	0.0369	0.0109	0.1977
		收入的结构性	0.0857	0.0538	0.0052	0.2276
		收入的成长性	0.1000	0.0165	0.0158	0.1415
		收入的成本性	0.1103	0.0153	0.0455	0.1322
		收入的知识性	0.0441	0.0320	0.0072	0.1933
控制 变量	人口特征	性别	0.40	0.4890	0	1
		年龄	41.50	7.951	17	54
	家庭因素	家庭拥有孩子的数量	1.82	0.7610	0	4
	人力资本	劳动力数量	2.56	0.9380	1	5
	自然资本	耕地面积	3.21	5.4557	0	63
	物质资本	家庭是否拥有电脑	0.57	0.4960	0	1
		家庭年总资产	29.70	21.2391	1.00	120.00
	心理资本	家庭生活满意度	3.53	0.7090	1	5
	社会资本	社会网络规模	0.29	0.5860	0	4
	风险意识	是否愿意提供抵押担保	0.66	0.4700	0	1
		财务风险态度	1.76	0.5730	1	3
	金融资源	能否提供抵押担保	0.63	0.4790	0	1
		与邻近金融机构关系	2.59	0.995	1	5

样本表示家庭成员或亲戚至少有 1 人在乡镇单位、军队、国有企业、正规金融机构等就业。66.5% 的受访样本表示愿意提供抵押担保。30.3% 的受访样本表示从正规金融机构借贷无风险，61.9% 的样本表示借贷存在风险，但风险在自己可承受范围之内，另有

7.8%的受访样本表示从正规金融机构借贷存在较大的风险，且超出自己能力的承受范围。63.8%的受访样本表示可以提供抵押担保。53.3%的样本表示与邻近金融机构的关系比较疏远。

（2）回归结果及解释

模型估计结果如表4-28所示，模型χ^2检验值为59.41，Log likelihood = -172.46，且p值小于0.001，Pseudo R^2 = 0.1774，表明各变量提供的信息具备显著的解释能力。表4-28中亦呈现了以"低水平收入质量"为参照下，"中等水平收入质量"与"高水平收入质量"对在创业个体选择从"非正规渠道""正规渠道"获得创业发展资金的边际影响大小。

以"低水平收入质量"为参照组，中等水平收入质量、高水平收入质量均与个体资金来源选择行为负相关，其中高水平收入质量在5%的显著性统计水平上负向影响在创业个体的资金来源选择行为。因此，相较于低水平收入质量，收入质量水平的提高会强化在创业农户个体选择从"非正规渠道"获取资金行为，且当收入质量达到一定程度，该强化作用在5%的统计水平上显著。换言之，农户的收入质量水平越高，对其从"非正规渠道"获得创业发展支持资金的促进作用越显著。具体表现为，相较于低水平收入质量，中等水平收入质量每提高　个单位，在创业农户个体选择从"非正规渠道"获取资金的概率上升3.34%；高收入质量水平每提高一个单位，在创业农户个体选择从"非正规渠道"获取资金的概率则进一步在5%的显著性统计水平上上升9.63%。

表4-28　农户收入质量影响在创业者资金来源选择行为的分析结果

变量	系数	标准误	Z值	95%置信区间	
中等水平收入质量	-0.1930	0.1699	-1.14	-0.5260	0.1401
	(-0.0334)	(0.0291)	(-1.15)	(-0.0904)	(0.0235)
高水平收入质量	-0.5559**	0.2561	-2.17	-1.0579	-0.0540
	(-0.0963**)	(0.0442)	(-2.18)	(-0.1829)	(-0.0096)
性别	0.0424	0.1517	0.28	-0.2550	0.3398

变量	系数	标准误	Z值	95%置信区间	
年龄	-0.0192	0.0712	-0.27	-0.1587	0.1203
年龄平方项	0.0003	0.0009	0.29	-0.0015	0.0021
家庭拥有孩子的数量	0.0581	0.0979	0.59	-0.1337	0.2499
劳动力数量	0.0339	0.0864	0.39	-0.1353	0.2032
耕地面积	0.0039	0.0117	0.33	-0.0191	0.0268
家庭是否拥有电脑	-0.1763	0.1621	-1.09	-0.4940	0.1414
家庭年总资产	0.0053	0.0047	1.11	-0.0040	0.0146
家庭生活满意度	-0.0372	0.1185	-0.31	-0.2695	0.1951
社会网络规模	-0.0373	0.1267	-0.29	-0.2856	0.2110
是否愿意提供抵押担保	-0.0389	0.1665	-0.23	-0.3652	0.2874
财务风险态度	-0.1682	0.1367	-1.23	-0.4361	0.0997
能否提供抵押担保	0.2701	0.1796	1.50	-0.0819	0.6222
与邻近金融机构关系	0.3212***	0.0807	3.98	0.1630	0.4793
中部地区	0.4837	0.4664	1.04	-0.4304	1.3978
西部地区	1.3239***	0.4146	3.19	0.5112	2.1365
常数项	-2.6053*	1.4668	-1.78	-5.4803	0.2696
Wald chi2	59.41***				
Pseudo R^2	0.1774				
-Log likelihood	172.46				

注：① $*p<0.1$，$**p<0.05$，$***p<0.01$；②括号内为农户收入质量边际效应结果。

模型估计结果如表4-29所示，模型χ^2检验值为64.75，Log likelihood = -169.94，且p值小于0.001，Pseudo R^2 = 0.1894，表明各变量提供的信息具备显著的解释能力。表4-29中亦呈现了农户收入的充足性、收入的结构性、收入的成长性、收入的成本性、收入的知识性对在创业个体选择从"非正规渠道""正规渠道"获得创业资金的边际影响大小。

农户收入的结构性、收入的成本性、收入的知识性与个体资金来源选择行为负相关，其中收入的成本性在5%的显著性统计水平上负向影响在创业个体资金来源选择行为；另外，农户收入的充足性、收入的成长性与个体资金来源选择行为正相关，但作用均不显著。因此，农户个体收入的结构性、收入的成本性、收入的知识性的提高会强化在创业个体选择从"非正规渠道"获取资金的意愿，而收入的充足性、收入的成长性的提高则会强化在创业农户个体选择从"正规渠道"获取资金行为。具体表现为，收入的结构性、收入的成本性、收入的知识性每提高一个单位，在创业农户个体选择从"非正规渠道"获取资金的概率分别上升28.95%、197.36%、60.55%；而收入的充足性、收入的成长性每提高一个单位，在创业农户个体选择从"正规渠道"获取资金的概率分别上升14.18%、58.79%。

表4-29　农户收入质量单维度影响在创业者
资金来源选择行为的分析结果

变量	系数	标准误	Z值	95%置信区间	
收入的充足性	0.8316	2.8056	0.30	-4.6672	6.3305
	(0.1418)	(0.4779)	(0.30)	(-0.7948)	(1.0784)
收入的结构性	-1.6982	1.6344	-1.04	-4.9016	1.5052
	(-0.2895)	(0.2779)	(-1.04)	(-0.8342)	(0.2551)
收入的成长性	3.4484	4.3950	0.78	-5.1656	12.0625
	(0.5879)	(0.7521)	(0.78)	(-0.8862)	(2.0621)
收入的成本性	-11.5757**	5.1964	-2.23	-21.7605	-1.3909
	(-1.9736**)	(0.8819)	(-2.24)	(-3.7020)	(-0.2452)
收入的知识性	-3.5516	2.7042	-1.31	-8.8516	1.7485
	(-0.6055)	(0.4580)	(-1.32)	(-1.5031)	(0.2921)
性别	0.0313	0.1510	0.21	-0.2647	0.3272
年龄	-0.0329	0.0745	-0.44	-0.1788	0.1131
年龄平方项	0.0004	0.0010	0.46	-0.0014	0.0023
家庭拥有孩子的数量	0.0650	0.0987	0.66	-0.1284	0.2584
劳动力数量	0.0317	0.0882	0.36	-0.1412	0.2047
耕地面积	0.0035	0.0114	0.31	-0.0188	0.0259

变量	系数	标准误	Z 值	95% 置信区间	
家庭是否拥有电脑	- 0.1735	0.1695	- 1.02	- 0.5057	0.1587
家庭年总资产	0.0047	0.0050	0.95	- 0.0050	0.0145
家庭生活满意度	- 0.0381	0.1154	- 0.33	- 0.2644	0.1882
社会网络规模	- 0.0195	0.1317	- 0.15	- 0.2776	0.2385
是否愿意提供抵押担保	- 0.0666	0.1742	- 0.38	- 0.4080	0.2747
财务风险态度	- 0.1420	0.1388	- 1.02	- 0.4141	0.1301
能否提供抵押担保	0.2962	0.1881	1.58	- 0.0724	0.6649
与邻近金融机构关系	0.3326***	0.0827	4.02	0.1704	0.4948
中部地区	0.4767	0.4660	1.02	- 0.4367	1.3900
西部地区	1.3507***	0.4194	3.22	0.5287	2.1726
常数项	- 1.4930	1.6281	- 0.92	- 4.6841	1.6981
Wald chi2	64.75***				
Pseudo R^2	0.1894				
-Log likelihood	169.94				

注：① $*p < 0.1$，$**p < 0.05$，$***p < 0.01$；②括号内是农户收入质量边际效应结果。

（三）收入质量对重新创业农户资金来源选择一致性的影响分析

1. 不同收入质量水平重新创业农户两次资金来源选择状况

从被访问的重新创业个体资金来源选择一致性来看，37.5% 的样本两次创业的资金来源选择是相同的，其中低水平收入质量、中等水平收入质量、高水平收入质量的样本所占的百分比分别为 20.00%、60.00%、20.00%；另有 62.5% 的样本两次创业的资金来源选择存在不同，其中低水平收入质量、中等水平收入质量、高水平收入质量的样本所占的百分比分别为 22.22%、77.78%、0。

2. 收入质量影响重新创业农户资金来源选择一致性分析

（1）模型和变量选择

本部分采用 Probit 模型分析农户收入质量对其两次创业资金

来源选择一致性的影响。模型的因变量为两次资金来源选择，一致赋值为 1，不一致赋值为 0。解释变量为农户收入质量。该分析中，仅就农户收入质量对行业选择一致性的影响进行分析。控制变量包括：性别、年龄、劳动力数量、耕地面积、家庭是否拥有电脑、家庭年总资产、财务风险态度、能否提供抵押担保。农户基本统计性描述如表 4-30 所示。

表 4-30 变量的描述性统计结果

	变量	平均值	标准差	最小值	最大值
因变量	创业资金来源选择一致性：0 = 不一致，1 = 一致	0.38	0.4950	0	1
解释变量	农户收入质量	0.4103	0.0735	0.2845	0.5855
控制变量	性别	0.33	0.479	0	1
	年龄	39.43	9.1980	20	53
	劳动力数量	2.53	0.9730	1	4
	耕地面积	2.97	3.0403	0	13.00
	家庭是否拥有电脑	0.47	0.507	0	1
	家庭年总资产	20.10	13.69	4.00	60.00
	财务风险态度	1.82	0.645	1	3
	能否提供抵押担保	0.48	0.500	0	1

从样本农户基本情况来看，本次被访的重新创业样本中多数调查对象为男性，占重新创业样本的 66.7%，女性受访者比例为 33.3%。被访问的重新创业样本平均年龄为 39.43 岁。50.0% 的样本农户家庭拥有 2 个劳动力，40.0% 的样本农户拥有 3~4 个劳动力。受访样本的家庭耕地面积平均为 2.97 亩。46.7% 的被调查者家庭拥有电脑。受访样本的家庭年总资产平均为 20.10 万元。30.0% 的受访样本表示从正规金融机构借贷无风险，56.7% 的受访样本表示借贷存在风险，但风险在自己可承受范围之内，另有 13.3% 的受访样本表示从正规金融机构借贷存在较大的风险，且超出自己能力的承受范围。48% 的受访样本表示可以提供抵押担保。

从被访问的重新创业个体行业选择一致性来看，37.5%的样本选择了两次创业有同样的资金来源，另有62.5%的样本在两次创业中的资金来源选择上存在不同。各变量统计描述分析如表 4 - 30 所示。

（2）回归结果及解释

模型估计结果如表 4 - 31 所示，模型 χ^2 检验值为 15.82，Log likelihood = -9.59，且 p 值小于 0.01，Pseudo R^2 = 0.3957，表明各变量提供的信息具备显著的解释能力。表 4 - 31 中亦呈现了农户收入质量对重新创业个体选择从"非正规渠道""正规渠道"获得创业资金支持的边际影响大小。

表 4 - 31　收入质量影响重新创业农户资金来源选择一致性回归结果

变量	系数	标准误	Z 值	95% 置信区间	
农户收入质量	-16.9997** (-3.7729***)	8.4831 (1.3873)	-2.00 (-2.72)	-33.6262 (-6.4920)	-0.3732 (-1.0538)
性别	-3.0619**	1.3900	-2.20	-5.7863	-0.3375
年龄	0.0092	0.0627	0.15	-0.1137	0.1322
劳动力数量	-0.3988	0.3097	-1.29	-1.0058	0.2081
耕地面积	-0.0885	0.1067	-0.83	-0.2977	0.1207
家庭是否拥有电脑	0.2080	0.7513	0.28	-1.2645	1.6805
家庭年总资产	0.0566**	0.0271	2.08	0.0034	0.1098
财务风险态度	0.1782	0.4754	0.37	-0.7536	1.1100
能否提供抵押担保	-3.7483**	1.6420	-2.28	-6.9666	-0.5300
中部地区	-2.5481	2.0054	-1.27	-6.4786	1.3824
西部地区	0.5260	0.8175	0.64	-1.0762	2.1282
常数项	8.1704*	4.6177	1.77	-0.8802	17.2210
Wald chi2	15.82*				
Pseudo R^2	0.3957				
-Log likelihood	9.59				

注：① * $p < 0.1$，** $p < 0.05$，*** $p < 0.01$；②括号内是农户收入质量边际效应结果。

农户收入质量对重新计划创业者两次资金来源选择一致性在5%的统计水平上产生显著性负向影响。换言之，收入质量越高，重新计划创业个体在两次创业资金来源选择上不一致的可能性越高。具体表现为：农户收入质量每提高一个单位，个体选择不一致资金来源方式进行创业的概率在1%的显著性统计水平上上升377.2%。

控制变量中，性别和能否提供抵押担保变量均在5%的显著性统计水平上负向影响重新计划创业者两次资金来源选择一致性，反映了女性和可提供抵押担保能力越强的农户个体更偏向于从不同渠道获得资金。另外，家庭年总资产平均水平在5%的统计水平上显著正向影响重新计划创业者两次资金来源选择的一致性，表明家庭年总资产平均水平越高，重新创业农户越倾向于选择一致的资金来源渠道。

七 本章小结

本章内容主要围绕首次计划创业个体、当前在创业个体、重新计划创业个体展开，分类分析不同农户收入质量水平以及收入质量的不同维度对个体创业行业、创业组织形式、创业资金来源选择的影响。行业分类上，具体分为种养殖行业、农业生产服务行业、批发零售行业、居民生活服务行业、建筑制造行业、餐饮行业六大类。创业组织形式上，主要分为个体创业和非个体创业两大类。资金来源按照获得资金的方式划分为非正规渠道和正规渠道两种。本章研究形成以下结论。

（1）农户收入质量与其是否创业之间不存在内生性关系，即农户收入质量是作为外生变量对个体的创业意愿、创业行为发挥作用的。

（2）高水平收入质量与"继续创业"显著相关。相较于低水平收入质量，随着收入质量水平的提高，个体选择"计划创业""重新创业"的决策概率逐渐在增强。而低水平收入质量无法提供个体创业的物质基础，因此在该水平的个体对"不创业""终止创业"的决策概率较高，但随着收入质量水平的提高，部分计划创业个体或重新计划创业个体创业前提条件得到改善后，会激发其内在积极性，促进其创业。

（3）农户收入质量的各个维度对"继续创业"选择行为的影响程度最为显著，其次是"不创业"选择行为。具体表现如下。一是从农户收入质量单维度对不同创业选择的影响方向来看，收入的充足性和收入的知识性的改善，对农户个体创业具有显著的正向作用；专业化收入的结构性显著正向促进"继续创业"行为；收入的成长性和收入的成本性的提高会阻碍当前的"继续创业"决策行为。二是从农户收入质量单维度对不同创业选择的影响程度大小来看，收入的充足性对农户创业选择行为的影响程度大小依次为"继续创业""计划创业""不创业""重新创业""终止创业"；收入的结构性对农户创业选择行为的影响程度大小依次为"继续创业""不创业""计划创业""重新创业""终止创业"；收入的成长性对农户创业选择行为的影响程度大小依次为"继续创业""重新创业""不创业""计划创业""终止创业"；收入的成本性对农户创业选择行为的影响程度大小依次为"继续创业""不创业""计划创业""终止创业""重新创业"；收入的知识性对农户创业选择行为的影响程度大小依次为"不创业""继续创业""计划创业""重新创业""终止创业"。

（4）从计划创业个体的收入质量对其行业选择、组织形式选择、资金来源选择意愿的影响来看，一是随着农户收入质量的提升，个体对"种养殖""农业生产服务""居民生活服务""餐饮"行业的选择意愿逐渐减弱，而对"批发零售""建筑制造"行业的选择意愿逐渐增强。收入的充足性的改善有助于强化农户个体对"农业生产服务""批发零售""建筑制造""餐饮"行业的选择意愿；收入的结构性的改善有助于强化农户个体对"农业生产服务""建筑制造""餐饮"行业的选择意愿；收入的成长性的改善有助于强化农户个体对"批发零售""建筑制造""餐饮"行业选择的意愿；收入的成本性的改善有助于强化农户个体对"批发零售""居民生活服务""建筑制造"行业选择的意愿；收入的知识性的改善有助于强化农户个体对"居民生活服务""建筑制造""餐饮"行业的选择意愿。二是农户收入质量对计划创业者"个体创业"组织形式选择意愿具有正向促进作用，且高水平的农户收入质量对其意愿的促进作用较大。收入的结构性、收入的成长性、收入的成本性、收入的知识性的提高会强化农户的"个体创业"组织形式选择意愿，而收入的充足性的改善则会强化农户对"非个体创业"组织形式的选择意愿。三是收入质量水平的提高会强化计划创业农户个体选择从"正式渠道"获取资金的意愿，但当收入质量达到一定程度，会弱化计划创业农户个体选择从"正式渠道"获取资金的意愿。农户个体收入的结构性、收入的成本性的提高会强化计划创业农户个体选择从"正式渠道"获取资金的意愿，而收入的充足性、收入的成长性、收入的知识性的提高则会强化计划创业农户个体选择从"非正式渠道"获取资金的意愿。

（5）从在创业个体收入质量对其行业、组织形式、资金来源选择行为的影响来看，一是相较于低水平收入质量，中等水平收入质量每提高一个单位，个体选择"种养殖""建筑制造""餐饮"行业的概率分别上升 0.01%、6.34%、3.30%，而选择"农业生产服务""批发零售""居民生活服务"行业的概率分别下降 8.21%、1.14%、0.29%；高水平收入质量每提高一个单位，个体选择"种养殖""居民生活服务"行业的概率分别上升 9.65%、8.23%，而选择"农业生产服务""批发零售""建筑制造""餐饮"的概率分别下降 4.21%、7.78%、3.78%、2.11%。收入的充足性的改善有助于强化农户个体对"农业生产服务""居民生活服务"行业的选择行为；收入的结构性的改善有助于强化农户个体对"批发零售""居民生活服务"行业的选择行为；收入的成长性的改善有助于强化农户个体对"居民生活服务""餐饮"行业的选择行为；收入的成本性的改善有助于强化农户个体对"批发零售""居民生活服务""建筑制造""餐饮"行业的选择行为；收入的知识性的改善有助于强化农户个体对"农业生产服务""居民生活服务""建筑制造"行业的选择行为。二是高水平收入质量会对"个体创业"的组织形式选择行为产生正向作用，而中等水平收入质量和低水平收入质量则会阻碍/抑制对"个体创业"组织形式的选择行为。收入的结构性、收入的成长性的提高会促进农户选择"个体创业"，收入的充足性、收入的知识性的提高则会抑制对"个体创业"组织形式选择行为。三是收入质量水平的提高会强化在创业农户个体选择从"非正式渠道"获取资金的行为，且当收入质量达到一定程度，该强化作用在 5% 的统计水平上显著。农户个体收入的结构性、收入的成本性、收入的知识性的提高会强化在创业个体选择从"非正式渠道"获取资金的意愿，而收入的充足性、收入的成长性的提高则会强化在创业农户个体选择从"正式渠道"获取资金的行为。

(6) 从重新计划创业个体收入质量对其行业、组织形式、资金来源选择意愿的影响来看，首先，农户收入质量每提高一个单位，个体选择不一致行业的概率上升 34.58%。其次，农户收入质量每提高一个单位，个体选择不一致组织形式进行创业的概率上升 94.63%。最后，农户收入质量每提高一个单位，个体选择不一致资金来源方式进行创业的概率在 1% 的显著性统计水平上上升 377.29%。

第五章
信贷约束对农户创业选择
影响的现实判断

  基于第二章内容中农户信贷约束与创业选择之间的逻辑关系论证以及第三章内容中实地调查统计的现状分析所呈现的特点和问题，本章将首先从理论上论证信贷约束对农户选择创业的影响。其次实证分析农户信贷约束对个体选择创业与否的影响，再次实证分析是否存在信贷约束以及受到的不同农户信贷约束类型对个体创业行业选择、创业组织形式选择、创业资金来源选择的作用方向及其大小。实证分析主要围绕首次计划创业个体、当前在创业个体、重新计划创业个体展开，分类分析是否存在信贷约束以及受到的不同农户信贷约束类型分别对个体创业行业、创业组织形式、创业资金来源选择的影响。具体论证内容包括，第一，针对首次计划创业个体，分析是否存在信贷约束以及受到的不同农户信贷约束类型对其创业行业、创业组织形式、创业资金来源选择意愿的影响方向及其大小；第二，基于当前在创业个体，研究是否存在信贷约束以及受到的不同农户信贷约束类型对其创业行业、创业组织形式、创业资金来源选择行为的作用方向及其大小；第三，立足重新计划创业个体，剖析是否存在信贷约束以及受到的不同农户信贷约束类型对其创业行业、创业组织形式、创业资金来源选择一致性的影响方向及其大小。通过分类研究，本章试图揭示农户信贷约束对其创业选择的作用机制。

一　理论分析

金融资源是家庭创业的重要因素，金融资源获取与创业发生概率之间显著正相关（韦吉飞等，2008），且对提升家庭创业水平具有重要影响（卢亚娟，2014；马光荣和杨恩艳，2011）。但从农村现实情况来看，目前农民信贷存在约束（韩俊，2008；郑风田和孙瑾，2006），农民创业融资难（傅春等2009），缺乏资金是农民创业中的一大难题（王西玉等，2003；吴昌文等，2006；周劲波和杜丽婷，2007），郝朝燕等（2012）的研究显示农民创业者中从正规金融渠道获得的资金仅占初始投资的10%。针对农村小企业的调查同样表明，企业均存在融资瓶颈（谢玉梅，2006；肖芳华和包晓岚，2011）。部分学者研究表明，信贷约束与选择是否创业负相关。翁辰和张兵（2015）采用工具变量的条件混合过程估计法分析，研究结果显示信贷约束对农村家庭创业选择具有显著的负向影响。另有学者研究表明，信贷约束并不会直接影响农户选择是否创业，但对农户创业过程中的资源配置结构和创业的层次及水平具有影响（程郁和罗丹，2009）。因此，学者们对信贷约束与农户选择创业与否的关系并未形成定论。然而，在对信贷约束和创业选择进行分类分析时，学者们论证的结果一致表明，金融资源获取受限制对农户选择创业存在抑制作用。刘杰和郑风田（2011）在对流动性约束进行分类的基础上研究其对农户选择是否创业以及创业类型的影响，发现流动性约束对我国农民选择是否创业以及选择何种创业类型具有显著的、一致的阻碍作用，且仅有来自正规金融部门的流动性约束会对农户是否选择创业和创业类型产生抑制作用，而来自非正规金融部门的流动性约束则不会对农户创业行为产生抑制作用。彭艳玲等（2016）在对农户创业选择进行"不创业""计划创业""继续创业""终止创业""重新创业"分类的基础上，进一步证明流动性约束缓解对"继续创业"促进作用最显著。邓道才和唐凯旋

（2015）的研究显示，信贷排斥负向影响农民创业选择，且农户本身的资源异质性同样与创业行为存在显著相关性。以上研究表明，信贷约束不仅影响农户创业选择，且对农户创业过程中的资源配置结构和创业的层次及水平产生影响，但信贷约束与农户选择创业的作用关系尚未形成一致结论。

二　模型设定

（一）信贷约束影响其选择创业与否的模型设定

本研究选择 IV-Probit 模型论证农户信贷约束对其选择创业与否的影响，具体方程如下：

$$Prob(Entre = 1) = F(Z) = \int_{-\infty}^{Z} f(v)\,dv \qquad (5-1)$$

$$Z = \alpha + \beta X + \gamma C^* \qquad (5-2)$$

$$C^* = a + b \cdot dis + c \cdot rel + \varepsilon \qquad (5-3)$$

式（5-1）和式（5-2）是农户创业与否的概率选择模型，其中 $Entre = 1$，表示农户创业，受因素 Z 的影响。影响因素 Z 具体包括：信贷约束（C^*，当 $C^* = 0$ 表示未受到信贷约束；$C^* = 1$ 表示受到信贷约束）和控制变量（X）。控制变量具体包括：性别、年龄、家庭拥有孩子的数量、受教育程度、劳动力数量、耕地面积、家庭是否拥有电脑、家庭年总收入、家庭生活满意度、社会资本投入成本、是否愿意提供担保、财务风险态度。式（5-3）是农户信贷约束的工具变量方程式。本研究采用与最近金融机构的距离（dis）、与信用社的信用关系紧密程度（rel）两个变量作为信贷约束的工具变量。

（二）信贷约束影响农户具体创业选择的模型设定

本章首先采用多元 Logistic 模型分析信贷约束影响不同农户创业选择决策以及计划创业过程中对行业、组织形式、资金来源的意愿选择。其次运用 Probit 模型和 IV-Probit 模型分析创业者的行业、组织形式、资金来源选择。

（1）多元 Logistic 模型。考虑到本研究的研究目的主要是分别估计信贷约束对不同类型农户创业选择的影响，因此构建简单的多元 Logistic 模型来进行分析。给定农户创业类型共有（$J+1$）项，设定一个 Logistic 模型估计农户信贷约束影响第 i 农户属于第 j 种类型创业农户的概率 P_{ij}。如果第（$J+1$）个随机误差项互不相关，并且服从 *Weibull* 分布，可得：

$$\text{Prob}(Y_j = j) = \frac{e^{\beta_j Z_i}}{1 + \sum_{s=0}^{J} e^{\beta_j Z_i}}, i = 1, 2, \cdots, N; j = 1, 2, \cdots, J \quad (5-4)$$

$$Z = \alpha + \beta X + \gamma C^* \quad (5-5)$$

其中，N 是样本容量，J 是农户创业选择类型，Z_i 是影响农户计划创业过程具体行业、组织形式、资金来源的意愿选择的外生变量。影响因素 Z 具体包括：信贷约束（C^*）和控制变量（X）。为了进一步测度解释变量的具体影响程度，本研究计算各变量的边际效应 η，公式如下：

$$\eta_k = \hat{\beta}_k \exp (\hat{\beta}_0 + Z\hat{\beta}) / [1 + \exp (\hat{\beta}_0 + Z\hat{\beta})]^2 \quad (5-6)$$

式（5-6）中，$\hat{\beta}_k$ 为第 k 解释变量的回归系数。从式（5-6）中可知，任何一个解释变量的边际效应同样取决于所有解释变量的取值。

（2）IV-Probit 模型。本研究选择 IV-Probit 模型论证农户信贷约束影响其创业具体选择行为的影响，具体方程如下：

$$\text{Prob}(Y_j = j) = F(Z) = \int_{-\infty}^{z} f(v) \, dv \quad (5-7)$$

$$Z = \alpha + \beta X + \gamma C^* \quad (5-8)$$

$$C^* = a + b \cdot dis + c \cdot rel + \varepsilon \quad (5-9)$$

式（5-7）和式（5-8）是农户选择其中某一类行业、组织、资金来源与否的概率模型，其中 $Y_j = j$，表示农户具体创业选择类型，受因素 Z 影响。Z 具体包括：信贷约束（C^*）和控制变量（X）。式（5-9）是信贷约束的工具变量方程式。本研究采用与最近金融机构的距离（dis）、与信用社的信用关系程度（rel）两变量作为信贷约束的工具变量进行分析。

三　信贷约束影响农户选择创业的实证分析

（一）信贷约束与农户是否选择创业之间的关系论证

1. 信贷约束影响农户是否选择创业的理论框架分析

本部分基于效用视角，构建以土地经营权抵押为代表的信贷约束缓解对农户差异性创业选择影响的理论分析框架。

（1）基于创业选择视角的农户土地经营权抵押制度偏好分析

虽然目前土地经营权抵押制度只在部分地区试行，但对农户家庭产生的信贷约束缓解作用显著，意义深远。因此，本研究将从效用角度构建制度影响农户创业选择的理论前提。

本研究假设农户的家庭效用取决于生产性消费 q 和非生产性消费 x。土地经营权抵押制度实施后，农户可以通过抵押土地经营权获得贷款来缓解家庭信贷约束。因而，本研究假设有意愿将土地经营权进行抵押的农户受土地经营权抵押制度实施的影响为 θ，农村土地经营权抵押单位定价为 P；而不受土地经营权抵押制度影响的农户则继续经营家庭拥有的土地，土地单位产出价值为 R，不受土地经营权抵押制度影响为 $1-\theta$。农户受土地经营权抵押制度影响的概率越大，获得抵押融资贷款的概率亦越大，该类农户的资本信贷约束则越高，边际消费倾向也会越高，即 $\dfrac{\partial x}{\partial \theta} > 0$；假设农户选择创业的概率为 φ，选择不创业的概率则为 $1-\varphi$。当面临信贷约束时，选择创业的农户其创业投资部分的资本投入会对家庭的非生产性消费产生挤出效应，即 $\dfrac{\partial x}{\partial \varphi} < 0$。

（2）基于创业选择视角的农户信贷约束分析

由于选择创业与不选择创业导致农户收入来源存在显著差异。因此，本研究用 y_w 表示选择不创业的农户收入，用 y_e 表示选择创业的农户的创业收入。本研究沿用了 Evans 和 Jovanovic（1989）对创业收入的界定，表达式如下：

$$y_e = e \cdot k^{\alpha}, \ \alpha \in (0, 1) \qquad (5-10)$$

式（5-10）中，e 表示创业能力，k 表示资本投入水平。

本研究假设农户选择创业，投入资本来源于其资产抵押融资，土地经营权资产为 Pq，其他可流动资产为 z，则该农户将土地经营权资产和其他可信贷约束资产抵押，获得融资规模为 b。设定该类创业农户的效用函数为：

$$\max U \ (x, \ q) \qquad (5-11)$$
$$s.t. \ x = y_e - Pq - rb, \ b = \lambda \ (Pq + z)$$
$$y_e = ek^{\alpha}, \ k = z + b$$

其中，λ 为资产借贷系数，r 为贷款利率。最优化一阶条件为：

$$[e\alpha \ (z + b)^{\alpha-1} - r]U_x = 0 \qquad (5-12)$$

因此，该类创业农户可获得的最优融资规模为：

$$b^* = \left(\frac{r}{e\alpha}\right)^{\frac{1}{\alpha-1}} - z \qquad (5-13)$$

由于农户不能决定土地经营权抵押制度实施的具体进程，因此本研究假设农户能够实现土地经营权抵押融资的概率为 θ（$0 \leq \theta \leq 1$）。若全面实施土地经营权抵押制度所需的时间越长，则受土地经营权抵押制度影响越大的农户，创业融资能力越低，该类农户面临的信贷约束则越强，即 $b = \lambda \ (\theta Pq + z) \leq b^*$。

（3）信贷约束影响农户创业选择基本假设的提出

基于上述前提条件，农户根据个体与家庭条件进行创业选择决策。因此，农户关于 q 和 φ 的最大化效用可以表示为：

$$\max_{b \leq b^*} U \ (x, \ q) \qquad (5-14)$$

$$s. t. \ x = \varphi \{ y_e - [\theta Pq + (1 - \theta) Rq] - rb \}$$
$$+ (1 - \varphi) \{ y_w - [\theta Pq + (1 - \theta) Rq] - s \}$$

其中，b 为创业融资规模，s 表示家庭储蓄，且 $z < s$。最优化一阶条件和二阶条件分别为：

$$L_\varphi = (y_e - y_w - rb - s) \cdot U_x$$
$$L_{\varphi\varphi} = (y_e - y_w - rb - s)(y_e - y_w - rb + s) \cdot U_{xx}$$

对一阶条件进行全微分，可得关于 $d\varphi$ 的表达式如下：

$$\{ [A\lambda\theta PU_x + \beta_1 ((\varphi\lambda\theta PA - (\theta P + (1 - \theta) R)) U_{xx} + U_{xq})] \ dq + [\cdots\cdots] d\theta \} \qquad (5 - 15)$$

其中，$A = e\alpha [z + \lambda (\theta Pq + z)]^{\alpha - 1}$，$\beta_1 = y_e - y_w - rb - s$。从公式（5 – 15）可得到土地经营权抵押制度实施影响概率 θ 与创业选择 φ 之间的关系如下：

$$\frac{\partial\varphi}{\partial\theta} = - L_{\varphi\varphi}^{-1} [A\lambda PqU_x + \beta_1 (A\lambda Pq - Pq + Rq) U_{xx}] \qquad (5 - 16)$$

根据前文分析可知，由于 $\frac{\partial x}{\partial\theta} > 0$，可得 $A\varphi\lambda Pq - Pq + Rq > 0$，$A > \frac{Pq - Rq}{\varphi\lambda Pq} > 0$；由于 $\frac{\partial x}{\partial\varphi} < 0$，可得 $y_e - y_w - rb + s < 0$，从而 $y_e - y_w - rb - s < 0$；又因为效用函数是拟凹函数，效用函数的二阶导数为非负数，因此 $U_{xx} < 0$，从而 $L_{\varphi\varphi} < 0$。最终，推导出 $\frac{\partial\varphi}{\partial\theta} > 0$。由此表明，以土地经营抵押为代表的信贷约束缓解，对农户选择创业具有正向作用。

2. 信贷约束影响农户是否选择创业的计量分析

（1）变量选择

本部分将分析论证农户信贷约束对其选择是否创业的影响。

因变量。本研究采用问题"您曾经是否有过创业?"与"您的创业目前是否仍在继续?"，两个问题对创业因变量进行确定，仅当两个问题均回答"是"时 $Entre = 1$，否则为 0。

解释变量。基于前文的信贷约束分类识别，本研究采用信贷约束与否（C^*）作为影响农户创业的关键解释变量进行分析。当农户未受到信贷约束时，$C^* = 0$；反之，当农户受到信贷约束时，$C^* = 1$。理论上，当农户受到信贷约束时，创业行为会受到阻碍；另外，创业与否反过来会影响农户具体受到的信贷约束程度。即农户信贷约束与其创业与否两者之间存在内生性关系。

工具变量。本研究以与最近金融机构距离（dis）、与金融机构的关系（rel）两个变量作为信贷约束的工具变量。

控制变量。本研究部分选择八类共 12 个指标作为控制变量，具体包括人口特征、家庭因素、人力资本、自然资本、物质资本、心理资本、社会资本、风险意识八类，具体关系预期解释与变量的描述如下。

人口特征。本研究将性别和年龄作为人口特征进行分析。性别变量定义为：男性赋值为 0，女性赋值为 1。以往文献已证实，男性创业倾向高于女性（Brush，1992；Weber and Key，2015）。年龄反映了个体存储和处理信息、解决问题、化解复杂性以及适应新情况的能力（Kaufman and Horn，1996）。年龄与决策创业之间紧密相关（Kautonen et al.，2014；Singh and DeNoble，2003）。以往研究表明，年龄与创业之间存在正相关关系（Lévesque and Minniti，2006）和倒 U 形关系（Bönte et al.，2009；Kautonen et al.，2014；Thorgren et al.，2016）。本研究认为，在一定范围内，年龄与创业之间存在正相关关系，即年龄越大，创业倾向越显著，但年龄达到一定值的时候，创业倾向性会随着年龄显著下降。因此，本研究中预期年龄与创业之间存在倒 U 形关系。

家庭因素。本研究选取家庭拥有孩子的数量来反映家庭因素。以往研究中，因为生存动机而实施创业的个体占很大一部分比例，本研究认为家庭孩子数量在一定程度上反映了家庭的经济状况。孩子数量越多，家庭消费支出压力越大，尤其是随着孩子年龄的逐渐增大，这种内在的压力会显著上升。因此，部分农户个体迫于生存压力会考虑创业。基于此，本研究认为家庭拥有孩子的数量与创业之间存在正相关关系。

人力资本。本研究用受教育程度与劳动力数量来表征农户家庭的人力资本水平。受教育帮助个体在其职业生涯中提高知识和技能水平（Schultz，1975）。在一定的市场环境条件下，个体的受教育水平决定了其市场竞争力，例如获得原材料、资金、信息，构建社会人际关系网络，管理风险等能力，另外，较高的受教育程度反而会让个体倾向于在稳定和体制内的岗位工作（Jayaraj，2004）。总体而言，农村受教育程度普遍不高，且稳定岗位资源非常有限，即对农户创业的影响非常有限。因此，本研究预期受教育程度与创业之间存在正相关关系。劳动力数量反映的是一个家庭中拥有的可用劳动力资源。本研究预期劳动力资源越多，对创业活动越有促进作用。

自然资本。自然资本是用以实施生计活动的土地等自然资源，本研究采用家庭拥有的耕地面积表征自然资本水平。耕地面积越多，通过自然资本获得的资源也越多，即自然资本越高。Yesuf 和 Bluffstone（2007）指出，农业生产活动中的利润获取为农民提供了重要的财富基础，且这些基础可激励农民的投资行为和风险管理行为。在此，本研究预期农户拥有更多耕地面积与其创业之间正相关。

物质资本。本研究采用家庭是否拥有电脑和家庭年总收入反映农户个体拥有的物质资本水平。拥有电脑是农户生活实现信息化的重要通道。通过网络，个体能够快捷地获得各种资源。创业活动本质上就是各种资源的整合过程，拥有电脑这种信息化产品有助于创业活动。家庭年总收入反映了农户参与市场经济活动的能力。理论上，收入水平越高，能够为个体参与创业活动提供的物质越多。因此，本研究预期家庭年总收入与创业之间正相关。

心理资本。心理资本反映的是农户个体对自身能力与周围环境在现有知识体系基础上形成的综合认知。创业是一个非常复杂且具有高风险性的活动，正如波普金（Popkin，1979）指出的，在风险面前，有限理性的农户倾向于风险规避。本研究采用家庭生活满意度变量反映心理资本，并预期农户对当前生活满意度与创业之间负相关。

社会资本。社会资本是农户为了实施生计策略而维系和利用的社会网络。本研究采用农户每年在人际关系往来中的投入成本来表征其社会资本水平。现实生活中，农户通过参加村委会、与信用社建立良好信用关系，同时也从家庭或个人社会网络获取支持和帮助，以支持其参与经济活动，而人情支出是农户维系家庭或个人社会网络投入的直观反映。因此，本研究预期社会资本投入与创业之间存在正相关关系。

风险意识。农户的风险意识表现为农户个体对各种风险如生产风险、市场风险、技术风险、信贷风险、天气风险等的敏感度和认知度。创业是一个非常复杂且具有高风险的活动，正如波普金（Popkin，1979）指出的，在风险面前，有限理性的农户倾向于风险规避。本研究采用是否愿意提供担保和财务风险态度两个变量来反映农户的风险意识。是否愿意提供担保，在一定程度上可反映个体对信贷风险的认知能力和经济可承受能力，财务风险态度则表征了农户个体对信贷风险的敏感程度。本研究预期，是否愿意提供担保与创业之间正相关，而财务风险态度则与创业之间负相关。

表 5 - 1 对变量进行了基本描述。

表 5 - 1　变量的描述性统计结果

	分类	变量名称	最小值	最大值	平均值	预期作用方向
因变量		创业与否： 0 = 不创业，1 = 创业	0	1	0.44	/
解释变量		信贷约束	0	1	0.32	-
工具变量		与金融机构关系	1	5	2.32	/
		与最近金融机构距离	1	5	3.9	/

分类		变量名称	最小值	最大值	平均值	预期作用方向
控制变量	人口特征	性别	0	1	0.44	-
		年龄	16	54	41.59	/
	家庭因素	家庭拥有孩子的数量	0	4	1.81	+
	人力资本	受教育程度	1	6	2.94	+
		劳动力数量	1	5	2.56	+
	自然资本	耕地面积	0	63	3.06	+
	物质资本	家庭是否拥有电脑	0	1	0.44	+
		家庭年总收入（万元）	1	21.3	5.51	+
	心理资本	家庭生活满意度	1	5	3.43	-
	社会资本	社会资本投入成本（万元）	0	2	0.33	+
	风险意识	是否愿意提供担保	0	1	0.59	+
		财务风险态度	1	3	1.86	-

从样本农户基本情况来看，本次被访样本中半数以上调查对象为男性，占总样本的56.3%，女性受访者比例为43.7%。被访样本平均年龄为41.59岁。被访样本家庭拥有孩子的数量1人的比例为26.0%，拥有2个孩子的样本农户占总样本的55.7%。76.9%的被访样本受教育程度为初中及以下水平，另有8.8%的被调查者具备中职院校及以上学历。52.3%的样本农户家庭拥有2个劳动力，37.5%的样本农户家庭拥有3~4个劳动力。受访样本的家庭耕地面积平均为3.06亩。43.7%的被调查者家庭拥有电脑。受访样本的家庭年总收入平均为5.51万元。社会资本投入平均成本为3300元。52.2%的受访样本表示对目前的生活满意度为一般及不满意，另有43.1%的受访样本表示比较满意。59.4%的受访样本表示愿意提供担保。28.2%的受访样本表示从正规金融机构借贷无风险，56.4%的样本表示借贷存在风险，但风险在自己可承受范围之内，仅有15.4%的受访样本表示从正规金融机构借贷存在较大的风险，且超出自己能力的承受范围。

从被访样本参与创业的构成特征来看，43.6%的受访样本目前在创业，其中受信贷约束的样本占在创业样本的 32.47%；56.4%的受访样本目前未创业，其中受信贷约束的样本占未创业总样本的 32.41%。

（2）结果解释与讨论

由表 5 – 2 可知，首先，两个模型的回归系数存在显著差异。采用 Hausman test 检验信贷约束与创业之间的内生关系，检验结果显示 $\chi^2(11)$ = 31.15，在 1% 的显著性水平上拒绝了原假设，即 Probit 模型和 IV-Probit 模型的回归系数具有差异性。其次，rho 是随机误差项的系数，其显著异于 0，判断为内生，反之，则为外生变量。最后，Wald test 在 1% 的显著性水平上拒绝了原假设，即存在内生关系。以上结果综合表明，模型存在内生关系，即采用 IV-Probit 模型的结果可以进行解释。

在表 5 – 2 中，模型 1 和模型 2 分别是 Probit 模型和 IV-Probit 模型。

表 5 – 2　农户信贷约束对其选择是否创业的分析结果

变量名称	Probit 模型（模型 1）		IV-Probit 模型（模型 2）	
	系数	Z	系数	Z
信贷约束	− 0.0541	− 0.68	− 2.0633***	− 21.41
性别	− 0.1061	− 1.41	− 0.1059*	− 1.74
年龄	0.0354	0.98	0.0215	0.74
年龄平方项	− 0.0005	− 1.00	− 0.0003	− 0.79
家庭拥有孩子的数量	0.0740	1.52	0.0452	1.15
受教育程度	0.0026	0.07	− 0.0146	− 0.48
劳动力数量	− 0.0699*	− 1.77	− 0.0008	− 0.03
耕地面积	0.0153*	1.75	0.0141**	2.00
家庭是否拥有电脑	0.0559***	5.30	0.1438*	1.85
家庭年总收入	0.0008***	7.07	0.0003**	2.81
家庭生活满意度	0.0558	1.10	− 0.1611***	− 3.80
社会资本投入成本	0.1690	1.62	0.0007	0.94

	Probit 模型（模型 1）		IV-Probit 模型（模型 2）	
是否愿意提供担保	0.2378***	3.05	0.4372***	6.99
财务风险态度	− 0.1670***	− 2.90	− 0.1040**	− 2.14
常数项	− 1.4771*	− 1.87	0.4068	0.62
rho	−	−	0.9329	
sigma	−	−	0.4522	
χ^2（14） -Log likelihood	LR χ^2（14）= 190.34 820.9145		Wald χ^2（14）= 1305.67*** 1634.9181	
Wald test of exogeneity（/athrho = 0）	− −		ch2（1）= 30.95*** Prob > chi2 = 0.0000	

注：* $p < 0.1$，** $p < 0.05$，*** $p < 0.01$。

信贷约束在 1% 的显著性统计水平上对创业具有显著的负向影响，表明信贷约束程度越高，对农户创业行为的阻碍/抑制作用越强。从控制变量来看，性别在 10% 的显著性水平上对创业产生了负向影响。换言之，男性更倾向于决策创业。耕地面积、家庭是否拥有电脑、家庭年总收入、是否愿意提供担保分别在 5%、10%、5%、1% 的显著性水平上对创业产生了正向影响，表明自然资本和物质资本在农户创业决策过程中具有非常重要的促进作用。家庭生活满意度在 1% 的显著性水平上产生了负向影响，即农户对生活现状越不满意，创业的倾向越显著，而对生活现状越满意的农户，创业的可能性越低。财务风险态度在 5% 的显著性水平上对创业产生负向影响，反映了农户对风险具有非常强的敏感性，而这种高度的风险敏感性显著地阻碍了农户决策创业，这也验证了舒尔茨的观点，农户偏好风险规避。

（二）不同信贷约束对不同农户创业选择决策的影响分析

基于前文分析，本研究论证了信贷约束在 1% 的显著性水平上对创业产生显著的负向影响，即信贷约束显著地抑制了农户的创业行为。换言之,农户受到的资金约束是抑制其个人实现创业转换的重要障碍。接下来,本研究将以土地经营权可抵押作为信贷约束缓解的代理变量对创业促进的作用方向及其程度展开进一步分析。

1. 不同信贷约束下农户创业决策现状分析

从表5-3可知,在不同信贷约束情形下,农户的创业决策状态具有差异。整体来看,首先,无论是否存在信贷约束,在创业的农户比例最高,表明当前农村创业活动比较活跃。其次,计划创业的样本农户比例也比较高,反映了农户的创业意愿较强。最后,不创业农户的比例较高,表明创业是农户谋生以及增加收入的有效途径,但不是唯一途径。另外,创业是一项风险性活动,实现创业需具备一定的能力和资本条件,且需要承担一定的风险,而创业成功且达到增收的目的则需要一个很长的过程。因此,在当前的自身特质和环境条件下,部分样本农户做出了被雇用的就业决策。

表5-3 不同信贷约束下农户创业决策现状描述

创业决策类型			不创业	计划创业	在创业	终止创业	重新创业	合计
无信贷约束		样本（个）	259	192	393	37	23	904
		百分比（%）	28.65	21.24	43.47	4.09	2.54	100.00
有信贷约束	需求型	样本（个）	91	103	147	16	8	365
		百分比（%）	24.93	28.22	40.27	4.38	2.19	100.00
	供给型 完全信贷约束	样本（个）	4	9	10	1	0	24
		百分比（%）	16.67	37.50	41.67	4.17	0.00	100.00
	部分信贷约束	样本（个）	8	3	32	2	0	45
		百分比（%）	17.78	6.67	71.11	4.44	0.00	100.00
合计（个）			362	307	582	56	31	1338

资料来源:根据2014年调研数据整理。

从无信贷约束来看,首先接近半数的样本农户选择在创业,百分比为43.47%;其次是不创业,百分比为28.65%;再次,21.24%

的样本农户计划创业和 2.54% 的样本农户计划重新创业；最后，4.09% 的样本农户决定不再创业。从需求型信贷约束来看，选择"在创业""计划创业""不创业""终止创业""重新创业"的比例依次为 40.27%、28.22%、24.93%、4.38%、2.19%。从供给型的完全信贷约束来看，选择"在创业""计划创业""不创业""终止创业"的比例依次为 41.67%、37.50%、16.67%、4.17%。从供给型的部分信贷约束来看，选择"在创业""不创业""计划创业""终止创业"的比例依次为 71.11%、17.78%、6.67%、4.44%。

2. 信贷约束对不同农户创业决策的计量分析

（1）模型设定与变量选择

本研究采用多元 Logistic 模型分析信贷约束不同对农户个体创业决策的影响及其作用程度。被解释变量为 y_1 = 不创业，y_2 = 计划创业，y_3 = 继续创业，y_4 = 终止创业，y_5 = 重新创业。解释变量 LR 表示土地经营权抵押。控制变量为 X，具体包括：性别（x_1）、年龄（x_2）、婚姻状况（x_3）、人口数量（x_4）、受教育程度（x_5）、家庭是否拥有电脑（x_6）。变量的统计描述如表 5–4 所示。

表 5–4　变量统计性描述

分类	变量名称	变量定义	均值	标准差
被解释变量	创业选择类型	y_1 = 不创业，y_2 = 计划创业，y_3 = 继续创业，y_4 = 终止创业，y_5 = 重新创业	2.32	0.99
解释变量	土地经营权抵押（LR）	被访农户家庭拥有农村土地经营权是否可以进行抵押：0 = 不可以用于抵押，1 = 可以用于抵押	0.10	0.28
控制变量	性别（x_1）	被访农户性别：0 = 男，1 = 女	0.44	0.50
	年龄（x_2）	被访农户年龄（周岁）	41.59	8.1
	婚姻状况（x_3）	被访农户婚姻状况：0 = 未婚，1 = 已婚	0.94	0.23
	人口规模（x_4）	被访农户家庭共有人口数（人）	4.78	1.44
	受教育程度（x_5）	被访农户最高受教育程度：1 = 没上过学，2 = 小学，3 = 初中，4 = 高中，5 = 职业院校，6 = 大学及以上	2.94	1.11
	家庭是否拥有电脑（x_6）	家庭是否拥有电脑：0 = 否，1 = 是	0.44	0.50

（2）结果解释与讨论

模型估计结果如表 5 – 5 所示，模型 χ^2 检验值为 176.470，且 p 值小于 0.001，表明各变量提供的信息具备显著的解释能力。变量影响及其具体解释如下。

以"不创业"选择决策为参照组，土地经营权抵押对"计划创业"与"继续创业"两类创业选择具有正向影响。具体影响程度表现为：土地经营权抵押使农户选择"计划创业"的概率提高了 5.38%。换言之，土地经营权抵押制度实施在 5.38% 的概率上降低了农户家庭资金信贷约束，改善了"计划创业"决策的初始资本基础，促进了农户创业行为转换；使"继续创业"农户选择决策的可能性增加了 5.91%，即受土地经营权抵押制度实施影响的选择创业的农户，土地经营权抵押为农户参与创业降低了 5.91% 的资金信贷约束程度，反映了土地经营权抵押有助于更多农户做出参与创业的选择。由此验证了本研究的基本假设 1。另外，土地经营权抵押制度的实施使"终止创业"选择的可能性提高了 7.31%，而使"重新创业"农户决策降低了 4.51% 的可能性。综合表明，土地经营权抵押制度改革能够有效缓解农户的资金信贷约束，有助于其改善已有的创业选择决策。

以"计划创业"选择决策为参照组，土地经营权抵押使"继续创业"决策的可能性提高了 0.54%。即相较于"计划创业"决策，土地经营权抵押使"继续创业"农户在缓解资金信贷约束方面改善了 0.54%，从而促进其选择"继续创业"，表明土地经营权抵押改善了其创业支持资金约束状况，完善了其创业发展的条件和环境，增强了其自身参与市场竞争的能力。另外，土地经营权抵押使"终止创业"选择决策的可能性提高了 2.02%，表明土地经营权抵押在缓解农户流动性约束的基础上，提升了农户对自身的认知与判断能力，从而促使其做出更合理的决策。

以"终止创业"选择决策为参照组，土地经营权抵押使农户"继续创业"与"重新创业"决策的可能性分别降低了 1.47%、11.35%。即农村土地经营权抵押制度实施所发挥的缓解流动性约

表 5 - 5　土地经营权抵押对农户创业决策影响的模型回归结果

变量	y_2/y_1	y_3/y_1	y_4/y_1	y_5/y_1	y_3/y_2	y_4/y_2	y_3/y_4	y_5/y_4	y_2/y_5	y_3/y_5
x_1	-0.469***	-0.633***	-0.625*	-0.923**	-0.165	-0.157	-0.008	-0.297	0.454	0.289
x_2	-0.054***	-0.046***	-0.005	-0.052***	0.008	0.050***	-0.041***	-0.047	-0.002	0.006
x_3	-0.131	-0.995***	-0.491	-0.48	-0.863***	-0.36	-0.503	0.011	0.349	-0.514
x_4	0.061	-0.043	-0.096	0.113	-0.105**	-0.157	0.053	0.209	-0.052	-0.157
x_5	0.11	0.063	0.062	0.447**	-0.047	-0.049	0.002	0.385	-0.336**	-0.383**
x_6	0.256	1.058***	-0.353	0.243	0.802***	-0.609*	1.411***	0.601	0.008	0.810**
LR	0.218	0.24	0.299	-0.182	0.022	0.081	-0.059	-0.481	0.4	0.422
	(0.0538)	(0.0591)	(0.0731)	(-0.0451)	(0.0054)	(0.0202)	(-0.0147)	(-0.1135)	(0.0961)	(0.1009)
截距项	1.974***	3.522***	-0.54	-1.151	1.548**	-2.513*	4.062***	-0.611	3.124*	4.673***

注：* $p<0.1$，** $p<0.05$，*** $p<0.01$；LR 变量括号内汇报的是边际系数值。

束作用对"终止创业"决策的促进作用高于对"继续创业""重新创业"决策所产生的促进作用。

以"重新创业"选择决策为参照组,土地经营权抵押使农户"计划创业"与"继续创业"决策的可能性分别提高了 9.61%、10.09%。即土地经营权抵押所产生的缓解流动性约束作用对"继续创业""计划创业"两类决策的促进作用依次减弱。

四 信贷约束影响农户创业行业选择的实证分析

本部分主要分析农户信贷约束与否以及需求型信贷约束、供给型信贷约束分别对农户创业行业选择的影响。关于创业分类,根据前文第三章的归类,本部分将农户创业行业分成了种养殖、农业生产服务、批发零售、居民生活服务、建筑制造、餐饮六大类。对于农户而言,种养殖是其最为传统的生存手段,也是农户最有经验的行业,因此本研究将该类行业作为定量模型分析中的对照组进行分析。农业生产服务行业属于技能型的新兴产业。随着近十年大量农业新兴主体的产生,专业化分工日渐凸显。农业生产个体对生产服务的需求也在逐渐增加,由此产生了一批具有相对专业技能的个体,并以此作为其谋生的新方式。因此,对从事该行业的个体的技能水平要求较高。批发零售行业属于农村地区较为普遍的行业选择,且不受年龄限制。该类行业相对稳定,但需要一定的资金用于存货,行业内资金周转相对较慢。建筑制造行业属于需要一定的技能,但主要靠体力劳动谋生的行业,尤其对年龄不敏感,不受年龄限制,有些职业甚至年龄越大、经验越丰富的人越有利。餐饮行业属于对技能要求相对较高的行业,餐馆需要有特色。因行业选择较为集中,且相近行业具有相似的特征,因此本研究根据具体的行业选择,按照相近行业形成的创业模式进行分类,以探究同类中的共性特征和不同类别之间的独特性。在具体的研究对象上,本研究将按照个体首次计划创业、当前在创业、重新计划创业进行分类分析。

（一）信贷约束对计划创业农户行业选择意愿的影响分析

1. 受不同信贷约束的计划创业农户行业选择意愿现状描述

从行业来看，以种养殖行业作为计划创业行业选择意愿的样本中，农户未受信贷约束、受需求型信贷约束、受供给型信贷约束的比例分别为 58.25%、35.92%、5.83%。以农业生产服务行业作为计划创业行业选择意愿的样本中，农户未受信贷约束、受需求型信贷约束、受供给型信贷约束的比例分别为 54.55%、40.91%、4.55%。以批发零售行业作为计划创业行业选择意愿的样本中，农户未受信贷约束、受需求型信贷约束、受供给型信贷约束的比例分别为 65.52%、31.03%、3.45%。以居民生活服务行业作为计划创业行业选择意愿的样本中，农户未受信贷约束、受需求型信贷约束、受供给型信贷约束的比例分别为 52.38%、47.62%、0。以建筑制造行业作为计划创业行业选择意愿的样本中，农户未受信贷约束、受需求型信贷约束、受供给型信贷约束的比例分别为 55.00%、40.00%、5.00%。以餐饮行业作为计划创业行业选择意愿的样本中，农户未受信贷约束、受需求型信贷约束、受供给型信贷约束的比例分别为 77.08%、18.75%、4.17%。综上可知，目前农户所受的信贷约束主要来自需求型信贷约束，受供给型信贷约束的比例较小。

从具体约束类型中各意愿行业选择的横向比较分析来看，受需求型信贷约束的样本农户中，种养殖行业、农业生产服务行业、批发零售行业、居民生活服务行业、建筑制造行业、餐饮行业的样本比例依次为 36.63%、8.91%、17.82%、19.80%、7.92%、8.91%，表明选择种养殖行业作为计划创业行业意愿的样本受需求型信贷约束的比例最高，其次是居民生活服务行业和批发零售行业，建筑制造行业受需求型信贷约束的样本比例最低。受供给型信贷约束的样本农户中，种养殖行业、农业生产服务行业、批发零售行业、居民生活服务行业、建筑制造行业、餐饮行业的样本比例依次为 50.00%、8.33%、16.67%、0、8.43%、16.67%，表明选择种养殖行业作为计划创业行业意愿的样本受供给型信贷约束的比例最高，其次是批发零售行业和餐饮行业，居民生活服务行业受供给型信贷约束的样本比例最低。

2. 信贷约束影响计划创业农户行业选择意愿分析

（1）模型和变量选择

本研究采用多元 Logistic 模型分析农户信贷约束对计划创业者行业选择意愿的影响。因变量为种养殖行业、农业生产服务行业、批发零售行业、居民生活服务行业、建筑制造行业、餐饮行业六类，其中以传统的种养殖行业作为对照组进行分析。解释变量为信贷约束，其中信贷约束分总体信贷约束（C）、需求型信贷约束（C－D）和供给型信贷约束（C－S）三方面进行具体考察。控制变量包括五大类：人口特征（性别、年龄、受教育程度）、家庭因素（劳动力数量、农业收入占比、家庭总收入）、金融环境特征（是否为联户担保小组成员、与金融机构关系程度）、风险意识特征（是否愿意提供抵押担保、财务风险态度）和区域虚拟变量（中部、西部）。表 5－6 对以上变量进行了描述。

从样本农户基本情况来看，本次被访样本中半数以上调查对象为男性，占计划创业样本的 55.0%，女性受访者比例为 45.0%。被访样本平均年龄为 40.06 岁。71.0% 的被访样本受教育程度为初中及以下水平，另有 13.0% 的被调查者具备中职院校及以上学历。54.7% 的样本农户家庭拥有 2 个劳动力，21.2% 的样本农户拥有 3 个劳动力，另有 13.7% 的样本农户拥有 4 个劳动力。受访样本家庭的农业收入占比平均为 13.90%。受访样本的家庭总收入平均为 4.64 万元。3.6% 的受访样本为联户担保小组成员。73.30% 的计划创业样本农户表示与金融机构关系"非常疏远"或"比较疏远"，有 21.5% 的计划创业样本农户表示与金融机构的关系"一般"，仅有 5.2% 的计划创业样本农户表示与金融机构的关系"比较密切"。63.8% 的受访样本表示愿意提供抵押担保。30.0% 的受访样本表示从正规金融机构借贷无风险，49.5% 的样本表示借贷存在风险，但风险在自己可承受的范围之内，仅有 20.5% 的受访样本表示从正规金融机构借贷存在较大的风险，且超出自己能力的承受范围。

表 5 - 6 变量的描述性统计结果

	分类	变量名称	平均值	标准差	最小值	最大值
因变量		创业行业选择：y_1 = 种养殖；y_2 = 农业生产服务；y_3 = 批发零售；y_4 = 居民生活服务；y_5 = 建筑制造；y_6 = 餐饮	2.99	1.839	1	6
关键变量		是否受信贷约束（0 = 否，1 = 是）	0.37	0.485	0.00	1.00
		是否受需求型信贷约束（0 = 否，1 = 是）	0.34	0.473	0.00	1.00
		是否受供给型信贷约束（0 = 否，1 = 是）	0.04	0.194	0.00	1.00
控制变量	人口特征	性别	0.45	0.498	0.00	1.00
		年龄	40.06	9.124	16.00	54.00
		受教育程度	3.09	1.242	1.00	6.00
	家庭因素	劳动力数量（个）	2.49	0.920	1.00	5.00
		农业收入占比（%）	13.90	22.320	0.00	100.00
		家庭总收入（万元）	4.64	2.842	0.00	21.30
	金融环境特征	是否为联户担保小组成员	0.04	0.186	0.00	1.00
		与金融机构关系程度	2.11	0.796	1.00	5.00
	风险意识特征	是否愿意提供抵押担保	0.63	0.477	0.00	1.00
		财务风险态度	1.90	0.705	1.00	3.00

从被访的计划创业样本个体行业构成特征来看，35.2% 的样本农户选择了种养殖行业，7.5% 的样本农户选择了农业生产服务行业，19.8% 的样本农户选择了批发零售行业，14.3% 的样本农户选择了居民生活服务行业，6.8% 的样本农户选择了建筑制造行业，16.4% 的样本农户选择了餐饮行业。从个体是否受信贷约束、是否受需求型约束、是否受供给型约束的特征来看，37.5% 的计划创业样本受到信贷约束，其中受需求型信贷约束的样本农户占计划创业

样本的 33.6%，另有 3.9% 的计划创业样本受供给型信贷约束。

（2）分析结果及解释

模型估计结果如表 5 – 7 所示，总体信贷约束模型、需求型信贷约束模型、供给型信贷约束模型的 χ^2 检验值分别为 148.54、150.39、143.08，Log likelihood 值分别为 – 404.79、– 403.86、– 407.53，且 p 值小于 0.001，表明各变量提供的信息具备显著的解释能力。表 5 – 8 呈现了总体信贷约束、需求型信贷约束、供给型信贷约束对计划创业个体选择"种养殖""农业生产服务""批发零售""居民生活服务""建筑制造""餐饮"六类行业的边际影响大小。变量影响及其具体解释如下。

第一，总体信贷约束影响结果及解释。以"种养殖"传统行业选择为参照组，农户信贷约束对计划创业个体选择"农业生产服务""批发零售""居民生活服务""建筑制造"具有正向影响，对"餐饮"行业意愿具有负向影响。结合表 5 – 8 分析结果来看，信贷约束从无到有使计划创业者选择"种养殖""农业生产服务""批发零售""居民生活服务""建筑制造"行业的概率分别上升了 0.01%、0.8%、2.18%、6.23%、3.43%，而使计划创业个体选择"餐饮"行业的概率下降了 12.65%。

第二，需求型信贷约束影响结果及解释。以"种养殖"传统行业选择为参照组，农户需求型信贷约束对计划创业个体选择"农业生产服务""批发零售""居民生活服务""建筑制造"产生正向影响，对"餐饮"行业意愿产生负向影响。结合表 5 – 8 分析结果来看，需求型信贷约束从无到有使计划创业者选择"农业生产服务""批发零售""居民生活服务""建筑制造"行业的概率分别上升了 0.79%、2.51%、8.56%、3.23%，而使计划创业个体选择"种养殖""餐饮"行业的概率下降了 1.73%、13.37%。

第三，供给型信贷约束影响结果及解释。以"种养殖"传统行业选择为参照组，农户供给型信贷约束对计划创业个体选择"农业生产服务""批发零售""建筑制造""餐饮"产生正向影响，对"居民生活服务"行业意愿产生负向影响。结合表 5 – 8

表 5 - 7 不同农户信贷约束对计划创业者创业行业选择意愿的影响分析结果

变量	y_2/y_1 C 系数	y_2/y_1 C-D 系数	y_2/y_1 C-S 系数	y_3/y_1 C 系数	y_3/y_1 C-D 系数	y_3/y_1 C-S 系数	y_4/y_1 C 系数	y_4/y_1 C-D 系数	y_4/y_1 C-S 系数	y_5/y_1 C 系数	y_5/y_1 C-D 系数	y_5/y_1 C-S 系数	y_6/y_1 C 系数	y_6/y_1 C-D 系数	y_6/y_1 C-S 系数
C^*	0.1398	0.2067	0.3412	0.1097	0.1974	0.3423	0.4949	0.7530*	-14.0388	0.5764	0.6217	0.0079	-0.8303*	-0.8128**	0.3660
x_1	0.0322	0.0321	0.0503	1.0486**	1.0460**	1.0514***	0.1252	0.1312	0.1361	-0.3409	-0.3511	-0.3815	0.4842	0.4879	0.5042
x_2	-0.0672**	-0.0672*	-0.0659*	-0.0346*	-0.0351*	-0.0349	-0.1069**	-0.1085**	-0.1035**	-0.0292	-0.0286	-0.0268	-0.0489*	-0.0497*	-0.0489
x_3	0.2118*	0.2141	0.2023	0.2412	0.2401	0.2397	0.2499	0.2395	0.2583	0.4569*	0.4584*	0.4863*	0.2912	0.2937	0.2990
x_4	-0.2947	-0.2995	-0.2914	-0.2879	-0.2971	-0.2907	-0.0227	-0.0476	0.0075	-0.6175*	-0.6311*	-0.5915*	-0.4645*	-0.4633*	-0.4821
x_5	0.0074	0.0074	0.0073	-0.0320*	-0.0323*	-0.0317*	-0.0041	-0.0040	-0.0049	-0.0652*	-0.0657*	-0.0622	-0.0137	-0.0139	-0.0145
x_6	0.2650**	0.2650**	0.2690*	0.0936	0.0938	0.0977	0.1250*	0.1270*	0.1250*	0.2800***	0.2800***	0.2840***	0.0790	0.0749	0.0862
x_7	0.1957	0.2218	0.2942	-0.2513	-0.2707	-0.1539	-0.0115	-0.0055	0.3162	1.4165*	1.4165*	1.5341*	0.6314	0.4772	0.4705
x_8	-0.1688	-0.1613	-0.1746	-0.0853	-0.0738	-0.0336	-0.2448	-0.2021	-0.2762	-0.0923	-0.0823	-0.0981	-0.676***	-0.6825***	-0.5914**
x_9	0.2811	0.2786	0.3283	-0.0824	-0.0926	-0.0445	-0.2602	-0.2871	-0.09177	-0.8890*	-0.8593*	-0.7842	0.6462*	0.6197	0.4879
x_{10}	-0.6171*	-0.613*	-0.6226*	0.3130	0.3094	0.3199	0.1243	0.1031	0.1189	0.0824	0.0707	0.1241	-0.0273	-0.0076	-0.0601
x_{11}	13.7338	15.8414	14.4672	-1.7681**	-1.7838**	-1.7757**	-0.4916	-0.5300	-0.5205	-0.2176	-0.2557	-0.1701	-1.3778	-1.3707	-1.3403
x_{12}	12.8131	14.9275	13.5855	-1.3926*	-1.4017*	-1.3623*	-0.8215	-0.8497	-0.7279	-0.4831	-0.4744	-0.3767	-1.2024*	-1.2429*	-1.2604*

续表

变量	y_2/y_1			y_3/y_1			y_4/y_1			y_5/y_1			y_6/y_1		
	C 系数	C-D 系数	C-S 系数	C 系数	C-D 系数	C-S 系数	C 系数	C-D 系数	C-S 系数	C 系数	C-D 系数	C-S 系数	C 系数	C-D 系数	C-S 系数
x_{13}	-11.7082	-13.8581	-12.4639	1.1217	1.1435	1.11567	3.0529*	3.1065	2.9885*	-0.3716	-0.3533	-0.6103	3.4903**	3.5142*	3.2909*
样本							292								
LR	模型1: LR=148.54***			模型2: LR=150.39***						模型3: LR=143.08***					
P-R2	模型1: R²=0.1550			模型2: R²=0.1570						模型3: R²=0.1493					
-LLd	模型1: -Log likelihood=404.79			模型2: -Log likelihood=403.86						模型3: -Log likelihood=407.53					

注：①*p<0.1，**p<0.05，***p<0.01；②由于页面宽度不够，表5-7中的变量名各称采用字母代替，具体变量顺序为：信贷约束（C*），性别（x_1），年龄（x_2），受教育程度（x_3），劳动力数量（x_4），农业收入占比（x_5），家庭总收入（x_6），是否联户担保小组成员（x_7），与金融机构关系程度（x_8），是否愿意提供抵押担保（x_9），金融风险态度（x_{10}），中部（x_{11}），西部（x_{12}），常数（x_{13}）；③总体约束（C）模型、需求型信贷约束（C-D）模型、供给型信贷约束（C-S）模型中的 C* 变量分别表示是否受到约束、是否受到需求型约束、是否受到供给型约束三个变量。

表5-8　不同农户信贷约束影响计划创业者
创业行业选择意愿的边际效应

变量	行业选择意愿	边际系数	标准差	Z	95%置信区间	
总体信贷约束	种养殖	0.0001	0.0534	0.00	-0.1045	0.1048
	农业生产服务	0.0080	0.0315	0.25	-0.0537	0.0698
	批发零售	0.0218	0.0476	0.46	-0.0715	0.1151
	居民生活服务	0.0623	0.0412	1.51	-0.0185	0.1431
	建筑制造	0.0343	0.0302	1.14	-0.0249	0.0935
	餐饮	-0.1265***	0.0492	-2.57	-0.2230	-0.0301
需求型信贷约束	种养殖	-0.0173	0.054565	-0.32	-0.1243	0.0896
	农业生产服务	0.0079	0.0316227	0.25	-0.0540	0.0699
	批发零售	0.0251	0.0490657	0.51	-0.0710	0.1213
	居民生活服务	0.0856**	0.041122	2.08	0.0050	0.1662
	建筑制造	0.0323	0.0305696	1.06	-0.0276	0.0922
	餐饮	-0.1337***	0.0516999	-2.59	-0.2351	-0.0324
供给型信贷约束	种养殖	0.5857	28.1417	0.02	-54.5709	55.7424
	农业生产服务	0.1515	8.6515	0.02	-16.8052	17.1082
	批发零售	0.3460	19.6471	0.02	-38.1615	38.8536
	居民生活服务	-1.5371	81.0997	-0.02	-160.4897	157.4154
	建筑制造	0.1550	7.4875	0.02	-14.5202	14.8303
	餐饮	0.2989	17.1736	0.02	-33.3608	33.9585

注：$*p<0.1$，$**p<0.05$，$***p<0.01$。

分析结果来看，供给型信贷约束从无到有使计划创业者选择"种养殖""农业生产服务""批发零售""建筑制造""餐饮"行业的概率分别上升了58.57%、15.15%、34.60%、15.50%、29.89%，而使计划创业个体选择"居民生活服务"行业的概率下降了153.71%。

（二）信贷约束对在创业农户行业选择行为的影响分析

1. 受不同信贷约束的在创业农户行业选择现状描述分析

在创业样本中，66.96%的样本农户未受到信贷约束，

25.83%的样本农户受到需求型信贷约束，有 7.21% 的样本农户受到供给型信贷约束。

从行业纵向比较分析来看，选择种养殖行业创业的样本中，农户未受信贷约束、受需求型信贷约束、受供给型信贷约束的比例分别为 67.33%、23.76%、8.91%。选择农业生产服务行业创业的样本中，农户未受信贷约束、受需求型信贷约束、受供给型信贷约束的比例分别为 66.29%、21.35%、12.36%。选择批发零售行业创业的样本中，农户未受信贷约束、受需求型信贷约束、受供给型信贷约束的比例分别为 65.59%、31.18%、3.23%。选择居民生活服务行业创业的样本中，农户未受信贷约束、受需求型信贷约束、受供给型信贷约束的比例分别为 68.22%、25.23%、6.54%。选择建筑制造行业创业的样本中，农户未受信贷约束、受需求型信贷约束、受供给型信贷约束的比例分别为 66.67%、26.19%、7.14%。选择餐饮行业创业的样本中，农户未受信贷约束、受需求型信贷约束、受供给型信贷约束的比例分别为 70.45%、18.18%、11.36%。综上可知，目前农户所受到的信贷约束主要来自需求型信贷约束，而受供给型信贷约束的比例较小。

从具体约束类型中，各行业选择的横向比较分析来看，受到需求型信贷约束的样本农户中，种养殖行业、农业生产服务行业、批发零售行业、居民生活服务行业、建筑制造行业、餐饮行业的样本比例依次为 16.33%、12.93%、39.46%、18.37%、7.48%、5.44%，表明选择批发零售行业样本受需求型信贷约束的比例最高，其次是居民生活服务行业和种养殖行业，餐饮行业受需求型信贷约束的样本比例最低。受到供给型信贷约束的样本农户中，种养殖行业、农业生产服务行业、批发零售行业、居民生活服务行业、建筑制造行业、餐饮行业的样本比例依次为 21.95%、26.83%、14.63%、17.07%、7.32%、12.20%，表明选择农业生产服务行业的样本受供给型信贷约束的比例最高，其次是种养殖行业和居民生活服务行业，建筑制造行业受供给型信贷约束的样本比例最低。

2. 信贷约束对在创业农户行业选择行为的影响分析

(1) 模型和变量选择

本部分采用 Probit 模型和 IV-Probit 模型分析农户信贷约束对在创业个体当前的六类行业选择的影响。模型的因变量分别为种养殖行业、农业生产服务行业、批发零售行业、居民生活服务行业、建筑制造行业、餐饮行业六类,例如种养殖行业 = 1,其他等于 0。每个行业选择独立分析,并比较分析 Probit 模型和 IV-Probit 模型结果。解释变量为信贷约束,其中信贷约束按照总体信贷约束(C)、需求型信贷约束(C – D)和供给型信贷约束(C – S)三方面进行具体考察。IV-Probit 模型以与最近金融机构的距离(dis)、与金融机构的关系紧密程度(rel)两个变量作为信贷约束的工具变量。控制变量包括四大类:人口特征(性别、年龄、受教育程度)、家庭因素(劳动力数量、耕地面积、农业收入占比、家庭总收入)、风险意识因素(是否愿意提供担保、财务风险态度)和区域虚拟变量(中部、西部)[①]。需要说明的是,由于各行业具有各自的特征,前文中有对相关内容的阐述,因此在本部分针对具体行业选择分析内容中,进入各行业选择方程中的控制变量存在差异。表 5 – 9 呈现了变量的描述性统计结果。

表 5 – 9 变量的描述性统计结果

变量	因素分类	变量名称	平均值	标准差	最小值	最大值
因变量		创业行业选择:y_1 = 种养殖;y_2 = 农业生产服务;y_3 = 批发零售;y_4 = 居民生活服务;y_5 = 建筑制造;y_6 = 餐饮	3.05	1.431	1.00	6.00

---

① 根据前文分地区信贷约束比较分析发现,中西部地区受信贷约束的比例高于东部地区,因此本研究在设置区域虚拟变量过程中,选择东部地区作为参照区域。

变量	因素分类	变量名称	平均值	标准差	最小值	最大值
解释变量		是否受信贷约束：0＝否，1＝是	0.32	0.469	0.00	1.00
		是否受需求型信贷约束：0＝否，1＝是	0.25	0.435	0.00	1.00
		是否受供给型信贷约束：0＝否，1＝是	0.07	0.259	0.00	1.00
工具变量		与金融机构关系紧密程度	2.60	1.007	1.00	5.00
		与最近金融机构距离	4.03	0.797	1.00	5.00
控制变量	人口特征	性别	0.39	0.488	0.00	1.00
		年龄	41.50	7.892	17.00	54.00
		受教育程度	3.04	1.047	1.00	6.00
	家庭因素	劳动力数量（个）	2.55	0.936	1.00	5.00
		耕地面积	3.20	5.377	0.00	63.00
		农业收入占比（%）	15.38	25.557	0.00	100.00
		家庭总收入（万元）	6.65	4.061	0.13	21.30
	风险意识因素	是否愿意提供担保	0.66	0.468	0.00	1.00
		财务风险态度	1.76	0.573	1.00	3.00

从样本农户基本情况来看，本次被访在创业样本中半数以上调查对象为男性，占在创业总样本的 61.1%，女性受访者比例为 38.9%。被访在创业样本平均年龄为 41.50 岁。75.2.0% 的被访样本受教育程度在初中及以下水平，另有 8.8% 的被调查者具备中职院校及以上学历。57.4% 的在创业样本农户家庭拥有 2 个劳动力，16.8% 的样本农户拥有 3 个劳动力，另有 18.0% 的样本农户拥有 4 个劳动力。受访在创业样本家庭的农业收入占比平均为 15.38%。受访在创业样本的家庭总收入平均为 6.65 万元。52.9% 的在创业样本农户表示与金融机构关系"非常疏远"和"比较疏远"，有 25.3% 的在创业样本农户表示与金融机构的关系"一般"，仅有 2.7% 的在创业样本农户表示与金融机构的关系

"非常密切"。15.2%的在创业样本农户表示与最近的金融机构距离 "非常远" 和 "比较远",有 59.4% 的在创业样本农户表示与最近的金融机构距离 "比较近",另有 25.3% 的在创业样本农户表示最近的金融机构距离 "非常近"。66% 的受访在创业样本表示愿意提供抵押担保。30.8% 的受访在创业样本表示从正规金融机构借贷无风险,61.5% 的样本表示借贷存在风险,但风险在自己可承受范围之内,仅有 7.7% 的受访在创业样本表示从正规金融机构借贷存在较大的风险,且超出自己能力的承受范围。表明在创业个体偏向承担风险,具有较好的风险管理能力。

从被访问的在创业个体行业选择构成特征来看,17.9% 的样本农户选择了种养殖行业,15.8% 的样本农户选择了农业生产服务行业,32.6% 的样本农户选择了批发零售行业,18.7% 的样本农户选择了居民生活服务行业,7.4% 的样本农户选择了建筑制造行业,7.7% 的样本农户选择了餐饮行业。从个体是否受信贷约束、是否受需求型约束、是否受供给型约束的特征来看,32.5% 的创业样本个体受到信贷约束,其中受需求型信贷约束的样本农户占在创业样本的 25.3%,另有 7.2% 的创业样本个体受到供给型信贷约束。

(2) 分析结果及解释

第一,种养殖创业行业选择影响分析

表 5 – 10 的两个模型分别是未采用工具变量的 Probit 模型和采用了工具变量的 IV-Probit 模型。

表 5 – 10 信贷约束影响种养殖创业模式行业选择的分析结果

变量	Probit 模型			IV-Probit 模型		
	C	C – D	C – S	C	C – D	C – S
信贷约束	– 0.1174	– 0.1026	– 0.0884	1.7004***	1.6107***	– 3.8356***
性别	– 0.0755	– 0.0730	– 0.0809	– 0.0887	– 0.1088	– 0.0637
年龄	– 0.06543	– 0.0666	– 0.0682	– 0.0890*	– 0.0801*	0.0128
年龄平方项	0.0008	0.0008	0.0009	0.0011*	0.0010*	– 0.0002
受教育程度	– 0.0850	– 0.0892	– 0.0847	– 0.0865	– 0.0698	0.0351

续表

变量	Probit 模型			IV-Probit 模型		
	C	C – D	C – S	C	C – D	C – S
劳动力数量	– 0.0316	– 0.0319	– 0.0310	– 0.0065	– 0.00002	– 0.0144
耕地面积	0.0409***	0.0408***	0.0402***	0.0127*	0.0206*	0.0196*
农业收入占比	0.0182***	0.0181***	0.0182***	0.0102*	0.0120***	0.0055
家庭年总收入对数	– 0.8717	– 0.8676	– 0.9051	– 1.4053	– 1.9106	– 1.3063
家庭收入对数平方项	0.0506	0.0502	0.0521	0.0701	0.0987*	0.0730
是否愿意提供担保	– 0.1316	– 0.1432	– 0.1429	– 0.3768**	– 0.2601**	0.2370*
中部地区	0.7465**	0.7361**	0.7356**	0.3103	0.5014	0.4841*
西部地区	1.0483***	1.0319***	1.0486***	0.5615**	0.8806***	0.8151***
常数项	2.7813	2.8316	3.0107	7.3271	8.8990	4.3090
LR/ Wald chi2	134.82***	134.62***	134.37***	359.37***	248.95***	792.81***
Pseudo R^2	0.2534	0.2530	0.2525	–	–	–
-Log likelihood	198.65	198.75	198.87	558.77	520.32	213.44
rho	–	–	–	– 0.8167	– 0.7302	0.9496
sigma	–	–	–	0.4570	0.4271	0.2490
Wald test of exogeneity（/athrho = 0）：chi2（1）	–	–	–	3.65*	3.82*	3.29*

注：①*p<0.1，**p<0.05，***p<0.01；②总体约束（C）模型、需求型信贷约束（C – D）模型、供给型信贷约束（C – S）模型中的 C* 变量分别表示是否受到约束、是否受到需求型约束、是否受到供给型约束变量。

由表 5 – 10 可知，首先，两个模型的回归系数存在显著差异；其次，rho 是随机误差项的系数，显著异于 0，判断为内生，反之则为外生变量；最后，Wald test of exogeneity 结果在 10% 的显著性水平上拒绝了原假设，即模型存在内生性。综合表明，模型存在内生关系，因此采用 IV-Probit 模型的结果进行解释。

总体信贷约束在 1% 的显著性统计水平上对在创业个体"种养殖"行业选择产生正向影响。需求型信贷约束在 1% 的显著性统计水平上对在创业个体"种养殖"行业选择产生正向影响。供给型信贷约束在 1% 的显著性统计水平上对在创业个体"种养殖"

行业选择产生负向影响。

第二，农业生产服务创业行业选择影响分析

表 5 - 11 的两个模型分别是未采用工具变量的 Probit 模型和采用了工具变量的 IV-Probit 模型。

表 5 - 11　信贷约束影响农业生产服务创业模式行业选择的分析结果

变量	Probit 模型			IV-Probit 模型		
	C	C - D	C - S	C	C - D	C - S
信贷约束	- 0.0211	- 0.1669	0.3427	- 2.0387***	- 2.1228***	4.0032***
性别	- 0.2347*	- 0.2316*	- 0.2311*	- 0.0220	- 0.0215	- 0.0022
年龄	- 0.0250	- 0.0239	- 0.0287	0.0507	0.0311	- 0.0403
年龄平方项	0.0005	0.0005	0.0006	- 0.0006	- 0.0002	0.0006
受教育程度	- 0.0318	- 0.0324	- 0.0371	0.0354	0.0003	- 0.0687
劳动力数量	- 0.0271	- 0.0310	- 0.0273	- 0.0360	- 0.0376	- 0.0003
耕地面积	- 0.0336	- 0.0331	- 0.0322	- 0.0019	- 0.0048	- 0.0125
农业收入占比	- 0.0005	- 0.0006	- 0.0008	0.0001	0.0001	0.0000
家庭年总收入对数	0.9192	1.0543	1.0079	1.2758	1.9736*	1.2050
家庭收入对数平方项	- 0.0427	- 0.0494	- 0.0477	- 0.0578	- 0.0953*	- 0.0656
是否愿意提供担保	0.3259**	0.3395**	0.2924*	0.4469***	0.3355***	- 0.2454**
中部地区	- 0.0489	- 0.0437	- 0.0747	0.1288	- 0.0084	- 0.2729*
西部地区	0.2485	0.2328	0.1988	0.1452	- 0.0968	- 0.4676***
常数项	- 5.8760	- 6.5313	- 6.1384	- 8.2697	- 10.9761*	- 4.4320
LR/ Wald chi2	18.59	19.73	20.64	326.24***	235.57***	931.93***
Pseudo R²	0.0377	0.0400	0.0418	-	-	-
-Log likelihood	237.48	236.89	236.44	592.23	553.56	246.02
rho	-	-	-	0.9368	0.8902	- 0.9841
sigma	-	-	-	0.4570	0.4271	0.2490
Wald test of exogeneity (/athrho =0)：chi2 (1)	-	-	-	12.44***	13.65***	6.22**

注：① * $p < 0.1$，** $p < 0.05$，*** $p < 0.01$；②总体约束（C）模型、需求型信贷约束（C - D）模型、供给型信贷约束（C - S）模型中的 C^* 变量分别表示是否受到约束、是否受到需求型约束、是否受到供给型约束变量。

由表 5 - 11 可知，首先，两个模型的回归系数存在显著差异：其次，rho 是随机误差项的系数，显著异于 0，判断为内生，反之则为外生变量；最后，Wald test of exogeneity 结果在 5% 的显著性水平上拒绝了原假设，即模型存在内生性。综合表明，模型存在内生关系，因此采用 IV-Probit 模型的结果进行解释。

总体信贷约束在 1% 的显著性统计水平上对在创业个体"农业生产服务"行业选择产生负向影响。需求型信贷约束在 1% 的显著性统计水平上对在创业个体"农业生产服务"行业选择产生负向影响。供给型信贷约束在 1% 的显著性统计水平上对在创业个体"农业生产服务"行业选择产生正向影响。

第三，批发零售创业行业选择影响分析

表 5 - 12 中的两个模型分别是未采用工具变量的 Probit 模型和采用了工具变量的 IV-Probit 模型。由表 5 - 12 可知，首先，两个模型的回归系数存在显著差异；其次，rho 是随机误差项的系数，显著异于 0，判断为内生，反之则为外生变量；最后，Wald test of exogeneity 结果在 10% 的显著性水平上拒绝了原假设，即模型存在内生性。综合表明，模型存在内生关系，因此采用 IV-Probit 模型的结果进行解释。

表 5 - 12　信贷约束影响批发零售创业模式行业选择的分析结果

变量	Probit 模型			IV-Probit 模型		
	C	C - D	C - S	C	C - D	C - S
信贷约束	0.0955	0.2089	- 0.3831	- 1.6161***	- 1.4766***	3.5932***
性别	0.1348	0.1297	0.1359	0.1336	0.1566	0.0907
年龄	- 0.0156	- 0.0163	- 0.0095	0.0431	0.0249	- 0.0379
年龄平方项	0.0003	0.0003	0.0002	- 0.0005	- 0.0002	0.0006
受教育程度	0.0179	0.0189	0.0259	0.0485	0.0229	- 0.0511
耕地面积	- 0.0152	- 0.0156	- 0.0152	- 0.0010	- 0.0035	- 0.0119
家庭年总收入对数	0.7629	0.7187	0.7289	0.6432	0.8607*	0.7170*
家庭收入对数平方项	- 0.0469	- 0.0445	- 0.0444	- 0.0360	- 0.0505**	- 0.0458**

续表

变量	Probit 模型			IV-Probit 模型		
	C	C－D	C－S	C	C－D	C－S
是否愿意提供担保	－0.0334	－0.0392	0.0073	－0.2614*	0.1242	－0.2764***
中部地区	－0.5845***	－0.5795***	－0.5490***	－0.2555	－0.4056*	－0.4420**
西部地区	－1.0101***	－0.9899***	－0.9607***	－0.5985*	－0.8683***	－0.8232***
常数项	－2.3219	－2.1513	－2.3983	－3.3445	－3.5040	－1.2495
LR/ Wald chi2	46.18***	48.23***	47.91***	122.90***	91.95***	271.71***
Pseudo R^2	0.0642	0.0671	0.0667	－	－	－
-Log likelihood	336.49	335.47	335.63	697.24	658.01	350.23
rho	－	－	－	0.7746	0.7067	－0.9315
sigma	－	－	－	0.4577	0.4282	0.2491
Wald test of exogeneity (／athrho＝0)：chi2（1）	－	－	－	3.58*	4.40**	2.85*

注：① $*p<0.1$，$**p<0.05$，$***p<0.01$；②总体约束（C）模型、需求型信贷约束（C－D）模型、供给型信贷约束（C－S）模型中的 C^* 变量分别表示是否受到约束、是否受到需求型约束、是否受到供给型约束变量。

总体信贷约束在 1% 的显著性统计水平上对在创业个体"批发零售"行业选择产生负向影响。需求型信贷约束在 1% 的显著性统计水平上对在创业个体"批发零售"行业选择产生负向影响。供给型信贷约束在 1% 的显著性统计水平上对在创业个体"批发零售"行业选择产生正向影响。

第四，居民生活服务创业行业选择影响分析

表5－13 中的两个模型分别是未采用工具变量的 Probit 模型和采用了工具变量的 IV-Probit 模型。由表5－13 可知，首先，两个模型的回归系数存在显著差异；其次，rho 是随机误差项的系数，显著异于0，判断为内生，反之则为外生变量；最后，Wald test of exogeneity 结果在 10% 的显著性水平上拒绝了原假设，即模型存在内生性。综合表明，模型存在内生关系，因此采用 IV-Probit 模型的结果进行解释。

总体信贷约束在 1% 的显著性统计水平上对在创业个体"居

民生活服务"行业选择产生正向影响。需求型信贷约束在 1% 的显著性统计水平上对在创业个体"居民生活服务"行业选择产生正向影响。供给型信贷约束在 1% 的显著性统计水平上对在创业个体"居民生活服务"行业选择产生负向影响。

表 5 - 13　信贷约束影响居民生活服务创业模式行业选择的分析结果

变量	Probit 模型			IV-Probit 模型		
	C	C - D	C - S	C	C - D	C - S
信贷约束	- 0.0751	0.0021	- 0.2567	1.6982***	1.5675***	- 3.6088***
性别	0.0826	0.0828	0.0803	0.0155	0.0025	0.0228
年龄	0.0725	0.0697	0.0733	- 0.0103	0.0181	0.0683
年龄平方项	- 0.0012	- 0.0011	- 0.0012	0.00004	- 0.0005	- 0.0010
受教育程度	0.1101*	0.1086*	0.1119*	0.0293	0.0760	0.1175**
劳动力数量	- 0.0159	- 0.0157	- 0.0144	0.0022	0.0080	0.0126
农业收入占比	- 0.0051*	- 0.0050*	- 0.0052*	- 0.0032	- 0.0040*	- 0.0027
是否愿意提供担保	- 0.0084	- 0.0216	- 0.0016	- 0.3113**	0.1640	- 0.2822**
中部地区	0.3090	0.3067	0.3193	0.0475	0.1792	0.3250*
西部地区	0.5440***	0.5410***	0.5685***	0.2576*	0.4940**	0.6218***
常数项	- 2.4614*	- 2.4192	- 2.5030	- 0.6257	- 1.4591	- 2.1698*
LR/ Wald chi2	24.75***	24.44***	25.51***	104.42***	63.59***	222.98***
Pseudo R^2	0.0450	0.0444	0.0464	–	–	–
-Log likelihood	262.67	2622.82	262.29	625.647	587.47	281.36
rho	–	–	–	- 0.8078	- 0.6845	0.8778
sigma	–	–	–	0.4594	0.4295	0.2509
Wald test of exogeneity (/athrho =0): chi2 (1)	–	–	–	3.42*	3.79*	3.25*

注：①* $p < 0.1$，** $p < 0.05$，*** $p < 0.01$；②总体约束（C）模型、需求型信贷约束（C-D）模型、供给型信贷约束（C-S）模型中的 C^* 变量分别表示是否受到约束、是否受到需求型约束、是否受到供给型约束变量。

　　第五，建筑制造创业行业选择影响分析
　　表 5 - 14 中的两个模型分别是未采用工具变量的 Probit 模型

和采用了工具变量的 IV-Probit 模型。由表 5 - 14 可知，首先，两个模型的回归系数存在显著差异；其次，rho 是随机误差项的系数，显著异于 0，判断为内生，反之则为外生变量；最后，Wald test of exogeneity 结果在 10% 的显著性水平上拒绝了原假设，即模型存在内生性。综合表明，模型存在内生关系，因此采用 IV-Probit 模型的结果进行解释。

总体信贷约束在 1% 的显著性统计水平上对在创业个体"建筑制造"行业选择产生正向影响。需求型信贷约束在 1% 的显著性统计水平上对在创业个体"建筑制造"行业选择产生正向影响。供给型信贷约束在 1% 的显著性统计水平上对在创业个体"建筑制造"行业选择产生负向影响。

表 5 - 14　信贷约束影响居民建筑制造模式行业选择的分析结果

变量	Probit 模型			IV-Probit 模型		
	C	C - D	C - S	C	C - D	C - S
信贷约束	0.0220	0.0569	- 0.0974	1.8033***	1.7586***	- 3.8730***
性别	0.0096	0.0077	0.0088	- 0.0457	- 0.0642	- 0.0436
年龄	- 0.0355	- 0.0362	- 0.0337	- 0.0715	- 0.0570	0.0274
年龄平方项	0.0005	0.0005	0.0005	- 0.0707	0.0007	- 0.0004
受教育程度	- 0.0650	- 0.0653	- 0.0637	0.0009	- 0.0479	0.0444
劳动力数量	- 0.1016	- 0.1026	- 0.1021	- 0.0409	- 0.0525	- 0.0296
农业收入占比	- 0.0111**	- 0.0112**	- 0.0112**	- 0.0067*	- 0.0080*	- 0.0035
家庭年总收入对数	6.1783	6.0943	6.1860	2.6138	2.8258	0.7988
家庭收入对数平方项	- 0.2620	- 0.2579	- 0.2620	- 0.1080	- 0.1110	- 0.0207
财务风险态度	- 0.1552	- 0.1549	- 0.1573	- 0.0286***	- 0.0716*	- 0.1001**
是否愿意提供抵押担保	- 0.0902	- 0.0912	- 0.0797	- 0.3518	- 0.2266	0.2540
中部地区	- 0.1511	- 0.1508	- 0.1436	- 0.2262	- 0.1150	0.2294
西部地区	0.0320	0.0390	0.0481	- 0.0592	0.1819	0.5305
常数项	- 36.2105	- 35.7703	- 36.3163	- 15.0233	- 17.4472	- 7.2513
LR/ Wald chi2	22.02**	22.08**	22.10*	108.20***	66.43***	533.13***
Pseudo R²	0.0734	0.0737	0.737	–	–	–

续表

变量	Probit 模型			IV-Probit 模型		
	C	C－D	C－S	C	C－D	C－S
-Log likelihood	138. 86	138. 83	138. 82	501. 12	461. 76	154. 01
rho	－	－	－	－ 0. 8287	－ 0. 7497	0. 9591
sigma	－	－	－	0. 4586	0. 4280	0. 2493
Wald test of exogeneityl (∕athrho＝0)：chi2（1）	－	－	－	3. 88**	3. 89**	3. 47*

注：①＊p＜0.1，＊＊p＜0.05，＊＊＊p＜0.01；②总体约束（C）模型、需求型信贷约束（C－D）模型、供给型信贷约束（C－S）模型中的 C^* 变量分别表示是否受到约束、是否受到需求型约束、是否受到供给型约束变量。

第六，餐饮创业行业选择影响分析

表 5－15 中的两个模型分别是未采用工具变量的 Probit 模型和采用了工具变量的 IV-Probit 模型。由表 5－15 可知，首先，两个模型的回归系数存在显著差异；其次，rho 是随机误差项的系数，显著异于 0，判断为内生，反之则为外生变量；最后，Wald test of exogeneity 结果在 10% 的显著性水平上拒绝了原假设，即模型存在内生性。综合表明，模型存在内生关系，因此采用 IV-Probit 模型的结果进行解释。

总体信贷约束在 1% 的显著性统计水平上对在创业个体"餐饮"行业选择行为产生正向影响。需求型信贷约束在 1% 的显著性统计水平上对在创业个体"餐饮"行业选择行为产生正向影响。供给型信贷约束在 1% 的显著性统计水平上对在创业个体"餐饮"行业选择行为产生负向影响。

表 5－15　信贷约束影响居民餐饮模式行业选择的分析结果

变量	Probit 模型			IV-Probit 模型		
	C	C－D	C－S	C	C－D	C－S
信贷约束	－ 0. 0715	－ 0. 2414	0. 3436	1. 6004***	1. 3918**	－ 3. 5084***
性别	0. 0619	0. 0597	0. 0626	0. 0158	0. 0001	－ 0. 0356

变量	Probit 模型			IV-Probit 模型		
	C	C－D	C－S	C	C－D	C－S
年龄	0.0929	0.0966	0.0873	0.0053	0.0268	0.0557
年龄平方项	－0.0014	－0.0015	－0.0013	－0.0002	－0.0005	－0.0008
受教育程度	－0.1043	－0.1051	－0.1112	－0.0967	－0.0833	－0.0018
劳动力数量	0.1744**	0.1720**	0.1744**	0.1186*	0.1394*	0.0684
农业收入占比	－0.0114**	－0.0114**	－0.0116**	－0.0077*	－0.0088**	－0.0046
家庭年总收入对数	1.7671	2.0553	1.8611	0.2519	0.4241	0.2226
家庭收入对数平方项	－0.0755	－0.0891	－0.0806	－0.0082	－0.0139	－0.0037
财务风险态度	－0.0210	－0.0192	－0.0152	0.0421	0.0175	－0.2366
是否愿意提供抵押担保	－0.0823	－0.0799	－0.1296	－0.3274**	－0.1943*	－0.0551*
常数项	－12.9807	－14.5353	－13.3207	－2.8659	－4.4813	－2.0833
LR／Wald chi2	18.49*	18.22*	18.42*	62.84***	38.72***	227.18***
Pseudo R^2	0.0597	0.0588	0.0595	－	－	－
-Log likelihood	145.63	145.77	145.67	507.44	470.70	169.62
rho	－	－	－	－0.7625	－0.7015	0.9247
sigma	－	－	－	0.4589	0.4296	0.2529
Wald test of exogeneity（/athrho＝0）: chi2（1）	－	－	－	3.23*	3.52*	2.97*

注：①$*p<0.1$，$**p<0.05$，$***p<0.01$；②总体约束（C）模型、需求型信贷约束（C－D）模型、供给型信贷约束（C－S）模型中的 C^* 变量分别表示是否受到约束、是否受到需求型约束、是否受到供给型约束变量。

（三）信贷约束对重新创业农户行业选择一致性的影响分析

1. 受不同信贷约束的重新创业农户行业选择现状描述分析

（1）曾经创业行业选择状况分析

按照行业纵向比较不同信贷约束样本比例分析，选择种养殖行业创业的样本中，农户未受信贷约束、受需求型信贷约束的比例分别为 85.71%、14.29%。选择农业生产服务行业创业的样本中，农户中未受信贷约束、受需求型信贷约束的比例分别为

60.00%、40.00%。选择批发零售行业创业的样本中，农户未受信贷约束、受需求型信贷约束的比例分别为 80.00%、20.00%。选择居民生活服务行业创业的样本中，农户未受信贷约束、受需求型信贷约束的比例分别为 60.00%、40.00%。选择建筑制造行业创业的样本中，农户未受信贷约束、受需求型信贷约束的比例分别为 66.67%、33.33%。选择餐饮行业创业的样本中，农户未受信贷约束、受需求型信贷约束的比例分别为 80.00%、20.00%。综上可知，目前农户信贷约束主要为需求型信贷约束，受供给型信贷约束的比例较小。

从具体约束类型中，各行业选择的横向比较分析来看，受到需求型信贷约束的样本农户中，种养殖行业、农业生产服务行业、批发零售行业、居民生活服务行业、建筑制造行业、餐饮行业的样本比例依次为 12.50%、25.00%、12.50%、25.00%、12.50%、12.50%，表明选择农业生产服务和居民生活服务行业样本受需求型信贷的比例最高。

（2）当前再次计划创业行业选择现状分析

按照行业纵向比较不同信贷约束的样本比例分析，以种养殖行业作为重新计划创业行业选择意愿的样本中，农户未受信贷约束、受需求型信贷约束的比例分别为 88.89%、11.11%。以农业生产服务行业、批发零售行业、建筑制造行业作为重新计划创业行业选择意愿的样本中，农户均未受信贷约束。以居民生活服务行业和餐饮行业作为重新计划创业行业选择意愿的样本中，农户未受信贷约束、受需求型信贷约束的比例各占 50.00%。以建筑制造行业作为重新计划创业行业选择意愿的样本中，农户未受信贷约束、受需求型信贷约束的比例分别为 100%。

从具体约束类型中，各意愿行业选择的横向比较分析来看，受到需求型信贷约束的样本农户中，种养殖行业、农业生产服务行业、批发零售行业、居民生活服务行业、建筑制造行业、餐饮行业的样本比例依次为 14.29%、42.86%、0、14.29%、0、28.57%，表明选择生产服务行业作为重新计划创业行业意愿的样本受需求型信贷的比例最高，其次是餐饮行业，批发零售和建筑制造行业均未受需求型信贷约束。

2. 信贷约束影响重新创业农户行业选择一致性分析

（1）模型和变量选择

本部分采用 Probit 模型分析农户信贷约束对其两次创业行业选择一致性的影响。模型的因变量为两次行业选择，"一致"赋值为 1，"不一致"赋值为 0。解释变量为农户信贷约束，由于重新创业样本群体非常小，且无供给型信贷约束，因此，本研究仅就是否存在信贷受对行业选择一致性的影响进行分析。控制变量包括三大类：人口特征（性别、年龄、受教育程度）、家庭因素（农业收入占比、家庭总收入）、风险意识特征（是否愿意提供抵押担保）。变量的描述性统计结果如表 5 - 16 所示。

表 5 - 16　变量的描述性统计结果

变量	因素分类	变量名称	平均值	标准差	最小值	最大值
因变量		创业行业选择：y_1 = 种养殖；y_2 = 农业生产服务；y_3 = 批发零售；y_4 = 居民生活服务；y_5 = 建筑制造；y_6 = 餐饮	0.54	0.508	0.00	1.00
解释变量		是否受信贷约束：0 = 否，1 = 是	0.26	0.445	0.00	1.00
控制变量	人口特征	性别	0.32	0.475	0.00	1.00
		年龄	39.90	9.415	20.00	54.00
		受教育程度	3.55	1.387	1.00	6.00
	家庭因素	农业收入占比（%）	17.59	23.172	0.00	82.73
		家庭总收入（万元）	4.50	3.084	0.45	12.45
	风险意识特征	是否愿意提供抵押担保	0.44	0.496	1.00	1.00

从样本农户基本情况来看，本次被访的重新创业样本中多数调查对象为男性，占重新创业总样本的 67.7%，女性受访者比例为

32.2%。被访问的重新创业样本平均年龄为 39.90 岁。61.3% 的被访问的重新创业样本受教育程度为初中及以下水平，另有 22.6% 的被调查者具备中职院校及以上学历。受访重新创业样本家庭的农业收入占比平均为 17.59%。受访重新创业样本的家庭总收入平均为 4.50 万元。44% 的受访重新创业样本表示愿意提供抵押担保。从被访问的重新创业个体行业选择的一致性来看，两次均做出回答的样本共 26 个，其中 53.8% (14 个) 的样本选择了两次在同样的行业进行创业，另有 46.2% 的样本在两次创业中的行业选择上存在不同。从个体是否受信贷约束来看，25.8% 的重新创业样本个体受到信贷约束，其中该信贷约束主要为需求型信贷约束。

（2）分析结果及解释

农户信贷约束影响重新计划创业个体两次行业选择一致性的模型估计结果如表 5 - 17 所示，模型 χ^2 检验值为 16.68，Log likelihood = - 9.60，且 p 值小于 0.05，Pseudo R^2 = 0.4684，表明各变量提供的信息具备显著的解释能力。表 5 - 17 中亦呈现了农户信贷约束影响重新计划创业个体两次行业选择一致性的边际效应。

农户信贷约束对重新计划创业者两次行业选择的一致性具有正向影响，但作用不显著。换言之，信贷约束的存在使重新计划创业者更偏向于在两次创业中选择同样的行业，具体表现为：信贷约束从无到有，重新创业个体选择一致行业的概率上升 18.41%。

表 5 - 17　信贷约束影响重新计划创业者两次行业选择一致性的分析结果

变量	系数	标准误	Z 值	95% 置信区间	
是否存在信贷约束: 0 = 否，1 = 是	0.8908 (0.1841)	0.8232 (0.1629)	1.08 (1.13)	- 0.7227 (- 0.1351)	2.5042 (0.5035)
性别	1.6897	1.2412	1.36	- 0.7429	4.1223
年龄	- 0.0847	0.0903	- 0.94	- 0.2618	0.0923
受教育程度	- 0.382	0.3405	- 1.12	- 1.0493	0.2854
农业收入占比	0.0001**	0.0001	2.02	0.0000	0.0002
家庭年总收入对数	- 10.9111	9.4930	- 1.15	- 29.5171	7.6948

变量	系数	标准误	Z 值	95％置信区间	
家庭收入对数平方项	0.5003	0.4593	1.09	-0.4000	1.4006
是否愿意提供抵押担保	-1.9136**	0.8148	-2.35	-3.5107	-0.3166
常数项	63.7219	47.5357	1.34	-29.4464	156.8901
LR	16.68**				
Pseudo R^2	0.4684				
-Log likelihood	9.60				

注：① $*p<0.1$，$**p<0.05$，$***p<0.01$；②括号内为边际效应分析结果。

人口特征因素中，性别对重新计划创业者两次行业选择的一致性具有正向影响，但作用不显著，表明女性更倾向于选择一致的行业进行创业。年龄和受教育程度对重新计划创业者两次行业选择的一致性具有负向影响，但作用不显著，反映了随着年龄的增加和受教育程度的提高，个体在两次创业选择中倾向于选择不同的行业。

家庭因素中，农业收入占比在 5% 的显著性统计水平上正向影响重新计划创业者两次选择一致的行业。家庭总收入与重新计划创业者行业选择一致性之间呈现倒 U 形关系，即随着收入的增长，选择一致行业的概率先上升后降低。

风险意识特征中的是否愿意提供抵押担保在 5% 的显著性统计水平上负向影响重新计划创业者行业选择的一致性。换言之，随着重新计划创业者提供抵押担保的意愿增强，个体选择不同的行业进行创业的概率随之增加。

五　信贷约束影响农户创业组织形式选择的实证分析

本部分主要分析农户信贷约束、需求型信贷约束、供给型信贷约束分别对农户创业组织形式选择的影响。关于农户创业的组织形式，根据其表现形式划分为"非个体创业"和"个体创业"。在具体的研究对象上，本部分将个体按照首次计划创业个体、当前在创业个体、重新计划创业个体进行分类分析。对组织形式进行分类分析，为改进不同个体创业行为提供针对性的参考建议。

（一）信贷约束对计划创业农户组织形式选择意愿的影响分析

1. 不同信贷约束下计划创业农户组织形式选择意愿的现状描述

按照组织形式选择意愿来看，以个体创业作为创业组织形式选择意愿的样本中，农户未受信贷约束、受需求型信贷约束、受供给型信贷约束的比例分别为 62.12%、33.33%、4.55%。从具体约束类型中各意愿行业选择横向比较分析来看，受到需求型信贷约束的样本农户中，选择"非个体创业""个体创业"样本比例依次为 12.87%、87.13%；受供给型信贷约束的样本中，全部为选择"个体创业"的农户。

从被访样本计划创业个体的组织形式选择构成特征分析，88.3% 的样本农户选择了个体创业形式，11.7% 的样本农户选择了非个体创业形式。从个体是否受信贷约束、是否受需求型约束、是否受供给型约束的特征来看，37.5% 的计划创业样本受到信贷约束，其中受需求型信贷约束的样本农户占计划创业样本的 33.6%，另有 3.9% 的计划创业样本受到供给型信贷约束。

2. 信贷约束影响计划创业农户组织形式选择意愿分析

（1）模型与变量选择

本研究采用 Probit 模型分析农户信贷约束对计划创业者组织形式选择的影响。该分析中，因变量为"非个体创业""个体创业"两类选择。解释变量为农户信贷约束，其中信贷约束按照总体信贷约束、需求型信贷约束两方面进行具体考察。[1] 控制变量包括五大类：人口特征（性别、年龄、受教育程度）、家庭因素（劳动力数量、是否拥有电脑、家庭年总收入、家庭生活满意度）、金融资源特征（能否提供抵押担保）、风险意识因素（财务风险态

---

① 因为"非个体创业"选择意愿中，受供给型信贷约束的农户比例为 0。

度、是否愿意提供抵押担保）和区域虚拟变量（中部、西部）。样本农户基本情况如表 5 – 18 所示。

表 5 – 18　变量的描述性统计结果

变量	因素分类	变量名称	平均值	标准差	最小值	最大值
因变量		创业组织形式选择意愿： 0 = 非个体创业；1 = 个体创业	0.88	0.322	0	1
解释变量		是否受信贷约束	0.37	0.485	0	1
		是否受需求型信贷约束	0.34	0.473	0	1
控制变量	人口特征	性别	0.45	0.498	0	1
		年龄	40.06	9.124	18	54
		受教育程度	3.09	1.242	1	6
		劳动力数量	2.49	0.92	1	5
		是否拥有电脑	0.39	0.486	0	1
	家庭因素	家庭年总收入	4.65	2.83	0.56	18
		家庭生活满意度	3.34	0.726	1	5
	风险意识	财务风险态度	1.90	0.705	1	3
		是否愿意提供抵押担保	0.63	0.477	0	1
	金融资源	能否提供抵押担保	0.47	0.491	0	1

从样本农户基本情况来看，本次被访样本中半数以上调查对象为男性，占计划创业样本的 55.0%，女性受访者比例为 45.0%。被访样本平均年龄为 40.06 岁。71.0% 的被访样本受教育程度为初中及以下水平，另有 13.0% 的被调查者具备中职院校及以上学历。54.7% 的样本农户家庭拥有 2 个劳动力，21.2% 的样本农户拥有 3 个劳动力，另有 13.7% 的样本农户拥有 4 个劳动力。受访样本的家庭农业收入占比平均为 13.90%。受访样本的家庭年总收入平均为 4.64 万元。63% 的受访样本表示愿意提供抵押担保。30.0% 的受访样本表示从正规金融机构借贷无风险，49.5% 的样本表示借贷存在风险，但风险在自己可承受范围之内，仅有 20.5% 的受访样本表示从正规金融机构借贷存在较大的

风险，且超出自己的能力承受范围。

（2）分析结果及解释

总体信贷约束影响模型估计结果如表 5 - 19 所示，模型 χ^2 检验值为 23. 33，Log likelihood = - 98. 43，且 p 值小于 0. 05，Pseudo R^2 = 0. 0881，表明各变量提供的信息具备显著的解释能力。表 5 - 19 中亦呈现了总体信贷约束影响计划创业个体选择"非个体创业""个体创业"组织形式选择意愿的边际效应。

**表 5 - 19　总体信贷约束影响计划创业者组织
形式选择意愿及边际效应**

变量	系数	标准误	Z 值	95% 置信区间	
是否存在信贷约束	- 0. 0411 (- 0. 0074)	0. 2156 (0. 0386)	- 0. 19 (- 0. 19)	- 0. 4637 (- 0. 0830)	0. 3815 (0. 0683)
性别	0. 2734	0. 1969	1. 39	- 0. 1125	0. 6593
年龄	0. 0220*	0. 0119	1. 85	- 0. 0013	0. 0453
受教育程度	- 0. 1225	0. 0913	- 1. 34	- 0. 3014	0. 0565
劳动力数量	0. 1084	0. 1066	1. 02	- 0. 1004	0. 3173
是否拥有电脑	0. 2252	0. 2093	1. 08	- 0. 1850	0. 6354
家庭年总收入	- 0. 0188	0. 0374	- 0. 50	- 0. 0921	0. 0544
家庭生活满意度	- 0. 2706**	0. 1213	- 2. 23	- 0. 5084	- 0. 0327
财务风险态度	- 0. 1200	0. 1402	- 0. 86	- 0. 3948	0. 1548
是否愿意提供抵押担保	- 0. 3026	0. 2409	- 1. 26	- 0. 7748	0. 1697
能否提供抵押担保	0. 2608	0. 2377	1. 10	- 0. 2051	0. 7266
中部地区	0. 0174	0. 4647	0. 04	- 0. 8934	0. 9282
西部地区	- 0. 3424	0. 3139	- 1. 09	- 0. 9576	0. 2728
常数项	1. 8685*	0. 9583	1. 95	- 0. 0097	3. 7467
Wald chi2	23. 33**				
Pseudo R^2	0. 0881				
-Log likelihood	98. 43				

注：① * $p < 0.1$，** $p < 0.05$，*** $p < 0.01$；②括号内为边际效应分析结果。

总体信贷约束对计划创业个体组织形式选择意愿具有负向影

响，即受到信贷约束的个体倾向于选择"非个体创业"，但作用不显著。具体影响表现为，信贷约束从无到有，计划创业个体选择"个体创业"组织形式的意愿下降 0.74%。

控制变量中，年龄在 10% 的显著性统计水平上正向影响计划创业个体的组织形式选择意愿。换言之，女性个体倾向于选择"个体创业"的组织形式进行创业。家庭生活满意度变量在 5% 的显著性统计水平上负向影响计划创业个体的组织形式选择意愿。换言之，随着个体家庭满意度上升，计划创业个体选择"个体创业"这种组织形式的意愿反而下降。

需求型信贷约束影响的模型估计结果如表 5 - 20 所示，模型 χ^2 检验值为 23.35，Log likelihood = - 98.23，且 p 值小于 0.05，Pseudo R^2 = 0.0900，表明各变量提供的信息具备显著的解释能力。表 5 - 20 中亦呈现了需求型信贷约束影响计划创业个体选择"非个体创业""个体创业"组织形式选择意愿的边际效应。

**表 5 - 20　需求型信贷约束对计划创业者组织形式
选择意愿的影响分析及边际效应**

变量	系数	标准误	Z 值	95% 置信区间	
是否需求型信贷约束	- 0.1439 (- 0.0257)	0.2153 (0.0384)	- 0.67 (- 0.67)	- 0.5658 (- 0.1010)	0.2781 (0.0495)
性别	0.2752	0.1971	1.40	- 0.1112	0.6615
年龄	0.0223**	0.0118	1.89	- 0.0008	0.0455
受教育程度	- 0.1213	0.0917	- 1.32	- 0.3010	0.0584
劳动力数量	0.1113	0.1069	1.04	- 0.0981	0.3207
是否拥有电脑	0.2195	0.2086	1.05	- 0.1894	0.6283
家庭年总收入	- 0.0175	0.0371	- 0.47	- 0.0903	0.0553
家庭生活满意度	- 0.2853**	0.1227	- 2.32	- 0.5259	- 0.0447
财务风险态度	- 0.1173	0.1415	- 0.83	- 0.3946	0.1601
是否愿意提供抵押担保	- 0.2932	0.2411	- 1.22	- 0.7657	0.1793
能否提供抵押担保	0.2635	0.2376	1.11	- 0.2022	0.7292
中部地区	0.0261	0.4638	0.06	- 0.8829	0.9350

变量	系数	标准误	Z 值	95% 置信区间	
西部地区	-0.3302	0.3144	-1.05	-0.9464	0.2860
常数项	1.9028**	0.9636	1.97	0.0143	3.7914
Wald chi2	23.35**				
Pseudo R^2	0.0900				
-Log likelihood	98.23				

注：① $*p < 0.1$，$**p < 0.05$，$***p < 0.01$；②括号内为边际效应分析结果。

需求型信贷约束对计划创业个体组织形式选择意愿具有负向影响，即受到需求型信贷约束的个体倾向于选择"非个体创业"，但作用不显著。具体影响表现为，信贷约束从无到有，计划创业个体选择"个体创业"组织形式的意愿下降2.57%。

控制变量中，年龄在10%的显著性统计水平上正向影响计划创业个体组织形式选择意愿。家庭生活满意度变量在5%的显著性统计水平上负向影响计划创业个体的组织形式选择意愿。换言之，随着个体家庭满意度上升，计划创业个体选择"个体创业"组织形式的意愿反而下降。

（二）信贷约束对在创业农户组织形式选择行为的影响

1. 不同信贷约束下在创业农户组织形式选择现状

按照组织形式纵向比较不同信贷约束样本比例，选择"个体创业"的在创业样本中，66.79%的样本农户未受信贷约束；33.21%的样本农户受到信贷约束，其中受到需求型信贷约束的农户占信贷约束总样本的79.21%，受到供给型信贷约束的农户占信贷约束总样本的20.79%。选择"非个体创业"的在创业样本中，74.2%的样本农户未受信贷约束；25.58%的样本农户受到信贷约束，其中受到需求型信贷约束的农户占信贷约束总样本的54.55%，受到供给型信贷约束的农户占信贷约束总样本的45.45%。

依据是否受信贷约束，从各组织形式选择横向比较分析来看，未受到信贷约束的在创业样本中选择"非个体创业""个体创业"

的百分比分别为 8.21%、91.79%；受到信贷约束的创业样本中，选择"非个体创业""个体创业"的百分比分别为 5.82%、94.18%。

从具体受到信贷约束的样本组织形式选择意愿比较来看，受到需求型信贷约束的在创业个体中，选择"非个体创业""个体创业"的百分比分别为 4.08%、95.92%；受到供给型信贷约束的在创业个体中，选择"非个体创业""个体创业"的百分比分别为 11.90%、88.10%。

2. 信贷约束影响在创业农户组织形式选择行为分析

（1）模型和变量选择

本部分采用 Probit 模型和 IV-Probit 模型分析农户信贷约束对在创业个体当前的两类组织形式选择的影响。模型的因变量分别为非个体创业、个体创业。解释变量为是否受到信贷约束。IV-Probit 模型以与最近金融机构的距离（dis）、与金融机构的关系紧密程度（rel）两个变量作为信贷约束的工具变量。控制变量包括五大类：人口特征（性别、年龄、受教育程度）、家庭因素（拥有孩子数量、劳动力数量、耕地面积、家庭总收入）、金融资源（是否为联户担保小组成员）、风险意识因素（是否愿意提供担保、财务风险态度）和区域虚拟变量（中部、西部）。在创业样本的基本情况如表 5-21 所示。

从样本农户基本情况来看，本次被访在创业样本中半数以上调查对象为男性，占在创业总样本的 61.1%，女性受访者比例为 38.9%。被访在创业样本平均年龄为 41.5 岁。75.20% 的被访样本受教育程度为初中及以下水平，另有 8.8% 的被调查者具备中职院校及以上学历。57.4% 的在创业样本农户家庭拥有 2 个劳动力，16.8% 的样本农户拥有 3 个劳动力，另有 18.0% 的样本农户拥有 4 个劳动力。受访在创业样本的家庭农业收入占比平均为 15.38%。受访在创业样本的家庭年总收入平均为 6.65 万元。52.9% 的在创业样本农户表示与金融机构关系"非常疏远"和"比较疏远"，有 25.3% 的在创业样本农户表示与金融机构的关系"一般"，仅有 2.7% 的在创业样本农户表示与金融机构的关系

5－21 变量的描述性统计结果

变量	因素分类	变量名称	平均值	标准差	最小值	最大值
因变量		创业组织形式选择： 0＝非个体创业，1＝个体创业	0.93	0.2620	0	1
解释变量		是否受信贷约束	0.32	0.469	0	1
工具变量		与金融机构关系紧密程度	2.6	1.007	1	5
		与最近金融机构距离	4.03	0.797	1	5
控制变量	人口特征	性别	0.39	0.488	0	1
		年龄	41.5	7.892	17	54
		受教育程度	3.04	1.047	1	6
	家庭因素	拥有孩子数量	1.84	0.761	0	4
		劳动力数量（个）	2.55	0.936	1	5
		耕地面积	3.20	5.377	0	63
		家庭年总收入（万元）	6.65	4.061	0.13	21.3
	金融资源	是否为联户担保小组成员	0.08	0.277	0	1
	风险意识因素	是否愿意提供担保	0.66	0.468	0	1
		财务风险态度	1.76	0.573	1	3

"非常密切"。15.2%的在创业样本农户表示与最近的金融机构距离"非常远"和"比较远"，有59.4%的在创业样本农户表示与最近的金融机构距离"比较近"，另有25.3%的在创业样本农户表示最近的金融机构距离"非常近"。66%的受访在创业样本表示愿意提供抵押担保。30.8%的受访在创业样本表示从正规金融机构借贷无风险，61.5%的样本表示借贷存在风险，但风险在自己可承受范围之内，仅有7.7%的受访在创业样本表示从正规金融机构借贷存在较大的风险，且超出自己的能力承受范围。由此可见，在创业个体偏向承担风险，具有较好的风险管理能力。

（2）分析结果及解释

表5－22中的两个模型分别是未采用工具变量的 Probit 模型和采用了工具变量的 IV-Probit 模型。由表5－22可知，模型不存在内生关系，因此采用 Probit 模型的结果进行解释。表5－23呈

表5－22 农户信贷约束影响在创业个体组织形式选择行为的分析结果

变量名称	Probit 模型						IV-Probit 模型					
	C 模型		C－D 模型		C－S 模型		C 模型		C－D 模型		C－S 模型	
	系数	Z值	系数	Z值	系数	Z值	系数	Z值	系数	Z值	系数	Z值
信贷约束	0.3313*	1.69	0.4893**	2.15	-0.1734	-0.56	-0.9133	-0.56	-0.7221	-0.51	3.1182	1.40
性别	0.4747*	2.38	0.4645**	2.32	0.4751**	2.39	0.4315*	1.78	0.4479*	2.20	0.3145	0.91
年龄	-0.0389	-0.45	-0.0397	-0.46	-0.0248	-0.29	0.0005	0.00	-0.0110	-0.13	-0.0386	-0.62
年龄平方项	0.0007	0.59	0.0006	0.58	0.0004	0.40	0.0001	0.11	0.0003	0.26	0.0006	0.76
家庭拥有孩子的数量	-0.0028	-0.02	-0.0075	-0.06	-0.0054	-0.04	-0.0134	-0.12	-0.0030	-0.03	0.0374	0.41
受教育程度	0.0021	0.02	0.0096	0.11	0.0081	0.09	0.0285	0.34	0.0159	0.20	-0.0478	-0.65
劳动力数量	0.0941	0.94	0.0980	0.98	0.0911	0.92	0.0713	0.71	0.0783	0.80	0.0546	0.58
耕地面积	-0.0381***	-3.21	-0.0388***	-3.18	-0.0354***	-2.96	-0.0242	-0.85	-0.0282	-1.34	-0.0267	-1.15
是否拥有电脑	0.3492*	1.88	0.3587*	1.92	0.3495*	1.88	0.2813	1.21	0.2898	1.35	0.1777	0.60
家庭年总收入	-0.0120	-0.52	-0.0089	-0.39	-0.0087	-0.38	-0.0036	-0.15	-0.0113	-0.54	-0.0322	-1.60
家庭生活满意度	-0.0528	-0.40	-0.0354	-0.27	-0.0601	-0.46	-0.1162	-0.88	-0.1091	-0.78	-0.0613	-0.64
社会资本投入成本	-0.1360	-0.52	-0.1300	-0.49	-0.1610	-0.62	-0.1720	-0.74	-0.1500	-0.63	-0.0046	-0.19
是否愿意提供担保	-0.3650*	-1.71	-0.3556*	-1.67	-0.2911	-1.38	-0.0704	-0.14	-0.1708	-0.53	-0.4187***	-2.69

续表

变量名称	Probit 模型						IV-Probit 模型					
	C 模型		C – D 模型		C – S 模型		C 模型		C – D 模型		C – S 模型	
	系数	Z 值	系数	Z 值	系数	Z 值	系数	Z 值	系数	Z 值	系数	Z 值
财务风险态度	-0.0403	-0.26	-0.0302	-0.2	-0.0642	-0.42	-0.0789	-0.56	-0.0597	-0.42	-0.0092	-0.07
能否提供抵押担保	0.2667	1.32	0.2640	1.30	0.2477	1.24	0.1575	0.59	0.1702	0.72	0.1617	0.74
中部地区	0.8090**	2.47	0.8309**	2.54	0.8502**	2.62	0.7667**	2.03	0.7180*	1.83	0.2553	0.32
西部地区	0.4874*	1.94	0.5516*	2.18	0.5335**	2.09	0.4258	1.44	0.3438	0.87	-0.1098	-0.16
常数项	1.3993	0.74	1.2619	0.66	1.2541	0.66	1.0126	0.55	1.2753	0.73	1.6816	1.2
LR / Wald chi2	35.66***		37.79***		32.96**		42.34***		35.54***		110.88***	
PseudoR²	0.1164		0.1234		0.1076		–		–		–	
-Log likelihood	135.34		134.27		136.69		498.83		456.85		153.22	
Wald test of exogeneity	–		–		–		Chi2 = 0.41 Prob > chi2 = 0.5218		Chi2 = 0.57 Prob > chi2 = 0.4497		Chi2 = 0.57 Prob > chi2 = 0.4520	

注: $* p < 0.1$, $** p < 0.05$, $*** p < 0.01$。

现了农户信贷约束影响在创业个体组织形式选择的边际效应。

表 5 - 22 和表 5 - 23 显示，从整体信贷约束来看，农户是否受到信贷约束在 10% 的显著性统计水平上与在创业个体组织形式选择正相关，即信贷约束促进了农户选择"个体创业"组织形式的行为，具体表现为：农户信贷约束从无到有的过程，在 10% 的显著性统计水平上农户选择"个体创业"的可能性提高 4.13%。

从具体信贷约束类型来看，需求型信贷约束在 5% 的显著性统计水平上与在创业个体组织形式选择正相关；而供给型信贷约束与在创业个体组织形式选择负相关，影响不显著。换言之，需求型信贷约束促进了农户选择"个体创业"组织形式的行为，而供给型信贷约束阻碍了农户选择"个体创业"，而使之更倾向于选择"非个体创业"的组织形式。具体表现为：农户需求型信贷约束从无到有的过程，在 5% 的显著性统计水平上农户选择"个体创业"组织形式的可能性提高 6.06%；另外，农户供给型信贷约束从无到有的过程，农户选择"非个体创业"的可能性提高 2.18%。

表 5 - 23　农户信贷约束影响在创业个体组织形式
选择的边际效应分析结果

变量	系数	标准误	Z 值	95% 置信区间	
是否存在信贷约束	0.0413*	0.0246	1.68	- 0.0069	0.0895
是否受到需求型信贷约束	0.0606**	0.0286	2.12	0.0047	0.1166
是否受到供给型信贷约束	- 0.0218	0.0390	- 0.56	- 0.0983	0.0546

注：$*p < 0.1$，$**p < 0.05$，$***p < 0.01$。

（三）信贷约束对重新创业农户组织形式选择一致性的影响分析

1. 不同信贷约束下重新创业农户行业选择现状

（1）曾经创业行业选择状况分析

按照组织形式纵向比较不同信贷约束样本比例，选择"个体创业"的重新创业样本中，75.00% 的样本农户未受信贷约束；25.00% 的样本农户受到信贷约束，且该约束均为需求型信贷约束。选择"非个体创业"的重新创业样本中，66.67%的样本农户未受信贷约束；33.33%的样本农户受到信贷约束，且该约束均为需求型信贷约束。

从各组织形式选择横向比较分析来看，未受到信贷约束的重新创业样本中选择"非个体创业""个体创业"的百分比分别为18.18%、81.82%。受到信贷约束的重新创业样本中，选择"非个体创业""个体创业"的百分比分别为25.00%、75.00%。

（2）当前再次计划创业行业选择现状分析

按照组织形式纵向比较不同信贷约束样本比例，选择"个体创业"意愿的重新创业样本中，78.57%的样本农户未受信贷约束；21.43%的样本农户受到信贷约束，且该约束均为需求型信贷约束。选择"非个体创业"的重新创业样本中，60.0%的样本农户未受信贷约束；40.0%的样本农户受到信贷约束，且该约束均为需求型信贷约束。

依据是否受信贷约束，从各组织形式选择的横向比较来看，未受到信贷约束的重新创业样本中选择"非个体创业""个体创业"的百分比分别为45.0%、55.0%。受到信贷约束的重新创业样本中，选择"非个体创业""个体创业"的百分比分别为66.67%、33.33%。

2. 信贷约束影响重新创业农户组织形式选择分析

（1）模型和变量选择

本部分采用 Probit 模型分析农户信贷约束对其在两次创业组织形式选择的一致性影响。模型的因变量为两次组织形式选择的一致性，"一致"赋值为1，"不一致"赋值为0。解释变量为信贷约束，由于重新创业样本群体非常小，且无供给型信贷约束，因此，本研究仅就是否存在信贷对行业选择一致性的影响进行分析。控制变量包括三大类：人口特征（性别、年龄、受教育程度）、家庭因素（劳动力数量、农业收入占比、家庭年总收入）、风险意识因素（是否愿意提供抵押担保、财务风险态度）。变量的描述性统计结果如表 5-24 所示。

从样本农户基本情况来看，本次被访的重新创业样本中多数调查对象为男性，占重新创业总样本的 67.7%，女性受访者比例为 32.2%。被访问的重新创业样本平均年龄为 39.9 岁。61.3% 的被访问的重新创业样本受教育程度为初中及以下水平，另有 22.6% 的被调查者具备中职院校及以上学历。受访重新创业样本的家庭农业收入占比平均为 17.59%。受访重新创业样本的家庭年总收入平均为 4.5 万元。44% 的受访重新创业样本表示愿意提供抵押担保。

从被访问的重新创业个体行业选择一致性来看，53.8% 的样本选择了两次在同样的行业进行创业，另有 46.2% 的样本在两次创业中的行业选择不同。从个体是否受信贷约束来看，25.8% 的重新创业样本个体受到信贷约束，该信贷约束主要为需求型信贷约束。

表 5 - 24　变量的描述性统计结果

变量	因素分类	变量名称	平均值	标准差	最小值	最大值
因变量		创业组织形式选择一致性：0 = 不一致，1 = 一致	0.46	0.508	0	1
解释变量		是否受信贷约束，0 - 否，1 = 是	0.26	0.445	0	1
控制变量	人口特征	性别	0.32	0.475	0	1
		年龄	39.9	9.415	20	54
		受教育程度	3.55	1.387	1	6
	家庭因素	家庭年总收入	4.5	3.084	0.45	12.45
	风险意识因素	是否愿意提供抵押担保	0.44	0.496	1	1

（2）分析结果及解释

农户信贷约束对重新创业个体两次行业一致性的影响结果如表 5 - 25 所示，模型 χ^2 检验值为 477.16，Log likelihood = - 8.97，且 p 值小于 0.001，Pseudo R^2 = 0.4652，表明各变量提供的信息具备显著的解释能力。表 5 - 25 中亦呈现了农户信贷约束影响重新创业个体两次行业选择一致性的边际效应。

由表 5 – 25 可知，农户信贷约束对重新计划创业者两次组织形式选择一致性具有正向影响，但作用不显著。换言之，在信贷约束的影响下，重新计划创业者倾向于在两次创业中选择一致的组织形式，具体表现为，农户信贷约束从无到有，重新创业个体两次创业选择一致的组织形式的概率上升 20.33%。

表 5 – 25　信贷约束影响重新计划创业者两次行业选择一致性的分析结果

变量	系数	标准误	Z 值	95% 置信区间	
是否存在信贷约束	1.0764 (0.2033)	0.7633 (0.1370)	1.41 (1.48)	− 0.4197 (− 0.0651)	2.5725 (0.4717)
性别	− 0.8526	0.8758	− 0.97	− 2.5692	0.8640
年龄	− 1.8094**	0.8497	− 2.13	− 3.4749	− 0.1440
年龄平方项	0.0207**	0.0096	2.15	0.0019	0.0396
受教育程度	− 0.2482	0.2849	− 0.87	− 0.8066	0.3103
家庭年总收入	0.2015**	0.0982	2.05	0.0091	0.3939
是否愿意提供抵押担保	− 1.9374***	0.6796	− 2.85	− 3.2694	− 0.6055
东部地区	− 9.6273***	1.5960	− 6.03	− 12.7553	− 6.4993
西部地区	− 6.6951***	0.6435	− 10.4	− 7.9563	− 5.4338
常数项	46.6695	18.9516	2.46	9.5249	83.8140
Wald chi2	477.16***				
Pseudo R²	0.4652				
-Log likelihood	8.97				

注：＊$p < 0.1$，＊＊$p < 0.05$，＊＊＊$p < 0.01$。

人口特征因素中，性别对重新计划创业者两次组织形式选择的一致性具有负向影响，但作用不显著，表明男性更倾向于选择一致的组织形式进行创业。年龄与重新计划创业者两次组织形式选择一致性之间呈现倒 U 形关系，且在 5% 的统计水平上显著，反映了随着年龄的增加，个体在两次创业选择一致的组织形式的概率先上升后降低。受教育程度对重新计划创业者两次组织形式选择的一致性具有负向影响，但作用不显著。家庭因素中，家庭年总收入在5%的显著性统计水平上正向影响重新计划创业者两次选择一致的组织形式，即随着收入的增长，个体选择一致的组织形式的概率上升。风险意识特征中，是否愿意提供抵押担保在1%的显著性统计水平上负向影响重新计划创业者两次选择一致的组织形式。换言之，随着重新计划创业者提供抵押担保的意愿增强，选择不同的组织形式进行创业的概率随之增加。

六　信贷约束影响农户创业资金来源选择的实证分析

本部分主要分析农户受信贷约束与否以及需求型信贷约束、供给型信贷约束分别对农户创业资金来源选择的影响。在具体的研究对象上，本研究将个体按照首次计划创业个体、当前在创业个体、重新计划创业个体进行分类分析。关于农户创业资金来源的划分，根据资金具体来源将其划分为非正规渠道和正规渠道两种，以期通过分类分析，为优化不同个体创业行为提供针对性的参考建议。

（一）信贷约束对计划创业农户资金来源选择意愿的影响分析

1. 不同信贷约束下计划创业农户资金来源选择意愿现状

计划创业样本中，54.70%的样本农户选择从非正规渠道获取资金以实现创业，45.30%的样本农户选择从正规渠道获取资金以实现创业。分渠道比较受信贷约束个体所占的比重，计划从非正规渠道获取创业资金的个体中，67.48%的样本农户未受到信贷约束，29.45%的样本农户受到需求型信贷约束，仅有3.07%的样本农户受到供给型信贷约束。计划从正规渠道获取创业资金的个体中，56.30%的样本农户未受到信贷约束，39.26%的样本农户受到需求型信贷约束，仅有4.44%的样本农户受到供给型信贷约束。

2. 不同信贷约束对计划创业农户组织形式选择意愿的影响分析

(1) 模型与变量选择

本研究采用 Probit 模型分析农户信贷约束对计划创业者资金来源选择的影响，主要分析信贷约束对计划创业者资金来源的第一选择意愿。因变量为资金来源，"非正规渠道资金来源"赋值为 0，"正规渠道资金来源"赋值为 1。解释变量为信贷约束，其中信贷约束分总体信贷约束、需求型信贷约束、供给型信贷约束三方面进行具体考察。控制变量包括五大类：人口特征（性别、年龄、受教育程度）、家庭因素（耕地面积、家庭年总收入、社会网络规模）、金融资源（是否为联户担保小组成员、能否提供抵押担保、邻近正规金融机构数量、与最近金融机构距离、与金融机构关系程度）、风险意识（是否愿意提供抵押担保、财务风险态度）和区域虚拟变量（中部、西部）。样本的基本情况如表 5－26 所示。

5－26　变量的描述性统计结果

	分类	变量名称	平均值	标准差	最小值	最大值
因变量		创业资金来源选择： 0＝非正规渠道，1＝正规渠道	0.45	0.499	0	1
解释变量		是否受信贷约束（0＝否，1＝是）	0.37	0.485	0	1
		是否受需求型信贷约束（0＝否，1＝是）	0.34	0.473	0	1
		是否受供给型信贷约束（0＝否，1＝是）	0.04	0.194	0	1
控制变量	人口特征	性别	0.45	0.498	0	1
		年龄	40.06	9.124	16	54
		受教育程度	3.09	1.242	1	6
	家庭因素	耕地面积	2.91	3.100	0	28

续表

分类		变量名称	平均值	标准差	最小值	最大值
控制变量	家庭因素	家庭年总收入（万元）	4.64	2.842	0	21.3
		社会网络规模	0.23	0.536	0	3
	金融资源	是否为联户担保小组成员	0.04	0.186	0	1
		能否提供抵押担保	0.47	0.491	0	1
		邻近正规金融机构数量	2.13	1.379	0	7
		与最近金融机构距离	3.78	0.812	1	5
		与金融机构关系程度	2.11	0.796	1	5
	风险意识	是否愿意提供抵押担保	0.63	0.477	0	1
		财务风险态度	1.90	0.705	1	3

从样本农户基本情况来看，本次被访样本中半数以上调查对象为男性，占总计划创业样本的55.0%，女性受访者比例为45.0%。被访样本平均年龄为约40岁。71.0%的被访样本受教育程度为初中及以下水平，另有13.0%的被调查者具备中职院校及以上学历。54.7%的样本农户家庭拥有2个劳动力，21.2%的样本农户拥有3个劳动力，另有13.7%的样本农户拥有4个劳动力。受访样本的家庭农业收入占比平均为13.90%。受访样本的家庭总收入平均为4.64万元。4%的受访样本为联户担保小组成员。73.3%的计划创业样本农户表示与金融机构关系"非常疏远"和"比较疏远"，有21.5%的计划创业样本农户表示与金融机构的关系"一般"，仅有5.2%的计划创业样本农户表示与金融机构的关系"比较密切"。63%的受访样本表示愿意提供抵押担保。30.0%的受访样本表示从正规金融机构借贷无风险，49.5%的样本表示借贷存在风险，但风险在自己可承受范围之内，仅有20.5%的受访样本表示从正规金融机构借贷存在较大的风险，且超出自己的能力承受范围。

从个体是否受信贷约束、是否受需求型约束、是否受供给型约束的特征来看，37.5%的计划创业样本受到信贷约束，其中受需求型信贷约束的样本农户占计划创业总样本的33.6%，另有3.9%的计划创业样本受供给型信贷约束。

（2）分析结果及解释

农户信贷约束对计划创业个体资金来源选择意愿的影响如表 5 - 27 所示，模型 χ^2 检验值分别为 39.96、39.76、40.12，Log likelihood 的值分别为 - 184.54、- 184.59、- 185.21，且 p 值均小于 0.001，Pseudo R^2 的值分别为 0.1008、0.1006、0.0976，表明各变量提供的信息具备显著的解释能力。表 5 - 27 中亦呈现了农户信贷约束影响计划创业个体资金来源选择意愿的边际效应。

表 5 - 27　农户信贷约束对计划创业者资金来源选择影响分析结果

变量	C 模型		C - D 模型		C - S 模型	
	系数	Z 值	系数	Z 值	系数	Z 值
信贷约束	0.1917 (0.0677)	1.17 (1.18)	0.1882 (0.0665)	1.12 (1.13)	0.0585 (0.0207)	0.14 (0.14)
性别	0.3377**	2.08	0.3388**	2.08	0.3289	2.04
年龄	0.0240**	2.37	0.0241**	2.38	0.0248	2.44
受教育程度	0.0610	0.80	0.0585	0.77	0.0623	0.82
耕地面积	0.0487*	1.90	0.0486*	1.90	0.0494	1.9
家庭年总收入	- 0.0790**	- 2.49	- 0.0785**	- 2.48	- 0.0781	- 2.46
社会网络规模	- 0.3201*	- 1.74	- 0.3260*	- 1.77	- 0.3194	- 1.74
是否为联户担保小组成员	- 0.1850	- 0.44	- 0.1727	- 0.41	- 0.1449	- 0.34
能否提供抵押担保	0.1624	0.96	0.1692	0.99	0.1787	1.04
邻近正规金融机构数量	- 0.0980*	- 1.75	- 0.0946*	- 1.70	- 0.0932*	- 1.71
与最近金融机构距离	- 0.0572	- 0.59	- 0.0556	- 0.58	- 0.0613	- 0.64
与金融机构关系程度	0.1343	1.29	0.1381	1.32	0.1156	1.13
是否愿意提供抵押担保	0.3666**	2.03	0.3717**	2.07	0.4012	2.23
财务风险态度	- 0.1266	- 1.16	- 0.1293	- 1.18	- 0.1173	- 1.07
中部地区	- 0.1234	- 0.37	- 0.1267	- 0.38	- 0.1046	- 0.31
西部地区	0.1134	0.43	0.1206	0.46	0.1441	0.56
常数项	- 1.2077	- 1.36	- 1.2239	- 1.38	- 1.2015	- 1.36
Wald chi2	39.96***		39.76***		40.12***	

变量	C 模型		C－D 模型		C－S 模型	
	系数	Z 值	系数	Z 值	系数	Z 值
Pseudo R^2	0.1008		0.1006		0.0976	
-Log likelihood	184.54		184.59		185.21	

注：① $*p<0.1$，$**p<0.05$，$***p<0.01$；②总体约束（C）模型、需求型信贷约束（C－D）模型、供给型信贷约束（C－S）模型中的 C^* 变量分别表示是否受到约束、是否受到需求型约束、是否受到供给型约束变量。

就整体信贷约束而言，存在信贷约束对个体选择从"正规渠道"获得资金具有正向影响。从具体约束类型来看，无论是需求型信贷约束还是供给型信贷约束，均对个体选择从"正规渠道"获得资金用以创业产生正向影响，具体表现为：信贷约束从无到有，个体选择从"正规渠道"获得资金帮助创业的概率上升 6.77%；而需求型信贷约束从无到有，个体选择从"正规渠道"获得资金帮助创业的概率上升 6.65%；供给型信贷约束从无到有，个体选择从"正规渠道"获得资金帮助创业的概率上升 2.07%。

控制变量中，家庭年总收入、社会网络规模、邻近正规金融机构数量对资金选择产生显著的负向影响，即这些因素显著地抑制了农户从正规金融机构获取贷款的行为。此外，是否为联户担保小组成员和与最近金融机构距离对农户获取资金的途径产生了负向影响，虽然不显著，但反映了两个问题，一是联户担保小组成员的资格并不能使农户更容易地获得正规金融机构贷款资金，那么联户担保小组运行的机制和效率问题就值得深思；二是与邻近正规金融机构距离越近，越会负向影响农户从正规金融机构获取贷款，即离正规金融机构距离越近，农户个体对金融机构的认知越有可能抑制其从正规金融获取贷款的行为。在农村，人与人之间的信息传递是当期主要的信息传递机制，而该信息传递机制最有可能产生偏差，信息传递越宽泛，偏差就会越大，在"有限理性"下，处于风险规避状态的大多数农户采取了"用脚投票"的方式进行选择。

（二）信贷约束对在创业农户资金来源选择行为的影响分析

1. 不同信贷约束下在创业农户资金来源选择现状描述

在创业样本中，86.87%的样本农户选择从非正规渠道获取资金以支持当前的创业现状，仅有 13.13%的样本农户当前是从正规渠道获取资金支持当前创业状况的（与郝朝燕 2012 年的研究发现一致）。分渠道比较受信贷约束个体比重，从非正规渠道获得创业支持资金的个体中，66.73%的样本农户未受到信贷约束，26.82%的样本农户受到需求型信贷约束，另有 6.45%的样本农户受到供给型信贷约束。从正规渠道获得创业支持和发展资金的个体中，70.67%的样本农户未受到信贷约束，16.22%的样本农户受到需求型信贷约束，仅有 13.11%的样本农户受到供给型信贷约束。

2. 信贷约束影响在创业农户资金来源选择行为分析

（1）模型和变量选择

本研究采用 Probit 模型分析农户信贷约束对在创业者资金来源选择的影响，主要分析信贷约束对在创业者资金来源的第一选择。因变量为资金来源，"非正规渠道资金来源"赋值为 0，"正规渠道资金来源"赋值为 1。解释变量为信贷约束，其中信贷约束分总体信贷约束、需求型信贷约束、供给型信贷约束三方面进行具体考察。控制变量包括五大类：人口特征（性别、年龄、受教育程度）、家庭因素（耕地面积、家庭年总收入、社会网络规模）、金融资源（是否为联户担保小组成员、能否提供抵押担保、邻近正规金融机构数量、与最近金融机构距离、与金融机构关系程度）、风险意识（是否愿意提供抵押担保、财务风险态度）和区域虚拟变量（中部、西部）。在创业样本的基本情况如表 5－28 所示。

从样本农户基本情况来看，本次被访在创业样本中半数以上调查对象为男性，占在创业总样本的 61.1%，女性受访者比例为 38.9%。被访在创业样本平均年龄为 41.5 岁。75.2%的被访样本受教育程度为初中及以下水平，另有 8.8%的被调查者具备中职

表 5 – 28 变量的描述性统计结果

变量	因素分类	变量名称	平均值	标准差	最小值	最大值
因变量		创业资金来源选择： 0 = 非正规渠道，1 = 正规渠道	0.13	0.338	0	1
解释变量		是否受信贷约束	0.32	0.469	0	1
		是否受需求型信贷约束	0.25	0.435	0	1
		是否受供给型信贷约束	0.07	0.259	0	1
工具变量		与金融机构信用关系程度	2.6	1.007	1	5
		最近金融机构距离	4.03	0.797	1	5
控制变量	人口特征	性别	0.39	0.488	0	1
		年龄	41.5	7.892	17	54
		受教育程度	3.04	1.047	1	6
	家庭因素	耕地面积	3.2	5.377	0	63
		家庭年总收入（万元）	6.65	4.061	0.13	21.3
	金融资源	社会网络规模	0.29	0.593	0	4
		能否提供抵押担保	0.64	0.477	0	1
	风险意识	是否愿意提供抵押担保	0.66	0.468	0	1
		财务风险态度	1.76	0.573	1	3

院校及以上学历。57.4% 的在创业样本农户家庭拥有 2 个劳动力，16.8% 的样本农户拥有 3 个劳动力，另有 18.0% 的样本农户拥有 4 个劳动力。受访在创业样本的家庭农业收入占比平均为 15.38%。受访在创业样本的家庭总收入平均为 6.65 万元。52.9% 的在创业样本农户表示与金融机构关系"非常疏远"和"比较疏远"，有 25.3% 的在创业样本农户表示与金融机构的关系"一般"，仅有 2.7% 的在创业样本农户表示与金融机构的关系"非常密切"。15.2% 的在创业样本农户表示与最近的金融机构距离"非常远"和"比较远"，有 59.4% 的在创业样本农户表示与最近的金融机构距离"比较近"，另有 25.3% 的在创业样本农户表示与最近的金融机构距离"非常近"。66% 的受访在创业样本表示愿意提供抵押担保。30.8% 的受访在创业样本表示从正规金融机构借贷无

风险，61.5%的样本表示借贷存在风险，但风险在自己可承受范围之内，仅有7.7%的受访在创业样本表示从正规金融机构借贷存在较大的风险，且超出自己能力的承受范围。这表明创业个体偏向承担风险，具有较好的风险管理能力。

从被访问的创业个体资金来源选择构成特征来看，86.9%的样本农户选择了非正规渠道资金来源，13.1%的样本农户选择了正规渠道资金来源。从个体是否受信贷约束、是否受需求型约束、是否受供给型约束的特征来看，32.5%的创业样本个体受到信贷约束，其中受需求型信贷约束的样本农户占总体在创业样本的25.3%，另有7.2%的在创业样本个体受到供给型信贷约束。

（2）分析结果及解释

由表5-29可知，首先，两个模型的回归系数存在显著差异；其次，rho是随机误差项的系数，显著异于0，判断为内生，反之则为外生变量；最后，Wald test of exogeneity 结果在5%的显著性水平上拒绝了原假设，即模型存在内生性。综合表明，Probit模型存在内生关系，因此采用IV-Probit模型的结果进行解释。

是否存在信贷约束、是否存在需求型信贷约束均在1%的显著性统计水平上对农户资金来源选择产生负向影响，即在信贷约束尤其在需求型信贷约束的影响下，在创业个体选择"非正规渠道"资金来源的概率上升。受供给型信贷约束在1%的显著性统计水平上对农户资金来源选择产生正向影响，即在供给型信贷约束影响下，在创业个体选择"正规渠道"资金来源的概率上升。

表5-29　信贷约束影响在创业者资金来源选择分析结果

变量	Probit 模型			IV-Probit 模型		
	C 模型	C-D 模型	C-S 模型	C 模型	C-D 模型	C-S 模型
信贷约束	-0.0914	-0.2650	0.2719	-2.1620***	-2.2800***	3.9864***
性别	0.0329	0.0369	0.0403	0.0593	0.0956	0.0612
年龄	0.0058	0.0075	0.0025	0.0603	0.0514	-0.0204
年龄平方项	-0.0001	-0.0001	0.0000	-0.0007	-0.0006	0.0003

续表

变量	Probit 模型			IV-Probit 模型		
	C 模型	C - D 模型	C - S 模型	C 模型	C - D 模型	C - S 模型
受教育程度	- 0. 0622	- 0. 0654	- 0. 0694	- 0. 0410	- 0. 0101	- 0. 0857*
家庭耕地面积	0. 0072	0. 0079	0. 0065	0. 0147*	0. 0128*	- 0. 0052
家庭年总收入对数	- 0. 4205	- 0. 3824	- 0. 3810	0. 0881	0. 3170	0. 4354
家庭收入对数平方项	0. 0205	0. 0184	0. 0176	- 0. 0009	- 0. 0169	- 0. 0301
社会网络规模	0. 0002	0. 0088	0. 0118	- 0. 0380	- 0. 0373	0. 1290
能否提供抵押担保	0. 4362***	0. 4218***	0. 4453***	- 0. 0834	- 0. 0209	0. 0767
是否愿意提供抵押担保	0. 1070	0. 1128	0. 0656	0. 4141***	0. 2793**	- 0. 2795***
财务风险态度	- 0. 2529*	- 0. 2510*	- 0. 2459*	- 0. 0996	- 0. 1118	0. 0085
中部	0. 5618	0. 5320	0. 5138	0. 2388	0. 1722	- 0. 1852
西部	1. 4115***	1. 3692***	1. 3729***	0. 3086	0. 2212	- 0. 3114
常数项	- 0. 0203	- 0. 1506	- 0. 0444	- 2. 0300	- 2. 5909	- 0. 8348
LR/ Wald chi2	39. 56***	34. 89***	41. 37***	934. 45***	608. 95***	504. 95***
Pseudo R²	0. 1218	0. 1261	0. 1240	–	–	–
-Log likelihood	195. 04	194. 08	194. 55	550. 77	510. 78	205. 77
rho	–	–	–	0. 9856	0. 9461	0. 9877
sigma	–	–	–	0. 4575	0. 4266	0. 2503
Wald test of exogeneity (/athrho =0)：chi2（1）	–	–	–	5. 72**	8. 63***	6. 89***

注：①$* p < 0.1$，$** p < 0.05$，$*** p < 0.01$；②总体约束（C）模型、需求型信贷约束（C - D）模型、供给型信贷约束（C - S）模型中的 C^* 变量分别表示是否受到约束、是否受到需求型约束、是否受到供给型约束变量。

（三）信贷约束对重新创业农户资金来源选择一致性的影响分析

1. 受不同信贷约束的重新创业农户资金来源选择现状描述

从被访问的重新创业个体行业选择的一致性来看，两次均做出回答的样本共 26 个。其中 37.5% 的样本选择了两次有同样的资金选择来源，另有 62.5% 的样本在两次创业中的资金来源选择不同。从个体是否受信贷约束来看，25.8% 的重新创业样本个体受到信贷约束，其中该信贷约束主要为需求型信贷约束。

2. 信贷约束对重新创业农户资金来源选择的影响

（1）模型和变量选择

本部分采用 Probit 模型分析农户信贷约束为其两次创业资金来源选择的一致性影响。模型的因变量为两次资金来源选择的一致性，"一致"赋值为 1，"不一致"赋值为 0。解释变量为信贷约束，由于重新创业样本群体非常小，且无供给型信贷约束，因此，本研究仅就是否存在信贷对资金选择一致性的影响进行分析。控制变量包括四类：人口特征、家庭因素、金融资源、风险意识。重新计划创业个体的基本情况如表 5 - 30 所示。

表 5 - 30　变量的描述性统计结果

变量	因素分类	变量名称	平均值	标准差	最小值	最大值
因变量		创业资金来源选择： 一致 = 1，不一致 = 0	0.63	0.490	0	1
解释变量		是否受信贷约束： 否 = 0，是 = 1	0.26	0.445	0	1
控制变量	人口特征	性别	0.32	0.475	0	1
		年龄	39.9	9.415	20	54
		受教育程度	3.55	1.387	1	6
	家庭因素	家庭年总收入（万元）	4.5	3.084	0.45	12.45
		社会网络关系强度	0.32	0.599	0	2
	金融资源	是否能够提供抵押担保	0.47	0.499	0	1
		邻近正规金融机构数量	2.45	1.748	1	7
		与最近金融机构距离	3.93	1.031	1	5
		与金融机构关系程度	2.23	0.920	1	4
	风险意识	是否愿意提供抵押担保	0.44	0.496	0	1
		财务风险态度	1.83	0.635	1	3

从样本农户基本情况来看，本次被访的重新创业样本中多数调查对象为男性，占重新创业总样本的 67.7%，女性受访者比例

为 32.2%。被访问的重新创业样本平均年龄为约 40 岁。61.3%
的被访问的重新创业样本受教育程度为初中及以下水平，另有
22.6% 的被调查者具备中职院校及以上学历。受访重新创业样本
的家庭总收入平均为 4.5 万元。64.5% 的重新创业样本表示与金
融机构关系"非常疏远"和"比较疏远"，仅有 9.7% 的重新创
业样本农户表示与金融机构的关系"比较密切"。16.2% 的在创
业样本农户表示与最近的金融机构距离"非常远"和"比较远"，
有 25.8% 的在创业样本农户表示与最近的金融机构距离"非常
近"。47% 的受访重新创业样本表示能够提供抵押担保。29.0%
的受访重新创业样本表示从正规金融机构借贷无风险，58.1% 的
重新创业样本表示借贷存在风险，但风险在自己可承受范围之
内，仅有 12.9% 的受访重新创业样本表示从正规金融机构借贷存
在较大的风险，且超出自己能力的承受范围。44% 的受访重新创
业样本表示愿意提供抵押担保。

（2）分析结果及解释

农户信贷约束对重新创业个体资金来源选择一致性的影响如
表 5-31 所示，模型 χ^2 检验值为 316.63，Log likelihood 的值为 -
9.01，且 p 值小于 0.001，Pseudo R^2 的值为 0.5432，表明各变量
提供的信息具备显著的解释能力。表 5-31 中亦呈现了农户信贷
约束影响重新创业个体资金来源选择一致性的边际效应。

**表 5-31　信贷约束影响重新计划创业者两次
资金来源选择一致性分析结果**

变量	系数	标准误	Z 值	95% 置信区间	
是否存在信贷约束	2.4937* (0.4180**)	1.4089 (0.1727)	1.77 (2.42)	-0.2677 (0.0795)	5.2551 (0.7565)
性别	0.2098	0.8967	0.23	-1.5477	1.9673
年龄	-0.1727*	0.0894	-1.93	-0.3480	0.0026
受教育程度	-1.0986	0.6671	-1.65	-2.4061	0.2090
家庭年总收入	0.3560	0.2177	1.64	-0.0706	0.7827
社会网络规模	-3.5237*	2.0808	-1.69	-7.6020	0.5546

变量	系数	标准误	Z 值	95％置信区间	
是否愿意提供抵押担保	-1.1309	1.0996	-1.03	-3.2860	1.0243
财务风险态度	1.3844	1.0429	1.33	-0.6596	3.4284
能否提供抵押担保	3.2893**	1.6331	2.01	0.0885	6.4900
邻近正规金融机构数量	0.5665**	0.2828	2.00	0.0122	1.1208
与最近金融机构距离	2.8469**	1.2818	2.22	0.3346	5.3593
与金融机构关系程度	1.4402**	0.6651	2.17	0.1366	2.7438
中部地区	-6.7884**	2.9348	-2.31	-12.5405	-1.0363
西部地区	-6.8387***	2.2060	-3.1	-11.1623	-2.5151
常数项	-4.9509	5.5471	-0.89	-15.8231	5.9213
Wald chi（12）	316.63***				
Pseudo R^2	0.5432				
-Log likelihood	9.01				

注：① $* p < 0.1$，$** p < 0.05$，$*** p < 0.01$；②括号内为边际效应分析结果。

信贷约束在 10％ 的显著性统计水平上对个体两次创业选择一致的资金渠道产生正向影响。具体表现为：信贷约束从无到有，个体两次创业选择一致的资金渠道的概率在 5％ 的显著性统计水平上上升 41.80％。

值得注意的是，控制变量中性别、能否提供抵押担保、邻近金融机构数量、与最近金融机构距离、与金融机构关系程度分别在 10％、5％、5％、5％、5％ 的显著性统计水平上正向影响个体两次创业选择一致的资金渠道。社会网络规模在 10％ 的显著性统计水平上负向影响个体两次创业选择一致的资金渠道。相较于东部地区农户，中部和西部地区的重新创业个体分别在 5％、1％ 的显著性统计水平上倾向于从不同资金来源渠道获得资金。

七　本章小结

本章主要围绕首次计划创业个体、当前在创业个体、重新计划创业个体展开分类分析，剖析总体信贷约束、需求型信贷约束、供给型信贷约束分别对农户创业行业、创业组织形式、创业资金来源选择的影响。在具体方法上，一是采用多元 Logistic 模型分析信贷约束对农户计划创业过程中行业意愿选择的影响；二是运用 Probit 模型和 IV-Probit 模型对比分析创业者的行业、组织形式、资金来源选择；三是采用 Probit 模型研究农户所受的信贷约束对计划创业个体组织形式和资金来源选择意愿，以及重新计划创业者在两次创业选择过程中行业、组织形式、资金来源选择的一致性。基于本章分析，形成如下结论。

（1）信贷约束与农户创业之间存在内生性关系；信贷约束的缓解能够有效地促进农户创业，其中对"继续创业""计划创业"的正向促进作用显著。

（2）从计划创业者行业选择看，总体信贷约束从无到有使计划创业者选择"种养殖""农业生产服务""批发零售""居民生活服务""建筑制造"行业的概率分别上升了 0.01%、0.8%、2.18%、6.23%、3.43%，而使计划创业个体选择"餐饮"行业的概率下降了 12.65%。其中，需求型信贷约束从无到有使计划创业者选择"农业生产服务""批发零售""居民生活服务""建筑制造"行业的概率分别上升了 0.79%、2.51%、8.56%、3.23%，而使计划创业个体选择"种养殖""餐饮"行业的概率下降了 1.73%、13.37%；供给型信贷约束从无到有使计划创业者选择"种养殖""农业生产服务""批发零售""建筑制造""餐饮"行业的概率分别上升了 58.57%、15.15%、34.60%、15.50%、29.89%，而使计划创业个体选择"居民生活服务"行业的概率下降了 153.71%。从组织形式选择来看，总体信贷约束对计划创业个体组织形式选择意愿产生负向影响，但作用不显著，影响程度表现为，信贷约束从无到有，计划创业个体选择"个体创业"组织形式的意愿下降 0.74%。其中，需求型信贷约束对计划创业个体组织形式选择意愿产生负向影响，但作用不显著，影响程度表现为，信贷约束从无到有，计划创业个体选择"个体创业"组织形式的意愿下降

2.57%。从资金来源选择来看，就总体信贷约束而言，存在信贷约束对个体选择从"正规渠道"获得资金帮助创业具有正向影响，其影响程度为，信贷约束从无到有，个体选择从"正规渠道"获得资金帮助创业的概率上升6.77%。从具体约束类型来看，无论是需求型信贷约束还是供给型信贷约束，均对个体选择从"正规渠道"获得资金帮助创业具有正向影响。其中，需求型信贷约束从无到有，个体选择从"正规渠道"获得资金帮助创业的概率上升6.65%；供给型信贷约束从无到有，个体选择从"正规渠道"获得资金帮助创业的概率上升2.07%。

（3）从创业者行业选择行为来看，总体信贷约束在1%的显著性统计水平上对创业个体选择"种养殖""居民生活服务""建筑制造""餐饮"行业的行为产生正向影响，对个体选择"农业生产服务""批发零售"行业的行为产生正向影响。从创业组织形式选择行为来看，总体信贷约束在10%的显著性统计水平上与在创业个体组织形式选择正相关，影响程度表现为，农户信贷约束从无到有，在10%的显著性统计水平上农户选择"个体创业"的可能性提高4.13%。其中，需求型信贷约束在5%的显著性统计水平上与在创业个体组织形式选择正相关；而供给型信贷约束与在创业个体组织形式选择负相关，但其影响不显著。具体表现为，农户需求型信贷约束从无到有，在5%的显著性统计水平上农户选择"个体创业"组织形式的可能性提高6.06%；农户供给型信贷约束从无到有，农户选择"非个体创业"的可能性提高2.18%。从资金来源选择行为来看，总体信贷约束、需求型信贷约束均在1%的显著性统计水平上对农户资金来源选择产生负向影响，供给型信贷约束在1%的显著性统计水平上对农户资金来源选择产生正向影响。

（4）从重新创业者行业选择一致性来看，农户信贷约束对重新计划创业者两次行业选择的一致性具有正向影响，但作用不显著，具体表现为，信贷约束从无到有，重新创业个体选择一致行业的概率上升18.41%。从组织形式选择的一致性来看，农户信贷约束对重新计划创业者两次组织形式选择的一致性产生正向影响，但作用不显著，具体表现为，农户信贷约束从无到有，重新创业个体两次创业选择一致的组织形式的概率上升 20.33%。从资金来源选择一致性来看，总体信贷约束在 10% 的显著性统计水平上对个体两次创业选择一致的资金渠道具有正向影响，影响程度为，总体信贷约束从无到有，个体两次创业选择一致的资金渠道的概率在 5% 的显著性统计水平上上升 41.80%。

▶ 第六章
收入质量与信贷约束交互作用对
农户创业选择的影响分析

基于第四章的分析可知，首先，收入质量作为农户参与经济活动能力的客观反映（创业能力）对农户决策是否创业，以及创业的具体行业、组织形式、资金来源选择具有显著的影响，且不同水平的收入质量与不同维度的收入质量的作用方向与大小存在差异。其次，基于第五章的论证可知，信贷约束作为分析农户创业过程中资金资源受限的重要变量对农户决策是否创业以及创业的具体行业、组织形式、资金来源选择具有显著的影响，且不同类型的信贷约束下农户具体的创业决策以及现状存在差异。本章将在前文基础上进一步论证农户收入质量与信贷约束交互作用对个体创业选择具体行业、组织形式、资金来源的影响。

一　分析

本研究考虑一个决策时期内农户的创业选择问题，因此借鉴由 Evans 和 Jovanovic（1989）提出的信贷约束下居民创业的静态模型分析创业能力与信贷约束下的农户创业选择决策。

（1）非创业者与创业者收入分析

在决策初期，农户需要考虑是选择创业还是不选择创业。如果农户不选择创业，则其维持生计的收入为 y_w，具体的函数表达式为：

$$y_w = \mu \cdot x_1^{\gamma_1} \cdot x_2^{\gamma_2} \cdot x_3^{\gamma_3} \cdot x_4^{\gamma_4} \tag{6-1}$$

式（6-1）中，x_1 代表技能投入，x_2 代表劳动力投入，x_3 代表土地投入，γ_1，γ_2，γ_3，γ_4 分别是各项投入的产出弹性；μ 是常数。

在决策初期，如果农户选择创业，通过一个时期内的付出和努力，则该农户可以获得创业收入 y_e，具体的函数表达式为：

$$y_e = e \cdot k^{\alpha} \cdot \varepsilon \qquad (6-2)$$

式（6-2）中 e 代表创业者能力，在该理论模型中，我们假设 e 与 μ 不相关；[①] k 代表创业投入资本金；α 为资本回报率，[②] 且 $\alpha \in (0, 1)$；ε 是独立误差项，反映了独立可识别分布的生产力振动（productivity shock），换句话说，ε 是影响创业者收入不可识别的因素。

（2）借贷资本量引入分析

创业开始之后，农户投入的资金会伴随着创业活动的发展而逐步增加。假设创业者拥有的初始财富水平为 z，贷款利率为 r，[③] 这时，创业者为了保证其资本投入水平 k，就需要获得（$k-z$）的贷款数额。那么，考虑贷款之后，创业者的利润函数为：

$$\pi = y_e - (1+r) \cdot (k-z) \qquad (6-3)$$

式（6-3）中，若 $k > z$，则该创业者是个净负债者，无论创业成败，该创业者都不能违约，$(1+r) \cdot (k-z)$ 是该时期结束内创业者需要偿还的贷款数额。

（3）创业投入资金约束分析

考虑到创业者能力和财富差异问题，金融机构从两方面考察放贷额度，一是能力，即其他人对创业者投资成功的信心，反映了该创业者所建立的社会信用度；二是初始财富水平，即偿还贷

---

① 若 e 与 μ 正（或负相关），则表明流动性约束在现实研究中比较小（或大）的重要性。也就是说，那些拥有很多（或少）已积累的具有充足的启动资金的高（或低）工资人员更倾向于成为创业者。

② 伊万斯和约万诺维奇（1989）指出在同等资本水平上，创业者能力越强，获得的边际产品与资本边际回报率则越高。

③ 本研究假设，贷款利率对所有人都一样，不存在差异性。

款的经济实力。综合考虑这两个方面后具体放贷。基于此，本研究用 λ 来表示创业者通过财富可获得贷款的借贷系数，那么可获得的最多数量的贷款数额可表示为 $\lambda \cdot z$。[①] 这时，创业者所需的投入资金 k 则面临如下约束：

$$0 \leqslant k \leqslant \lambda z \qquad (6-4)$$

式（6-4）中，λ 满足条件：$\lambda \geqslant 0$，且对所有贷款个体无差异；λz 为可获得的最大外部融资额度。该约束表明创业者可支配的最大资本金额度；同时，为了简化问题，在此本研究假设借贷利率相等。

（4）创业者投入决策收益分析

本研究假设创业者是风险中立的，虽然创业者对自己的能力足够了解，但创业是有风险的，对未来的收益是无法提前预知的。因此，对于个体而言，追求净收益最大化：

$$\max_{k \in [0, \lambda z + b]} [e \cdot k^{\alpha} + r (z - k)] \qquad (6-5)$$

其一阶优化条件为：

$$e \cdot \alpha \cdot k^{\alpha - 1} - r = 0 \qquad (6-6)$$

从而得到最优的资本投资额的表达式为：

$$k^{*} = \left(\frac{e \cdot \alpha}{r} \right)^{1/(1-\alpha)} \qquad (6-7)$$

由式（6-4）创业者面临的资金借贷约束可知：

$$0 \leqslant \left(\frac{e \cdot \alpha}{r} \right)^{1/(1-\alpha)} \leqslant \lambda \cdot z \qquad (6-8)$$

（5）创业能力与信贷约束下的农户选择创业条件

一是无信贷约束下的农户选择创业条件。当 $k^{*} \leqslant \lambda z$ 时，由

[①] 在现实的金融市场环境中，借贷水平不仅取决于财富水平，还包括其他因素如以往创业经历、创业规模、创业者以往信用记录（Ando, 1985），但本研究中涉及的创业者大部分是初次创业，因此，暂不考虑除财富以外的其他因素。

式（6-7）可知，最优资本量与创业能力呈正向关系，因此创业能力为：$e \leqslant (\lambda z)^{1-\alpha} \cdot \dfrac{r}{\alpha}$，进而农户获得的创业收入可表示如下：

$$y_e = \begin{cases} e^{1/1-\alpha} \left(\dfrac{\alpha}{r} \right)^{\alpha/1-\alpha}, & e \leqslant (\lambda z)^{\alpha/1-\alpha} \\ e (\lambda z)^{\alpha}, & e > (\lambda z)^{\alpha/1-\alpha} \end{cases} \quad (6-9)$$

这时，农户决策是否创业需要对创业收入与不选择创业情况下获得的生计收入进行比较，即：

$$\max_{k \in [0, \lambda z + b]} [e \cdot k^{\alpha} + r (z-k)] \geqslant \mu \cdot x_1^{\gamma_1} \cdot x_2^{\gamma_2} \cdot x_3^{\gamma_3} \cdot x_4^{\gamma_4} + rz \quad (6-10)$$

由此可知，当个体的创业收入不低于工资性收入，且个体拥有一定的创业能力时，才会选择创业。换言之，需满足：

$$e^{1/1-\alpha} \left(\frac{\alpha}{r} \right)^{\alpha/1-\alpha} + rz - r \left(\frac{e\alpha}{r} \right)^{\frac{1}{1-\alpha}} \geqslant \mu \cdot x_1^{\gamma_1} \cdot x_2^{\gamma_2} \cdot x_3^{\gamma_3} \cdot x_4^{\gamma_4} + rz \ (6-11)$$

这时，$e \geqslant \dfrac{(\mu \cdot x_1^{\gamma_1} \cdot x_2^{\gamma_2} \cdot x_3^{\gamma_3} \cdot x_4^{\gamma_4})^{1-\alpha}}{(1-\alpha)^{(1-\alpha)} \left(\dfrac{\alpha}{r} \right)^{\alpha}}$，因此，无信贷约束下农户个体选择创业的条件是：

$$\frac{(\mu \cdot x_1^{\gamma_1} \cdot x_2^{\gamma_2} \cdot x_3^{\gamma_3} \cdot x_4^{\gamma_4})^{1-\alpha}}{(1-\alpha)^{(1-\alpha)} \left(\dfrac{\alpha}{r} \right)^{\alpha}} \leqslant e \leqslant (\lambda z)^{\alpha/1-\alpha} \quad (6-12)$$

式（6-12）表示，农村个体在不受信贷约束的情形下，需要具有一定的初始财富用于创业初始投资，但最优投资量需要在其财富范围内，由此限定了个体创业能力的发挥空间。基于式（6-12），可推导出实现创业的个人财富最优值 z^* 与实现创业所要求的最低创业能力 e^*，具体如下：

$$z^* = \left[\frac{(\mu \cdot x_1^{\gamma_1} \cdot x_2^{\gamma_2} \cdot x_3^{\gamma_3} \cdot x_4^{\gamma_4}) / r}{(1-\alpha)^{\alpha}} \right] \frac{1}{\lambda} \quad (6-13)$$

$$e^* = \frac{(\mu \cdot x_1^{\gamma_1} \cdot x_2^{\gamma_2} \cdot x_3^{\gamma_3} \cdot x_4^{\gamma_4})^{1-\alpha}}{(1-\alpha)^{(1-\alpha)} \left(\dfrac{\alpha}{r} \right)^{\alpha}} \quad (6-14)$$

二是信贷约束下选择创业条件。当 $k^* > \lambda z$，创业能力为 $e > (\lambda z)^{\alpha/1-\alpha}$，这时农户个体对创业收入与不选择创业情况下获得的生计收入进行比较，即：

$$e(\lambda z)^{\alpha} + rz - r(\lambda z) \geqslant \mu \cdot x_1^{\gamma 1} \cdot x_2^{\gamma 2} \cdot x_3^{\gamma 3} \cdot x_4^{\gamma 4} + rz \qquad (6-15)$$

即需要满足：

$$e \geqslant (\mu \cdot x_1^{\gamma 1} \cdot x_2^{\gamma 2} \cdot x_3^{\gamma 3} \cdot x_4^{\gamma 4})(\lambda z)^{-\alpha} + r(\lambda z)^{1-\alpha} \qquad (6-16)$$

因此，受信贷约束情况下，个体选择是否创业的条件是：

$$e > \max\left\{(\lambda z)^{\alpha/1-\alpha}, (\mu \cdot x_1^{\gamma 1} \cdot x_2^{\gamma 2} \cdot x_3^{\gamma 3} \cdot x_4^{\gamma 4}) \cdot (\lambda z)^{-\alpha} + r(\lambda z)^{1-\alpha}\right\}$$
$$(6-17)$$

式（6-17）表示，在信贷约束情形下，农户个体拥有一定的初始财富用于创业初始投资，但最优投资量超出其可获得的最大贷款额度范围，因此创业个体需要具备最优投资规模，且要高于一般的获得生计收入的能力。

同时，当 $e > (\lambda \cdot z)^{\frac{\alpha}{(1-\alpha)}}$ 创业者可获得最大资本量 $k = \lambda z$，个体在最低收入比较下选择创业的能力曲线 $h(z)$ 以及个体创业能力与初始资本的关系曲线 $g(z)$ 如下：

$$h(z) = \frac{y_w + r(\lambda z)}{(\lambda z)^{\alpha}} \qquad g(z) = (\lambda z)^{1-\alpha} \cdot \left(\frac{r}{\alpha}\right) \qquad (6-18)$$

三是个体选择创业的具体变化。个体是否选择创业以及在信贷约束下的创业受到很多因素的影响，例如创业能力、家庭财富、信贷额度、劳动力数量、专业技术以及不选择创业情况下的劳动报酬。

首先，在给定的资产水平 z 下，随着创业能力 e 的变化，若农户选择创业，则会存在以下两种不同的决策变化结果。

当 $z > z^*$ 时，农户经历不选择创业→选择创业（不受信贷约束）→创业受到信贷约束的变化过程，即图 6-1 中 P 点运动轨迹：$P \rightarrow P' \rightarrow P''$。

当 $z < z^*$ 时，农户则会经历不选择创业→创业受到信贷约束的变化过程，即图 6 - 1 中 M 点的运动轨迹：$M{\to}M'$。

以上两种变化过程具体如图 6 - 1 所示。斜线部分是受信贷约束的区域。

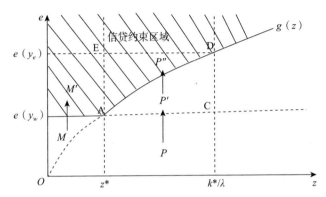

图 6 - 1 给定资产水平 z、创业能力 e 的变化情形下农户选择创业的变化

其次，在给定的创业能力 e 下，随着初始财富值 z 的增大，若农户选择创业，则会存在以下两种路径变化。

当 $e \leqslant e^*$ 时，农户不会选择创业，因为自知创业能力不够，无法达到最低创业能力要求，这部分农户主要位于多边形的 GFC 区域内。

当 $e > e^*$ 时，随着初始财富值 z 的增大，农户经历不选择创业→选择创业（不受信贷约束）→创业受到信贷约束的变化过程，即图 6 - 2 中 N 点运动轨迹：$N{\to}N'{\to}N''$。

以上两种变化过程具体如图 6 - 2 所示。斜线部分是受信贷约束的区域。

基于上述分析，本研究设定个体选择创业所需的最低资本投入量为 b，农户受能力与资本量约束的共同作用下创业选择如图 6 - 3 所示。

在创业能力与资产变化的共同影响下，位于多边形 BCED 内的农户是无信贷约束下的创业者，位于斜线部分的个体是受信贷约束的创业个体。

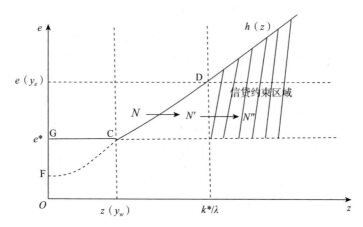

图6-2 给定创业能力 e 时，资产水平变化情形下农户选择创业的变化

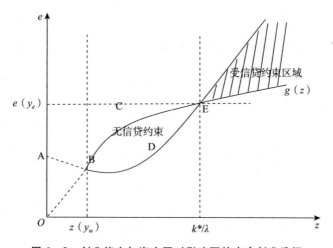

图6-3 创业能力与资产同时影响下的农户创业选择

二 收入质量与信贷约束交互作用对农户选择创业的影响初判

（一）交互作用概念及其判断方法

交互作用广泛应用于计算机科学、医学、心理学、行为科学、经济学等学科领域。心理学的解释是指一个实验中有两个或两个以上的自变量，但一个自变量的效果在另一个自变量的每一个水平上存在显著差异，这种两个或多个变量因素同时作用时的效果较单一水平因素的效果加强或者减弱的作用就是交互作用。[①]

交互作用包含两个方面：一是两个解释变量是对称关系，即两个自变量之间存在并列关系；二是两个解释变量不是对称关系，即两个自变量之间存在递进或因果逻辑关系，换言之，两个变量之间存在主次作用，即以自变量为主，以调节变量为辅的交互影响。其中，发挥调节作用的解释变量为调节变量，作为被调节的解释变量则称为自变量。关于交互作用的计算方法，与调节作用在统计学上的计算是一致的，在具体分析与计算作用的方法上需要根据自变量与调节变量的测量级别确定（温忠麟等，2005）。关于非对称交互作用的计量分析具体梳理如下：

当自变量和调节变量都是类别变量则进行方差分析。

当自变量和调节变量都是连续型变量用带乘积项的回归模型进行层次回归分析：一是运行 Y 对 X 和 M（调节变量）的回归，得测定系数 R^1；二是运行 Y 对 X、M 和 XM 的回归得测定系数 R^2，若系数 R^2 显著高于系数 R^1，则调节作用显著；或者运行 XM 的偏回归系数检验，若显著，则调节作用显著。

当调节变量是类别变量、自变量是连续型变量时，进行分组回归分析。

但当自变量是类别变量、调节变量是连续型变量时，不能进行分组回归，需要将自变量重新编码成伪变量，用带乘积项的回归模型，进行层次回归分析。

（二）交互作用判断

基于此，本研究将农户收入质量的三个层次水平与是否受信贷约束进行交互，初步判断分析如图 6-4 所示。由图 6-4 可知，实

[①]　http：//baike. sogou. com/v8655362. htm? fromTitle = % E4% BA% A4% E4% BA% 92% E4% BD% 9C% E7% 94% A8。

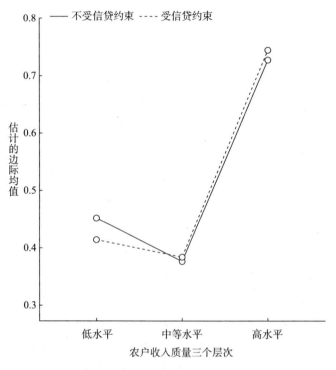

图 6 – 4　收入质量与信贷约束对是否创业的交互影响

线代表不受信贷约束与不同水平农户收入质量对决定创业的影响，虚线代表受信贷约束与不同水平农户收入质量对选择创业的影响，两条线之间存在交叉点。因此，可以初步判断在农户选择创业过程中，不仅信贷约束、农户收入质量分别对其产生影响，两者对农户决策创业还存在交互影响。为了进一步用数据论证交互作用影响农户个体选择创业，本研究对信贷约束变量进行了预测值处理。根据第五章的结论，信贷约束与选择是否创业之间存在内生性关系。直接使信贷约束变量进入回归方程的估计是有偏的，因此本研究运用Logisticic 回归对信贷约束进行了处理，采用第五章中信贷约束的工具变量（与邻近正规金融机构的关系、与最近正规金融机构的距离）、性别、家庭资产水平、社会网络规模、是否愿意提供抵押担保、邻近金融机构数量等 7 个变量进行回归，获得信贷约束的预测值，将分类变量转化为连续型变量。同时，对预测值与信贷约束变量本身进行了相关性分析，双尾检验结果显示，在 5% 的显著性水平上高度相关，相关系数为 0.242。因此，本研究认为信贷约束的预测值可以用来作为信贷约束进入方程。此外，本研究对收入质量与信贷约束预测值均进行了中心化处理。

交互作用影响农户个体是否创业的层次回归分析结果如表 6 - 1 所示。模型 1 为是否创业与收入质量、信贷约束的回归结果，模型 2 为是否创业与收入质量、信贷约束及其交叉乘积项的回归结果，模型 3 为是否创业与收入的充足性、收入的结构性、收入的成长性、收入的成本性、收入的知识性、信贷约束的回归结果，模型 4 为是否创业与收入的充足性、收入的结构性、收入的成长性、收入的成本性、收入的知识性、信贷约束以及各单维度与信贷约束交叉乘积项的回归结果。

模型估计结果如表 6 - 1 所示，模型 χ^2 检验值分别为 35.29、34.94、92.39、96.86 且 p 值小于 0.001，-Log likelihood 分别为 868.14、868.00、831.96、830.39，表明各变量提供的信息具备显著的解释能力。

根据学者温忠麟等（2005）提出的调节效应判断标准可知，农户收入质量与信贷约束分析的模型 1 和模型 2 中，$\Delta R^2 = 0.0001$，两者交叉项的调节作用不显著，但总体的交叉项系数为正向，表明在是否创业的影响分析中，收入质量产生的正向作用显著大于信贷约束产生的负向作用，因此交叉项的系数为正，反映了两者的交互以收入质量的影响为主，以信贷约束的调节作用为辅，且收入质量的正向作用显著缓解了信贷约束的负向作用。由模型 3 和模型 4 的分析结果可知，$\Delta R^2 = 0.0018$，收入质量的单维度与信贷约束的交叉项调节作用不是特别显著，但存在调节作用。

总之，在选择是否创业的影响过程中，收入质量与信贷约束对农户创业与否产生了交互作用，但作用不显著。

梳理以往的研究发现，能力与资源之间存在非常紧密的关系，部分研究表明资源是能力形成的基础，而能力是开发和利用资源形成的结果（庄晋财等，2014）。另一些学者指出，个人能力（例如社会技能）影响个体获取信息和其他资源的有效性（Baron and Tang，2009）。因此，能力又被视为获取创业资源的关键因素（Ferris et al.，2008）。换言之，能力与资源之间联系紧密，两者之间存在调节作用。基于此，本研究认为收入质量与信贷约束之间为非对称的交互作用。因此，在下文中，将分别检验以信贷约束为调节变量的交互效应和以收入质量为调节变量的交互效应分别对计划创业个体选择行业、组织形式、资金来源意愿的影响，对在创业个体行业、组织形式、资金来源选择行为的影响，以及对重新创业个体行业、组织形式、资金来源选择一致性的影响。

表 6 - 1　收入质量与信贷约束对决策创业的交互影响回归结果

变量	模型 1 系数	模型 2 系数	模型 3 系数	模型 4 系数
收入质量	4.036***	4.044***	–	–
信贷约束	– 1.175**	– 1.181**	– 0.821	– 0.808
信贷约束 * 收入质量	–	3.548	–	–
收入的充足性	–	–	19.563***	19.819***
收入的结构性	–	–	– 2.177*	– 2.216*
收入的成长性	–	–	– 9.882**	– 9.989**
收入的成本性	–	–	– 14.872***	– 15.098***
收入的知识性	–	–	6.381***	6.446***
收入的充足性 * 信贷约束	–	–	–	28.059
收入的结构性 * 信贷约束	–	–	–	– 7.472
收入的成长性 * 信贷约束	–	–	–	– 19.623
收入的成本性 * 信贷约束	–	–	–	– 14.684
收入的知识性 * 信贷约束	–	–	–	13.131
-LL	868.14	868.00	831.96	830.39
Pseudo R^2	0.0221	0.0222	0.0628	0.0646
ΔR^2	0.0001		0.0018	
Wald chi2	35.29***	34.94***	92.39***	96.86***

注：* $p < 0.1$，** $p < 0.05$，*** $p < 0.01$。

三　收入质量与信贷约束交互作用对农户创业选择的影响检验

（一）交互作用检验模型与变量选择

（1）交互作用检验模型

交互作用检验模型主要分为三方面：一是，收入质量与信贷约束之间交互作用对计划创业者和在创业者行业选择的影响检验采用多元 Logistic 模型进行分析；二是，收入质量与信贷约束之间交互作用对计划创业者和在创业者组织形式与资金来源选择的影响检验采用 Logistic 模型进行分析；三是，收入质量与信贷约束之间交互作用对重新计划创业者行业、组织形式、资金来源选择的一致性影响采用 Logistic 模型进行分析。

（2）交互作用检验变量选择

交互作用检验模型中，因变量分别为行业、组织形式、资金来源、行业一致性、组织选择一致性、资金来源选择一致性。解释变量为农户收入质量、农户信贷约束、农户收入质量与信贷约束交叉乘积项，但在不同的模型中存在差异。控制变量包括十类：人口特征（性别、年龄）、家庭因素（家庭拥有孩子的数量）、人力资本（劳动力数量）、自然资本（耕地面积）、物质资本（家庭是否拥有电脑、家庭年总资产）、心理资本（家庭生活满意度）、社会资本（社会网络规模）、金融资本（能否提供抵押担保）、风险意识（是否愿意提供抵押担保、财务风险态度）和区域虚拟变量。样本的基本统计情况以及变量的描述在第四章中有详细阐述，在此不一一赘述。

本部分主要检验以信贷约束为调节变量的交互作用和以收入质量为调节变量的交互作用，并做以下阐述说明。

首先，第五章的论证结果显示，收入质量对计划创业者的行业、组织形式、资金来源选择意愿的影响均是外生的，因此，采用信贷约束原值和收入质量进行交互作用分析。由于信贷约束是分类变量，收入质量是连续型变量，因此以信贷约束为调节变量的交互作用采用分组回归进行检验；以收入质量为调节变量的交互作用采用分层回归进行检验。

其次，第五章的论证结果显示，信贷约束对在创业者的行业和资金来源选择行为的影响均是内生的，因此，采用信贷约束预测值和收入质量进行交互作用分析。由于两个变量均为连续型变量，以信贷约束为调节变量的交互效应和以收入质量为调节变量的交互效应是一致的，因而对在创业者的行业、组织形式、资金来源选择行为的影响分析只用分层回归。信贷约束对在创业者的组织形式选择行为的影响是外生的，因此，采用信贷约束原值和收入质量进行交互作用分析，以信贷约束为调节变量的交互作用采用分组回归进行检验；以收入质量为调节变量的交互作用采用分层回归进行检验。

再次，第五章的论证结果显示，信贷约束对重新计划创业者的行业、组织形式、资金来源的选择一致性的影响均是外生的，因此，采用信贷约束原值和收入质量进行交互作用分析。由于信贷约束是分类变量，收入质量是连续型变量，因此以信贷约束为调节变量的交互作用采用分组回归进行检验；以收入质量为调节变量的交互作用采用分层回归进行检验。

最后，考虑到第四章和第五章中已论证了收入质量与信贷约束在有控制变量下的影响，因此本章所有表格只呈现解释变量的分析结果，控制变量的分析结果不再列出。

（二）收入质量与信贷约束的交互作用对计划创业农户选择意愿的影响检验

（1）创业行业选择意愿

收入质量与信贷约束交互作用对计划创业个体行业选择意愿影响的回归结果如表6-2和表6-3所示。

表6-2中，模型1和模型2分别是无信贷约束样本组中总的

表 6－2 以信贷约束为调节变量的交互效应对计划创业者行业选择意愿影响的分组回归结果

变量	模型	收入质量	收入的充足性	收入的结构性	收入的成长性	收入的成本性	收入的知识性	LR	P－R2	－LLd
y_2/y_1 无信贷约束	模型1	8.1481	–	–	–	–	–	模型1：LR=133.83***	模型1：R²=0.2327	模型1：-Log likelihood=220.70
约束	模型2	–	30.267	15.9984	29.1263	-59.962*	-21.603	模型2：LR=191.69***	模型2：R²=0.3332	模型2：-Log likelihood=191.77
y_3/y_1 有信贷约束	模型3	6.4446	–	–	–	–	–	模型3：LR=76.93*	模型3：R²=0.2158	模型3：-Log likelihood=123.50
约束	模型4	–	2.8232	12.1944	4.0214	72.2647	-21.5447	模型4：LR=109.58*	模型4：R²=0.3073	模型4：-Log likelihood=112.34
无信贷约束	模型1	0.7008	–	–	–	–	–			
约束	模型2	–	12.761	-7.3833	41.0902*	4.8805	-17.6471*			
有信贷约束	模型3	9.7378	–	–	–	–	–			
约束	模型4	–	35.765*	-8.1097	112.0001**	48.9444	4.4498			
y_4/y_1 无信贷约束	模型1	-2.8605	–	–	–	–	–			
约束	模型2	–	-14.5086	-24.5833**	24.8871	46.0568	-2.0824			
有信贷约束	模型3	0.8634	–	–	–	–	–			
约束	模型4	–	13.2852	-14.1771	22.5803	23.9964	9.9964			
y_5/y_1 无信贷约束	模型1	8.7231	–	–	–	–	–			
约束	模型2	–	-170.6597*	-5.4978	918.6736*	341.6654**	-3.3063			

续表

变量	模型	收入质量	收入的充足性	收入的结构性	收入的成长性	收入的成本性	收入的知识性	LR	P-R2	-LLd
y_5/y_1	有信贷约束 模型3	6.5371	—	—	—	—	—			
	无信贷约束 模型4	—	21.6691	6.1759	-57.4344	50.0719	21.3947			
y_6/y_1	无信贷约束 模型1	2.2335	—	—	—	—	—	模型1： LR=133.83***	模型1： R²=0.2327	模型1： -Log likelihood=220.70
	约束 模型2	—	6.9553	-1.9859	12.7771	6.6364	-5.7522	模型2： LR=191.69***	模型2： R²=0.3332	模型2： -Log likelihood=191.77
	有信贷约束 模型3	9.8702	—	—	—	—	—	模型3： LR=76.93*	模型3： R²=0.2158	模型3： -Log likelihood=123.50
	约束 模型4	—	28.0132	-0.7697	50.4684	-3.5091	18.6778	模型4： LR=109.58*	模型4： R²=0.3073	模型4： -Log likelihood=112.34

注：①表中数值为以信贷约束为调节变量的交互效应对计划创业选择意愿影响的分组回归系数；②*$p<0.1$，**$p<0.05$，***$p<0.01$；模型1和模型2分别是无信贷约束样本组中总的收入质量与收入质量的单维度分析，模型3和模型4是有信贷约束样本组中总的收入质量与收入质量的单维度分析。
③模型1和模型2分别是无信贷约束样本组中总的收入质量与收入质量的单维度分析。

表6-3 以收入质量为调节变量的交互效应对计划创业者行业选择意愿影响的层次回归结果

变量		收入质量	信贷约束	信贷约束*收入质量	收入的充足性	收入的结构性	收入的成长性	收入的成本性	收入的知识性	充足性*信贷约束	结构性*信贷约束	成长性*信贷约束	成本性*信贷约束	知识性*信贷约束	LR	P-R2
y_2/y_1	模型1	4.02	-11.68*	—	—	—	—	—	—	—	—	—	—	—		
	模型2	3.08	-12.15**	20.47	—	—	—	—	—	—	—	—	—	—		
	模型3	—	-14.68**	—	13.21	8.76	7.63	-22.91	-15.65	—	—	—	—	—	模型1: 144.74**	模型1: 0.1540
	模型4	—	-15.32**	—	19.22	6.29	0.88	-31.43	-16.69	-103.13	37.57	118.71	192.82	50.51	模型2: 148.20**	模型2: 0.1577
y_3/y_1	模型1	3.65	1.66	—	—	—	—	—	—	—	—	—	—	—		
	模型2	4.43	1.29	-26.82	—	—	—	—	—	—	—	—	—	—		
	模型3	—	1.01	—	16.41*	-6.65	32.72*	15.54	-6.42	—	—	—	—	—	模型3: 174.54***	模型3: 0.1857
	模型4	—	-0.13	—	20.02**	-5.74	31.64*	15.07	-4.67	-153.50*	-31.95	86.04	121.05	36.00	模型4: 192.86**	模型4: 0.2052
y_4/y_1	模型1	-0.62	-1.65	—	—	—	—	—	—	—	—	—	—	—		
	模型2	0.34	-1.84	-29.89	—	—	—	—	—	—	—	—	—	—		
	模型3	—	-1.14	—	5.39	-12.85**	13.75	15.10	-2.29	—	—	—	—	—		
	模型4	—	-1.51	—	8.56	-11.71*	16.66	10.70	-2.89	-18.89	-68.82	3.19	110.67	-43.99		
y_5/y_1	模型1	6.96*	-2.52	—	—	—	—	—	—	—	—	—	—	—		
	模型2	6.69	-3.17	-54.49	—	—	—	—	—	—	—	—	—	—		

续表

变量		收入质量	信贷约束	信贷约束*收入质量	收入的充足性	收入的结构性	收入的成长性	收入的成本性	收入的知识性	充足性*信贷约束	结构性*信贷约束	成长性*信贷约束	成本性*信贷约束	知识性*信贷约束	LR	P-R2
y_5/y_1	模型3	—	-3.72	—	11.48	-1.82	41.62	48.86	-3.67	—	—	—	—	—	模型1：144.74***	模型1：0.1540
	模型4	—	-9.08	—	11.21	-3.55	63.35*	49.65	-5.98	-210.13*	-85.85	593.70*	-127.23	-51.36	模型2：148.20***	模型2：0.1577
y_6/y_1	模型1	4.85	4.31	—	—	—	—	—	—	—	—	—	—	—	模型3：174.54***	模型3：0.1857
	模型2	5.61*	4.10	-21.05	—	—	—	—	—	—	—	—	—	—	模型4：192.86**	模型4：0.2052
	模型3	—	3.99	—	14.01	-2.20	19.20	4.18	1.66	—	—	—	—	—		
	模型4	—	4.14	—	16.63	-1.49	23.15	-1.13	2.40	-68.63	-22.32	-28.01	169.65	-25.88		

注：①表中数值为以收入质量为调节变量的交互效应对计划创业者行业选择意愿影响的层次回归系数；②*$p<0.1$，**$p<0.05$，***$p<0.01$；③模型1和模型2分别是总收入质量的层次分析结果，模型3和模型4是收入质量的单维度层次分析结果；④模型1、模型2、模型3、模型4的-Log likelihood值分别为397.55、395.82、382.65、373.49。

收入质量与收入质量的单维度分析，模型 3 和模型 4 是有信贷约束样本组中总的收入质量与收入质量的单维度分析。估计结果显示，模型 χ^2 检验值分别为 133.83、191.69、76.93、109.58，且 p 值均小于 0.1，-Log likelihood 分别为 220.70、191.77、123.50、112.34，表明各变量提供的信息具备显著的解释能力。从以信贷约束为调节变量的分组回归结果来看，根据学者温忠麟等（2005）提出的调节效应判断标准可知，模型 1 和模型 3 中 $\Delta R_1^2 = 0.0169$，模型 2 和模型 4 中 $\Delta R_2^2 = 0.0259$，表明与传统的"种养殖"行业相比，收入质量与信贷约束对"农业生产服务""批发零售""居民生活服务""建筑制造""餐饮"行业的选择意愿具有交互效应。

表 6-3 中，模型 1 和模型 2 分别是总收入质量的层次分析，模型 3 和模型 4 是收入质量的单维度层次分析。估计结果显示，模型 χ^2 检验值分别为 144.74、148.20、174.54、192.86，且 p 值均小于 0.001，-Log likelihood 值分别为 397.55、395.82、382.65、373.49，表明各变量提供的信息具备显著的解释能力。从以收入质量为调节变量的层次回归结果来看，根据调节效应判断标准可知，农户收入质量与信贷约束分析的模型 1 和模型 2 中 $\Delta R_1^2 = 0.0037$，模型 3 和模型 4 中 $\Delta R_2^2 = 0.0159$，表明与传统的"种养殖"行业相比，收入质量与信贷约束对"农业生产服务""批发零售""居民生活服务""建筑制造""餐饮"行业的选择意愿具有交互效应。

总之，无论是以信贷约束为调节变量的分组回归分析，抑或是以收入质量为调节变量的层次回归分析，结果均表明，与传统的"种养殖"行业选择意愿相比，收入质量与信贷约束对"农业生产服务""批发零售""居民生活服务""建筑制造""餐饮"行业的选择意愿具有交互效应。

（2）创业组织形式选择意愿

收入质量与信贷约束交互作用对计划创业个体组织形式选择意愿影响的回归结果如表 6-4 所示。

首先，模型 1 和模型 2 分别是总收入质量的无信贷约束和有

表6-4 收入质量与信贷约束交互作用对计划创业者创业组织形式选择意愿影响的分析结果

变量	以信贷约束为调节变量的分组回归				以收入质量为调节变量的层次回归			
	模型1 无信贷约束组	模型2 有信贷约束组	模型3 无信贷约束	模型4 有信贷约束	模型5	模型6	模型7	模型8
收入质量	-1.4831	18.2307	—	—	2.6522	1.6419	—	—
信贷约束	—	—	—	—	3.1219	4.7137	2.9831	6.8043
信贷约束*收入质量	—	—	—	—	—	65.9476*	—	—
收入的充足性	—	—	-1.1971	-37.875	—	—	-7.8959	-5.4321
收入的结构性	—	—	-0.7356	40.7131	—	—	2.6967	2.5694
收入的成长性	—	—	3.0902	123.5329**	—	—	14.2295	-4.1941
收入的成本性	—	—	-11.1741	164.3870**	—	—	13.4573	0.5013
收入的知识性	—	—	-2.3095	15.5728	—	—	4.6734	8.7416
充足性*信贷约束	—	—	—	—	—	—	—	-91.0487
结构性*信贷约束	—	—	—	—	—	—	—	50.9441
成长性*信贷约束	—	—	—	—	—	—	—	287.8409*

续表

变量	以信贷约束为调节变量的分组回归				以收入质量为调节变量的层次回归			
	模型 1 无信贷约束组	模型 2 有信贷约束组	模型 3 无信贷约束	模型 4 有信贷约束	模型 5	模型 6	模型 7	模型 8
成本性*信贷约束	—	—	—	—	—	—	—	415.0815**
知识性*信贷约束	—	—	—	—	—	—	—	113.0592*
-LLd	59.79	23.06	59.61	16.71	94.44	91.89	93.39	86.21
Wald chi2	12.99	24.39*	16.15	38.94***	20.08	26.49*	24.83	46.36***
P-R²	0.0814	0.3916	0.0841	0.5591	0.0831	0.1079	0.0934	0.1630
ΔR^2	0.3102		0.4750		0.0248		0.0696	

注：①$p < 0.1$，**$p < 0.05$，***$p < 0.01$；②模型 1 和模型 3 分别是无信贷约束样本组中总的收入质量与收入质量的单维度分析，模型 2 和模型 4 是有信贷约束样本组中总的收入质量与收入质量的单维度分析；③模型 5 和模型 6 分别是总收入质量的层次分析结果，模型 7 和模型 8 是收入质量的单维度层次分析结果。

信贷约束的样本分组，模型 3 和模型 4 是收入质量单维度的无信贷约束和有信贷约束的样本分组。估计结果显示，模型 χ^2 检验值分别为 12.99、24.39、16.15、38.94，但其中部分 p 值大于 0.1，部分 p 值小于 0.1；-Log likelihood 分别为 59.79、23.06、59.61、16.71，表明各变量提供的信息不具备完全显著的解释能力。从以信贷约束为调节变量的分组回归结果来看，根据调节效应判断标准可知，模型 1 和模型 2 中 $\Delta R_1^2 = 0.3102$，模型 3 和模型 4 中 $\Delta R_2^2 = 0.4750$，表明收入质量与信贷约束对计划创业者组织形式选择意愿具有交互效应，但模型的解释力不显著。

其次，模型 5 和模型 6 分别是总收入质量的层次分析，模型 7 和模型 8 是收入质量的单维度层次分析。模型 χ^2 检验值分别为 20.08、26.49、24.83、46.36，但其中部分 p 值大于 0.1，部分 p 值小于 0.1；-Log likelihood 分别为 94.44、91.89、93.39、86.21，表明各变量提供的信息不具备完全显著的解释能力。从以收入质量为调节变量的层次回归结果来看，根据调节效应判断标准可知，模型 1 和模型 2 中 $\Delta R_1^2 = 0.0248$，模型 3 和模型 4 中 $\Delta R_2^2 = 0.0696$，表明收入质量与信贷约束对计划创业者组织形式选择意愿模型的解释力不足。

总之，无论是以信贷约束为调节变量的分组回归分析，还是以收入质量为调节变量的层次回归分析，结果均表明：收入质量与信贷约束对计划创业者组织形式选择具有产生交互效应的模型的解释力不足。

（3）创业资金来源选择意愿

收入质量与信贷约束交互作用对计划创业个体资金来源选择意愿影响的回归结果如表 6-5 所示。

首先，模型 1 和模型 2 分别是总收入质量的无信贷约束和有信贷约束的样本分组，模型 3 和模型 4 是收入质量单维度的无信贷约束和有信贷约束的样本分组。估计结果显示，模型 χ^2 检验值分别为 27.53、27.10、29.07、21.87，p 值均小于 0.1；-Log likelihood 分别为 107.24、62.68、106.53、53.14，表明各变量提供的

表 6 - 5 收入质量与信贷约束交互作用对计划创业者创业资金来源选择意愿影响的分析结果

变量	以信贷约束为调节变量的分组回归				以收入质量为调节变量的层次回归			
	模型 1	模型 2	模型 3	模型 4	模型 5	模型 6	模型 7	模型 8
	无信贷约束组	有信贷约束组	无信贷约束	有信贷约束				
收入质量	0.2088	0.1029	—	—	−1.2091	−0.8830	—	—
信贷约束	—	—	—	—	−2.0681	−2.3046	−2.3603	−2.5443
信贷约束 * 收入质量	—	—	—	—	—	−17.7776	—	—
收入的充足性	—	—	1.5464	−28.7497	—	—	−10.1895*	−10.6816*
收入的结构性	—	—	−1.8257	18.7064	—	—	5.1125	5.6197*
收入的成长性	—	—	−2.6329	−32.2942	—	—	−10.8612	−13.1956
收入的成本性	—	—	−0.8854	20.0102	—	—	8.4520	13.4035
收入的知识性	—	—	6.9415	−16.3502	—	—	−2.8011	−3.6525
充足性 * 信贷约束	—	—	—	—	—	—	—	62.1532
结构性 * 信贷约束	—	—	—	—	—	—	—	−30.5352
成长性 * 信贷约束	—	—	—	—	—	—	—	54.7193

续表

变量	以信贷约束为调节变量的分组回归				以收入质量为调节变量的层次回归			
	模型 1 无信贷约束组	模型 2 有信贷约束组	模型 3 无信贷约束	模型 4 有信贷约束	模型 5	模型 6	模型 7	模型 8
成本性 * 信贷约束	—	—	—	—	—	—	—	-209.3505[*]
知识性 * 信贷约束	—	—	—	—	—	—	—	-63.9524
-LLd	107.24	62.68	106.53	53.14	184.74	184.26	181.28	178.35
Wald chi2	27.53[**]	27.10[**]	29.07	21.87	31.05[***]	31.66[**]	33.78[**]	38.99[**]
P - R^2	0.1304	0.1761	0.0864	0.3016	0.0820	0.0844	0.0992	0.1137
ΔR^2	0.0457		0.2152		0.0024		0.0145	

注：①$*p<0.1$，$**p<0.05$，$***p<0.01$；②模型 1 和模型 3 分别是无信贷约束样本组中总的收入质量与收入质量的单维度分析，模型 2 和模型 4 是有信贷约束样本组中总的收入质量与收入质量的单维度分析；③模型 5 和模型 6 分别是总收入质量的层次分析结果，模型 7 和模型 8 是收入质量单维度的层次分析结果。

信息具备显著的解释能力。从以信贷约束为调节变量的分组回归结果来看，根据调节效应判断标准可知，模型 1 和模型 2 中 $\Delta R_1^2 = 0.0457$，模型 3 和模型 4 中 $\Delta R_2^2 = 0.2152$，表明收入质量与信贷约束对计划创业者资金来源的选择意愿具有交互作用，且农户收入质量的单维度与信贷约束的交互作用更为显著。

其次，模型 5 和模型 6 分别是总收入质量的层次分析结果，模型 7 和模型 8 是收入质量的单维度层次分析结果。模型 χ^2 检验值分别为 31.05、31.66、33.78、38.99，p 值均小于 0.05；-Log likelihood 分别为 184.74、184.26、181.28、178.35，表明各变量提供的信息具备显著的解释能力。从以收入质量为调节变量的层次回归结果来看，根据调节效应判断标准可知，模型 1 和模型 2 中 $\Delta R_1^2 = 0.0024$，模型 3 和模型 4 中 $\Delta R_2^2 = 0.0145$，表明收入质量与信贷约束对计划创业者资金来源的选择意愿具有交互效应。

总之，无论是以信贷约束为调节变量的分组回归分析，还是以收入质量为调节变量的层次回归分析，结果均表明：收入质量与信贷约束对计划创业者资金来源选择意愿的影响存在交互效应，其中农户收入质量的单维度与信贷约束的交互作用更为显著。

（三）收入质量与信贷约束交互作用对在创业农户选择行为的影响检验

（1）创业行业选择行为

收入质量与信贷约束交互作用对在创业个体行业选择行为影响的回归结果如表 6-6 和表 6-7 所示。模型 1 和模型 2 分别是总收入质量的层次分析，模型 3 和模型 4 是收入质量的单维度层次分析。

根据不同的行业选择来看，选择"种养殖"行业的分析结果显示，模型 χ^2 检验值分别为 47.57、50.90、63.69、65.20，p 值均小于 0.001；-Log likelihood 分别为 218.85、217.99、212.12、211.12，表明各变量提供的信息具备显著的解释能力。根据调节效应判断标准可知，模型 1 和模型 2 中 $\Delta R_1^2 = 0.0034$，模型 3 和

表6-6 收入质量与信贷约束交互效应对在创业者种养殖、农业生产服务、批发零售行业选择行为影响的层次回归结果

变量	种养殖行业				农业生产服务行业				批发零售行业			
	模型1 系数	模型2 系数	模型3 系数	模型4 系数	模型1 系数	模型2 系数	模型3 系数	模型4 系数	模型1 系数	模型2 系数	模型3 系数	模型4 系数
收入质量	2.3351	2.4425*	—	—	-1.7481	-1.7665	—	—	-1.3147	-1.3195	—	—
信贷约束	1.9633	2.3671	2.0633	3.0111	-6.8887**	-7.0084**	-6.4856**	-8.5500**	-1.7264	-1.7967	-2.0727	-1.9272
信贷约束*收入质量	—	-15.7105	—	—	—	-18.5049	—	—	—	3.7599	—	—
收入的充足性	—	—	9.4825*	9.3778**	—	—	7.6951	7.6965	—	—	-11.1449***	-11.1555***
收入的结构性	—	—	1.5246	1.5584	—	—	-2.5242	-3.5445	—	—	2.8661	2.9085
收入的成长性	—	—	1.8068	2.6292	—	—	-9.7305	-9.5371	—	—	-2.6884	-3.0016
收入的成本性	—	—	-28.7239***	-27.9639***	—	—	-28.7409***	-28.9075***	—	—	19.464**	19.7338**
收入的知识性	—	—	8.1703*	8.3022**	—	—	2.8198	3.1100	—	—	-6.6774**	-6.9498**
充足性*信贷约束	—	—	—	-34.7034	—	—	—	4.0285	—	—	—	-4.3445
结构性*信贷约束	—	—	—	-2.7116	—	—	—	-60.6421*	—	—	—	5.5755
成长性*信贷约束	—	—	—	-3.4985	—	—	—	21.0087	—	—	—	58.0366
成本性*信贷约束	—	—	—	43.83	—	—	—	-37.1235	—	—	—	-8.5296
知识性*信贷约束	—	—	—	-27.697	—	—	—	80.7007*	—	—	—	-7.0637

续表

变量	种养殖行业				农业生产服务行业				批发零售行业			
	模型 1	模型 2	模型 3	模型 4	模型 1	模型 2	模型 3	模型 4	模型 1	模型 2	模型 3	模型 4
	系数	系数	系数	系数	系数	系数	系数	系数	系数	系数	系数	系数
-LLd	218.85	217.99	212.12	211.12	219.19	218.29	213.79	209.15	321.79	321.72	315.45	314.93
Wald chi2	47.57**	50.90***	63.69***	65.20***	30.76***	32.13***	46.68***	55.18***	46.13***	56.30***	51.92***	53.79***
P-R²	0.1286	0.1320	0.1554	0.1594	0.0662	0.0701	0.0893	0.1090	0.0744	0.0746	0.0926	0.0941
ΔR²	0.0034			0.0040	0.0039			0.0197	0.0002		0.0015	

注：①表中为交互效应分别对在创业者种养殖、农业生产服务、批发零售行业选择行为影响的层次回归分析；②*p<0.1，**p<0.05，***p<0.01；③模型1和模型2分别是总收入质量的层次分析结果，模型3和模型4是收入质量的单维度层次分析结果。

表6-7 收入质量与信贷约束交互效应对在创业者居民生活服务、建筑制造、餐饮行业选择行为影响的层次回归结果

变量	居民生活服务行业				建筑制造行业				餐饮行业			
	模型1	模型2	模型3	模型4	模型1	模型2	模型3	模型4	模型1	模型2	模型3	模型4
	系数	系数	系数	系数	系数	系数	系数	系数	系数	系数	系数	系数
收入质量	3.4696***	3.4721***	–	–	-6.9650***	-6.9750***	–	–	-2.8250*	-3.3390*	–	–
信贷约束	2.0190	2.0299	2.1234	3.0527	2.2333	2.2326	2.1548	2.6262	2.3033	1.4566	2.3588	0.8494
信贷约束*收入质量	–	-0.2984	–	–	–	-11.9655	–	–	–	42.7865***	–	–
收入的充足性	–	–	1.6121	1.4384	–	–	-27.6924**	-28.6137**	–	–	-7.9145	-10.1164*
收入的结构性	–	–	2.8132	3.2876	–	–	-2.9086	-2.6383	–	–	-6.8307*	-7.4988*
收入的成长性	–	–	14.2978*	16.3794**	–	–	-5.4182	-5.3733	–	–	6.3237	5.3557
收入的成本性	–	–	8.2808	7.5063	–	–	0.9806	0.1398	–	–	35.4901**	40.1388**
收入的知识性	–	–	3.0262	3.1509	–	–	-1.3642	-2.2939	–	–	-5.6163	-8.0115
充足性*信贷约束	–	–	–	-27.0002	–	–	–	-44.0119	–	–	–	119.0389**
结构性*信贷约束	–	–	–	30.7200	–	–	–	12.1547	–	–	–	17.4929
成长性*信贷约束	–	–	–	-158.3259*	–	–	–	-51.0828	–	–	–	22.8684
成本性*信贷约束	–	–	–	66.7697	–	–	–	65.8955	–	–	–	-139.2742
知识性*信贷约束	–	–	–	-30.7781	–	–	–	-35.5980	–	–	–	83.8021*

续表

变量	居民生活服务行业				建筑制造行业				餐饮行业			
	模型 1	模型 2	模型 3	模型 4	模型 1	模型 2	模型 3	模型 4	模型 1	模型 2	模型 3	模型 4
	系数	系数	系数	系数	系数	系数	系数	系数	系数	系数	系数	系数
-LLd	248.55	248.55	247.45	244.27	132.38	132.20	130.17	129.54	141.62	138.30	136.75	131.43
Wald chi2	35.58***	35.62***	37.07***	44.21***	27.13*	31.06***	32.25***	38.63***	28.00***	41.56***	38.08***	55.87***
$P-R^2$	0.0614	0.0614	0.0656	0.0776	0.1064	0.1077	0.1216	0.1256	0.0753	0.0970	0.1071	0.1418
ΔR^2	0.0000			0.0120	0.0013			0.0040	0.0217			0.0347

注：①表中为交互效应分别对在创业者居民生活服务、建筑制造、餐饮行业选择行为影响的层次回归分析；②*p<0.1，**p<0.05，***p<0.01；
③模型1和模型2分别是总收入质量的层次回归分析结果，模型3和模型4是收入质量的单维度层次回归分析结果。

模型 4 中 $\Delta R_2^2 = 0.0040$，表明收入质量与信贷约束对在创业者选择"种养殖"行业的创业行为具有显著交互影响。

选择"农业生产服务"行业的分析结果显示，模型 χ^2 检验值分别为 30.76、32.13、46.68、55.18，p 值均小于 0.001；-Log likelihood 分别为 219.19、218.29、213.79、209.15，表明各变量提供的信息具备显著的解释能力。根据调节效应判断标准可知，模型 1 和模型 2 中 $\Delta R_1^2 = 0.0039$，模型 3 和模型 4 中 $\Delta R_2^2 = 0.0197$，表明收入质量与信贷约束对在创业者选择"农业生产服务"行业具有显著交互作用，其中收入质量单维度与信贷约束的交互作用更加显著。

选择"批发零售"行业的分析结果显示，模型 χ^2 检验值分别为 46.13、56.30、51.92、53.79，p 值均小于 0.001；-Log likelihood 分别为 321.79、321.72、315.45、314.93，表明各变量提供的信息具备显著的解释能力。根据调节效应判断标准可知，模型 1 和模型 2 中 $\Delta R_1^2 = 0.0002$，模型 3 和模型 4 中 $\Delta R_2^2 = 0.0015$，表明收入质量与信贷约束对在创业者选择"批发零售"行业具有显著的交互作用。

选择"居民生活服务"行业的分析结果显示，模型 χ^2 检验值分别为 35.58、35.62、37.07、44.21，p 值均小于 0.001；-Log likelihood 分别为 248.55、248.55、247.45、244.27，表明各变量提供的信息具备显著的解释能力。根据调节效应判断标准可知，模型 1 和模型 2 中 $\Delta R_1^2 = 0.0000$，模型 3 和模型 4 中 $\Delta R_2^2 = 0.0120$，表明收入质量与信贷约束对在创业者选择"居民生活服务"行业无显著的交互作用，但收入质量单维度与信贷约束对在创业者选择"居民生活服务"行业具有显著的交互影响。

选择"建筑制造"行业的分析结果显示，模型 χ^2 检验值分别为 27.13、31.06、32.25、38.63，p 值均小于 0.05；-Log likelihood 分别为 132.38、132.20、130.17、129.54，表明各变量提供的信息具备显著的解释能力。根据调节效应判断标准可知，模型 1 和模型 2 中 $\Delta R_1^2 = 0.0013$，模型 3 和模型 4 中 $\Delta R_2^2 = 0.0040$，表

明收入质量与信贷约束对在创业者选择"建筑制造"行业具有显著的交互作用。

选择"餐饮"行业的分析结果显示，模型 χ^2 检验值分别为 28.00、41.56、38.08、55.87，p 值均小于 0.001；-Log likelihood 分别为 141.62、138.30、136.75、131.43，表明各变量提供的信息具备显著的解释能力。根据调节效应判断标准可知，模型 1 和模型 2 中 $\Delta R_1^2 = 0.0217$，模型 3 和模型 4 中 $\Delta R_2^2 = 0.0347$，表明收入质量与信贷约束对在创业者选择"餐饮"行业具有显著的交互作用。

总之，收入质量与信贷约束对在创业者选择"种养殖""农业生产服务""批发零售""居民生活服务""建筑制造""餐饮"行业的行为具有交互效应，其中农户收入质量的单维度与信贷约束的交互作用更为显著。

（2）创业组织形式选择行为

收入质量与信贷约束交互作用对在创业个体创业组织形式选择行为影响的回归结果如表 6-8 所示。首先，模型 1 和模型 2 分别是总收入质量的无信贷约束和有信贷约束的样本分组，模型 3 和模型 4 是收入质量单维度的无信贷约束和有信贷约束的样本分组。估计结果显示，模型 χ^2 检验值分别为 12.99、25.95、35.76、31.32，p 值均小于 0.05；-Log likelihood 分别为 85.41、25.61、81.90、21.91，表明各变量提供的信息具备显著的解释能力。从以信贷约束为调节变量的分组回归结果来看，根据调节效应判断标准可知，模型 1 和模型 2 中 $\Delta R_1^2 = 0.1762$，模型 3 和模型 4 中 $\Delta R_2^2 = 0.4179$，表明收入质量与信贷约束对在创业者的组织形式选择行为具有交互作用，且农户收入质量的单维度与信贷约束的交互作用更为显著。其次，模型 5 和模型 6 分别是总收入质量的层次分析，模型 7 和模型 8 是收入质量的单维度层次分析。模型 χ^2 检验值分别为 38.11、42.79、42.82、49.86，p 值均小于 0.001；-Log likelihood 分别为 122.80、122.64、121.31、118.36，表明各变量提供的信息具备显著的解释能力。从以收入质量为调

表 6 – 8 收入质量与信贷约束交互作用对在创业者创业组织形式选择行为影响的分析结果

变量	以信贷约束为调节变量的分组回归分析				以收入质量为调节变量的层次回归分析			
	模型 1	模型 2	模型 3	模型 4	模型 5	模型 6	模型 7	模型 8
	无信贷约束组	有信贷约束组	无信贷约束	有信贷约束				
收入质量	2.6700	-5.5570	-	-	0.4838	0.3153	-	-
信贷约束	-	-	-	-	-1.9226	-1.8491	-2.1636	-1.4825
信贷约束 * 收入质量	-	-	-	-	-	10.1621	-	-
收入的充足性	-	-	-14.6375	21.9989	-	-	-7.8305	-6.3554
收入的结构性	-	-	5.5804	-8.6288	-	-	3.9436	2.8794
收入的成长性	-	-	26.2514**	-132.6224***	-	-	13.0371	5.7842
收入的成本性	-	-	20.7767	-68.7905	-	-	4.9096	1.5573
收入的知识性	-	-	0.8221	-7.0710	-	-	-2.0149	-2.3910
充足性 * 信贷约束	-	-	-	-	-	-	-	-24.4870
结构性 * 信贷约束	-	-	-	-	-	-	-	-24.7903
成长性 * 信贷约束	-	-	-	-	-	-	-	249.1788**
成本性 * 信贷约束	-	-	-	-	-	-	-	75.9629
知识性 * 信贷约束	-	-	-	-	-	-	-	28.8719

续表

变量	以信贷约束为调节变量的分组回归分析				以收入质量为调节变量的层次回归分析			
	模型 1	模型 2	模型 3	模型 4	模型 5	模型 6	模型 7	模型 8
	无信贷约束组	有信贷约束组	无信贷约束	有信贷约束				
-LLd	85.41	25.61	81.90	21.91	122.80	122.64	121.31	118.36
Wald chi2	12.99**	25.95*	35.76*	31.32***	38.11***	42.79***	42.82***	49.86***
P - R²	0.1626	0.3388	0.0164	0.4343	0.1314	0.1325	0.1419	0.1628
ΔR²	0.1762		0.4179		0.0011		0.0209	

注：①* $p<0.1$，** $p<0.05$，*** $p<0.01$；②模型 1 和模型 3 分别是无信贷约束样本组中总的收入质量与收入质量的单维度分析，模型 2 和模型 4 分别是有信贷约束样本组中总的收入质量与收入质量的单维度分析；③模型 5 和模型 6 分别是总收入质量的层次回归分析结果，模型 7 和模型 8 是总收入质量的单维度层次分析结果。

节变量的层次回归结果来看，根据调节效应判断标准可知，模型5和模型6中，$\Delta R_1^2 = 0.0011$，模型7和模型8中$\Delta R_2^2 = 0.0209$，表明收入质量与信贷约束对在创业者的组织形式选择行为具有交互作用。

总之，无论是以信贷约束为调节变量的分组回归分析，还是以收入质量为调节变量的层次回归分析，结果均表明：收入质量与信贷约束对在创业者的组织形式选择行为具有交互作用，其中农户收入质量的单维度与信贷约束的交互作用更为显著。

（3）创业资金来源选择行为

收入质量与信贷约束交互作用对在创业个体行业选择行为影响的回归结果如表6-9所示。模型1和模型2分别是总收入质量的层次分析，模型3和模型4是收入质量的单维度层次分析。分析结果显示，模型χ^2检验值分别为42.69、43.05、48.72、54.85，p值均小于0.001；-Log likelihood分别为177.51、177.17、175.81、174.07，表明各变量提供的信息具备显著的解释能力。根据调节效应判断标准可知，模型1和模型2中$\Delta R_1^2 = 0.0016$，模型3和模型4中$\Delta R_2^2 = 0.0083$，表明收入质量与信贷约束对在创业者选择"种养殖"行业具有显著的交互作用，其中农户收入质量的单维度与信贷约束的交互作用更为显著。总之，收入质量与信贷约束对在创业者资金来源选择具有交互作用，其中农户收入质量的单维度与信贷约束的交互作用更为显著。

表6-9 收入质量与信贷约束交互效应对在创业者资金来源选择行为影响的层次回归结果

变量	模型1	模型2	模型3	模型4
	系数	系数	系数	系数
收入质量	-3.3827**	-3.3726**	-	-
信贷约束	-5.7393*	-5.7264*	-5.4999*	-6.0613*
信贷约束 * 收入质量	-	11.8091	-	-
收入的充足性	-	-	1.7608	2.4891

续表

变量	模型 1	模型 2	模型 3	模型 4
	系数	系数	系数	系数
收入的结构性	-	-	- 4.3537	- 4.0740
收入的成长性	-	-	3.8534	4.5886
收入的成本性	-	-	- 16.3327*	- 17.5997*
收入的知识性	-	-	- 6.6459	- 6.7461
充足性 * 信贷约束	-	-	-	72.3640
结构性 * 信贷约束	-	-	-	3.4930
成长性 * 信贷约束	-	-	-	- 105.0782
成本性 * 信贷约束	-	-	-	- 22.8913
知识性 * 信贷约束	-	-	-	- 6.3957
- LLd	177.51	177.17	175.81	174.07
Wald chi2	42.69***	43.05***	48.72***	54.85***
P-R^2	0.1533	0.1549	0.1614	0.1697
ΔR^2	0.0016		0.0083	

注：① $* p < 0.1$，$** p < 0.05$，$*** p < 0.01$；②模型 1 和模型 2 分别是总收入质量的层次分析结果，模型 3 和模型 4 是收入质量的单维度层次分析结果。

（四）收入质量与信贷约束交互作用对重新创业农户两次选择一致性的影响检验

（1）创业行业选择一致性

收入质量与信贷约束交互作用对重新计划创业个体两次创业组织形式选择一致性影响的回归结果如表 6 - 10 所示。模型 1 和模型 2 分别是总收入质量的无信贷约束和有信贷约束的样本分组，模型 3 和模型 4 是收入质量单维度的无信贷约束和有信贷约束的样本分组。估计结果显示，模型 χ^2 检验值分别为 0.10、0.15、5.74、5.71，仅有以收入质量为调节变量的层次回归分析的 p 值小于 0.1；-Log likelihood 分别为 11.75、4.12、13.63、12.11，以信贷约束为调节变量的分组回归结果不具备显著的解释力，以收入质量为调节变量的层次回归分析具备解释力。因此，

表 6-10 收入质量与信贷约束交互作用对重新计划创业者两次创业选择一致性影响的结果分析

创业选择一致性 回归分析	行业选择一致性				创业组织形式选择一致性				创业资金来源选择一致性			
	以信贷约束为调节变量的分组回归分析		以收入质量为调节变量的层次回归分析		以信贷约束为调节变量的分组回归分析		以收入质量为调节变量的层次回归分析		以信贷约束为调节变量的分组回归分析		以收入质量为调节变量的层次回归分析	
变量	模型 1	模型 2	模型 3	模型 4	模型 1	模型 2	模型 3	模型 4	模型 1	模型 2	模型 3	模型 4
收入质量	0.3216	-6.0147	-8.0030	-1.5758	5.7386	-8.1408	-0.4751	3.6040	-7.5319	9.8926	-5.4857	5.9828
信贷约束	-	-	-9.4836**	-9.9577*	-	-	-7.1853**	-6.1480	-	-	-0.9577	3.3900
信贷约束*收入质量	-	-	-	145.9912*	-	-	-	77.559	-	-	-	172.4950*
-LLd	11.75	4.12	13.63	12.11	12.07	3.64	14.46	13.85	10.37	4.58	15.45	12.95
Wald chi2	0.10	0.15	5.74*	5.71*	0.96	0.34	5.50*	6.91*	1.63	0.21	1.00	5.06*
P-R2	0.0013	0.0153	0.1638	0.2571	0.3262	0.0461	0.1149	0.1519	0.6070	0.0419	0.0266	0.1844
ΔR²	0.0140		0.0933		0.2801		0.0370		0.5651		0.1578	

注：①*p<0.1,**p<0.05,***p<0.01；②模型1和模型2分别是以信贷约束为调节变量的分组回归结果，模型3和模型4是以收入质量为调节变量的层次回归结果。

以收入质量为调节变量的层次回归结果进行解释，模型 3 和模型 4 中 $\Delta R_2^2 = 0.0933$，表明收入质量与信贷约束对重新计划创业者两次创业行业选择一致性具有交互作用。

（2）创业组织形式选择一致性

收入质量与信贷约束交互作用对重新计划创业个体两次创业组织形式选择一致性影响的回归结果如表 6 - 10 所示。模型 1 和模型 2 分别是总收入质量的无信贷约束和有信贷约束的样本分组，模型 3 和模型 4 是收入质量单维度的无信贷约束和有信贷约束的样本分组。估计结果显示，模型 χ^2 检验值分别为 0.96、0.34、5.50、6.91，仅有以收入质量为调节变量的层次回归分析的 p 值小于 0.1；-Log likelihood 分别为 12.07、3.64、14.46、13.85，以信贷约束为调节变量的分组回归结果不具备显著解释力，以收入质量为调节变量的层次回归分析具备解释力。因此，对以收入为调节变量的层次回归结果进行解释，模型 3 和模型 4 中 $\Delta R_2^2 = 0.0370$，表明收入质量与信贷约束对重新计划创业者两次创业行业选择一致性具有交互作用。根据对交互作用的判断，"两个变量的地位也可以是不对称的，只要其中有一个起到了调节变量的作用，交互作用就存在"。由此得出，收入质量与信贷约束对重新计划创业者两次创业组织形式选择一致性的影响具有交互作用。

（3）创业资金来源选择一致性

收入质量与信贷约束交互作用对重新计划创业个体两次创业资金来源选择一致性影响的回归结果如表 6 - 10 所示。模型 1 和模型 2 分别是总收入质量的无信贷约束和有信贷约束的样本分组，模型 3 和模型 4 是收入质量单维度的无信贷约束和有信贷约束的样本分组。估计结果显示，模型 χ^2 检验值分别为 1.63、0.21、1.00、5.06；-Log likelihood 分别为 10.37、4.58、15.45、12.95，以信贷约束为调节变量的分组回归和以收入质量为调节变量的层次回归分析结果均不具备显著解释力。

总之，无论是以信贷约束为调节变量的分组回归分析，还是以收入质量为调节变量的层次回归分析，结果均表明：收入质量与信贷约束的交互作用对重新计划创业者资金来源选择一致性的解释力不足。

四 本章小结

本章内容在前文基础上构建了收入质量与信贷约束交互作用下农户创业选择理论分析框架，借鉴由 Evans 和 Jovanovic（1989）提出的信贷约束下居民创业的静态模型，分析创业能力与信贷约束下的农户创业选择决策，并就农户收入质量与信贷约束对农户选择创业与否的交互效应进行了初步判断，通过建立模型和采用数据分别检验以信贷约束为调节变量的交互效应和以收入质量为调节变量的交互效应分别对计划创业个体选择行业、组织形式、资金来源意愿的影响，对在创业个体行业、组织形式、资金来源选择行为的影响，以及对重新创业个体行业、组织形式、资金来源选择一致性的影响。形成结论如下。

首先，收入质量与信贷约束对农户是否创业具有非对称的交互作用，但不显著。

其次，对于计划创业农户个体，第一，与传统的"种养殖"行业相比，收入质量与信贷约束对农户选择"农业生产服务""批发零售""居民生活服务""建筑制造""餐饮"行业的意愿具有交互作用；第二，收入质量与信贷约束的交互项对计划创业者组织形式选择意愿的解释力不足；第三，收入质量与信贷约束对计划创业者资金来源选择意愿具有交互作用，其中农户收入质量的单维度与信贷约束的交互作用更显著。

再次，对于在创业农户个体，收入质量与信贷约束对在创业者不同行业、组织形式、资金来源选择行为具有显著的交互作用，其中农户收入质量的单维度与信贷约束的交互作用更为显著。

最后，对于重新计划创业农户个体，收入质量与信贷约束对重新计划创业者两次创业行业选择与组织形式选择一致性具有交互作用，但对资金来源选择一致性的解释力不足。

第七章 ◀
收入质量与信贷约束视角下
农户创业选择优化策略

在经济新常态背景下，创业作为增加农民就业，实现增收，改善民生，促进农村经济发展的主要途径，应受到更广泛的关注和引导。本研究通过对实地调查数据的分析发现，首先，我国农村地区的创业在新农村建设发展过程中发生了重大变化，农民参与市场经济活动比较活跃，创业参与率较高，计划创业的农户比例显著，部分农户在曾经的创业活动中失败后，仍有计划尝试再次创业；相较于以往生存型的创业动机，当前大多数农户是效益追求型创业，其中追求自我发展的农户创业比例也在逐渐上升，现有农村创业活动、创业绩效良好，很多创业农户个体实现了自己曾经建立的目标，并在继续努力，且带动就近就业的效应显著。就创业组织形式选择、创业行业选择、资金来源获取途径选择而言，由于对创业认知和周围环境资源的有限性，绝大多数农户创业依赖于家庭组织、传统"种养殖"行业、"非正规渠道"，但这并非是他们预期中最理想的选择，当有第二选择或者说有更多的外部资源刺激时，他们的选择会发生重大变化。其次，我国农村地区的创业活动面临的环境较为艰难，农户普遍反映创业难度系数较高、金融资源缺乏是当前计划创业和在创业群体面临的首要难题，其次是创业的一般外部环境；绝大多数农户首要希望政府能在"增加信贷"和"创业政策"两个方面提供支持，其次是"市场信息"和"公共基础设施"的改善。

相较于一般创业者，由于农户个体能力的有限性和外部资源环境的特殊性以及二者交互作用形成的异质性，农户面临着更为艰难的创业环境条件。资金作为影响农户创业的首要问题，在以往的研究中引起了众多学者的重视，但现有的研究仅局限于资金对农户选择创业与否的影响，而对农户具体行业、组织形式、资金来源选择的关注较少，作为创业行为发生发展的决定性环节，合适的创业行业、创业组织形式和资金来源选择对创业者实现更好的创业绩效有重要的意义与实践价值。行业选择作为企业的发展目标和方向，决定了企业生产经营中人、财、物等要素的投向，以及产、供、销等企业行为的组织与实施，正确的行业选择对创业的成败有举足轻重的作用。创业组织形式的差异决定创业者资源整合与资源配置方式的不同，进而影响创业绩效。个体获取资金的渠道与农户投资之间高度正相关。本研究从资金的内部优化途径（收入质量提升和资金的外部影响因素）和缓解信贷约束两方面分别论证了其对农户选择创业与否，以及对农户创业行业、组织形式、资金来源选择的意愿、行为、一致性影响及其交互作用，并形成如下主要结论。

第一，农户收入质量与个体是否选择创业之间是外生关系。就农户创业决策而言，低水平农户收入质量显著抑制了农户选择创业，收入水平越高，对农户选择创业的正向影响越显著；从收入质量维度来看，收入的充足性和知识性的改善，对农户个体创业具有显著的正向作用；单一化收入结构显著正向促进"继续创业"行为。收入的成长性和成本性的提高会阻碍当前的"继续创业"决策行为。

第二，不同的收入质量水平和不同维度的收入质量对农户个体创业行业、组织形式、资金来源选择的意愿、行为、一致性产生差异化影响。一是随着农户收入质量的提升，个体对"种养殖""农业生产服务""居民生活服务""餐饮"行业的选择意愿逐渐减弱，而对"批发零售""建筑制造"行业的选择意愿逐渐增强。农户收入质量越高，计划创业者选择"个体创业"组织形式和"非正规渠道"资金来源的意愿越显著，而收入的充足性的改善会强化农户选择"非个体创业"组织形式的意愿，收入的结构性和成本性的提高则会强化农户从"正式渠道"获取资金的意愿。二是收入质量水平越高,个体选择"种养殖"和"居民生活服务"行业、"个体创业"组织形式以及"非正规渠道"资金来源的行为概率越高。此外,收入质量不同维度的改善,对不同行业选择行为的影响存在显著差异性。三是农户收入质量水平越高,重新计划创业个体在两次创业中选择不一致的行业、组织形式、资金来源的概率越高。

第三,农户信贷约束与个体是否选择创业之间存在内生性关系,信贷约束的缓解对促进农户选择创业具有显著的正向作用,不同农户收入质量水平和不同维度的农户收入质量对农户个体创业行业、组织形式、资金来源选择的意愿、行为、一致性产生差异化影响。一是缓解信贷约束对计划创业者选择"餐饮"行业意愿的促进作用最显著。需求型信贷约束显著抑制了计划创业者对"种养殖""餐饮"行业的选择意愿,供给型信贷约束显著抑制了计划创业个体对"居民生活服务"行业的选择意愿。信贷约束抑制了计划创业者选择"个体创业"和从"非正式渠道"获取资金的意愿。二是农户信贷约束与在创业个体行业选择行为、资金来源选择行为之间存在内生性关系,与创业组织形式选择行为之间存在外生性关系。信贷约束显著抑制了创业者对"农业生产服务""批发零售"行业的选择行为。需求型信贷约束对农户选择"个体创业"的行为具有促进作用,而供给型信贷约束则显著抑制"个体创业"行为,其中需求型信贷约束的促进作用显著高于供给型信贷约束的抑制影响。信贷约束显著抑制了农户从"正式渠道"获取资金的行为。三是信贷约束促进了重新计划创业个体在两次创业中选择一致的行业、组织形式和资金来源。

第四,首先,农户收入质量与信贷约束对个体决策是否创业产生交互作用,但不显著。其次,与传统的"种养殖"行业相比,收入质量与信贷约束对计划创业个体选择"农业生产服务""批发零售""居民生活服务""建筑制造""餐饮"行业的意愿产生交互影响;对计划创业者的资金来源选择意愿产生交互影响,其中农户收入质量的单维度与信贷约束的交互作用更为显著。再次，收入质量与信贷约束对在创业者不同行业、组织形式、资金来源的选择行为产生显著的交互作用，其中农户收入质量的单维度与信贷约束的交互作用更为显著。最后，农户收入质量与信贷约束对重新计划创业者两次创业行业选择与组织形式选择的一致性具有交互作用。

因此，基于以上的主要研究结论，针对如何引导农户创业意愿、提高农户收入质量和缓解信贷约束，促进农户选择创业及其相关选择行为，本研究从以下几方面提出相应的对策建议。

一 基于农户内部收入质量提升的创业选择转变

（一）开拓多渠道获取收入，提高收入的充足性，强化创业的物质基础

收入获取途径较为单一是造成农户收入较低的重要因素。收入较低难以支撑创业的资金需求。农户现有的收入途径主要是经营性收入或者工资性收入，拥有劳动力较多的农户家庭可能拥有两种途径（以其中一种收入来源为主，另一种收入来源为辅），其中经营性收入也以农业生产经营为主，风险较大。农户一旦遇到风险，将面临重大的损失。因此，需要培养农户通过其他途径获取财富的能力。例如，通过培训和强化农户的金融知识，让更多农户学会理财，增加财产性收入；二是增加技能培训，提高农户的专业技能水平；三是加快农村现有要素尤其是土地要素的流动，使要素在流通中增值，增加农户的财富来源。

（二）倡导多形式经营，提高收入的结构性和成长性，增强风险抵抗能力

多形式经营有多种实现方式，最直接的方式一是采用立体化农业经营，如复种、套种、庭院式立体经济，二是多产业融合经营，如"农业生产经营＋旅游休闲经济"模式、"农业＋文化"模式，三是科技与农业产业融合经营，如"互联网＋"在农业销售领域的

应用。通过多种形式经营，可改善单一的收入来源结构，增强风险抵抗能力。

（三）引导发展农业新型经营主体和农业中介组织，降低收入的成本性

传统农业产业化经营主体以"农户＋公司"或"农户＋合作社"模式为主。这些模式虽然有利于农民增收，但是依然不能保障农户的权利，农户没有市场谈判能力。而近几年出现的新型经营主体"公司＋基地＋农户""公司＋家庭农场"，既能把分散的农户集中起来，相互进行监督和约束，又能提供统一的生产经营服务，降低农户从市场获得生产资料的交易成本和减少市场价格波动风险。"基地""家庭农场"等新型经营主体的出现，既提高了农户的生产力和市场竞争力，又降低了农户获取信息和生产资料等方面的服务成本，降低了农业经营收入获取成本。因此，引导和规范农户发展农业新型经营主体和农业中介组织，可以有效地降低农户农业经营收入的获取成本。

（四）鼓励发展个人兴趣，发挥职业专长，改善收入的知识性

充分发挥个体既有的优势，例如发挥职业特长、复制以往工作经历、发掘和培养个人兴趣，对其进行针对性培训可以有效提高创业转换率和成功率。同时，对既有创业提升创新管理能力，可通过开设有关新创企业管理讲座，增加综合技能培训，丰富个人的组织管理经验，扩充和完善个体的知识结构，增强管理和运营组织能力，从而提高个体创新企业管理的综合能力。

二　基于农户外部信贷资源改进的创业选择促进

（一）完善信贷评估体系，提高资金可得性，改进农户对创业组织形式选择的灵活性

引进农户收入质量完善个体的信贷评估体系，替代以往单纯

以资产抵押担保或关系为标准的贷款审批与监管，多方面综合考量农户还贷能力，为有效创业农户提供更多资金，解决信贷资金难题。不同创业组织形式对资金的要求存在较大的差异性，信贷增加有助于改进农户个体对创业组织形式选择的灵活性。

（二）加速农村产权确权，增加抵押标的物，扩大创业资金来源选择宽度

缺乏有效担保物是农户贷款难的重要因素。从目前已试点地区的土地抵押状况来看，土地确权对农户获取信贷资金具有较大的促进作用，很多农户通过土地经营权抵押获得了部分资金改善了农业生产投入状况。已有研究亦证实，农村土地经营抵押能够缓解农户的信贷约束。因此，加速土地、房屋的确权，推进农村土地要素的流转与交易，可以增加农户用于抵押的标的物，在一定程度上可缓解贷款难题，拓宽农户创业资金来源的选择宽度。

（三）搭建多样化融资平台，增加资金获取途径，拓宽创业行业选择范围

组建合作社或者协会，通过组织形式获取资金，提高农户信贷的可获得性；或者从组织内部实现资金众筹，聚集组织内部个体闲散小规模资金，组建互助基金，优先用于好的创业项目，从而将资金集中运用于发展前景较好的行业。

（四）推进县、乡、村与金融机构的合作联保制，延伸信用贷款，丰富创业资金选择

农户自身积累的资金少，抵押担保物缺乏，抗风险能力弱，造成正规金融机构对农户还贷的低信任。地方政府可适度与金融机构展开合作，甄别和筛选可行性较高的农户创业项目，由当地县、乡政府提供担保，为具有较高可行性创业项目的农户承担连带责任，增加农户信贷资金，拓宽农户创业资金来源选择的灵活性。

（五）拓宽人际关系网络，增加信贷资金可得性，优化创业资金选择

社会是由复杂的人物关系网络编织而成的大系统，人和人、人和事物、事物与事物之间存在紧密的联系。人际关系网络构建是确保资源获取的有效前提。已有研究证实，较强的人际关系网络对农户获取创业资金资源具有显著的促进作用。因此，有必要对农户的人际交往能力实施针对性的培训和强化，提升其利用关系网络改善信贷资金的可得性，优化农户创业资金来源选择的灵活性。

（六）加大资金扶持力度，强化创业基金效用，改善创业行业选择

政府可成立农户创业专项基金，并对专项基金实施分类分层分阶段管理，如将基金按数量进行分类、按不同行业和组织形式实施分层扶持政策，具体可委托银行或风险投资机构来运作，由政府和农户共同监督。同时，需要构建完善的创业项目评估体系和个体信用评估档案，支持创业基金的合理配置。有效的评估和监督机制有助于筛选出更好的创业项目和具有良好发展能力的创业个体。这样的机制可以激励农户在创业行业和组织选择时做出最优决策。

三　基于农户内外部资源协同作用的创业选择导向

（一）构建个体评估平台，完善创业培训体系，实现创业培训机制长效化

完善的创业评估体系，可以有效地识别"谁是合适的创业者""谁可以成为创业的重点培养对象""谁可以成为重点扶持的创业对象"，完善的创业培训体系，则可以在准确识别的基础上继续实施针对性的指导和扶持，然而创业具有高风险性和不确定性，创业培训指导的长效机制可帮助农户在创业过程中获得信息指导，提前感知风险，降低失败的可能性。具体可通过四个方面

实现：一是培养个体的创业实践性，主要包括熟悉创业基本知识、树立创业观、培养创业心理素质、提高个体创业能力；二是构建创业个体的识别和评估体系，例如就心理素质、技术技能水平、社会网络规模、市场参与能力、创新能力、坚韧能力、合作能力、协调能力、风险管理等方面建立系统的测量量表，识别不同的个体，从而分类引导和分阶段实施针对性的创业培训；三是建立长效培训机制，帮助个体建立适合自己定位的创业目标体系（分阶段：短期、中期、长期），从而实现目标对个体的长期激励机制；四是设立创业管理负责制，设有专人管理不同的创业项目，提供专业的创业引导和支持，降低创业风险，培育和强化创业意向，促进创业行为转换。

（二）培育创业氛围，强化创业环境诱导效应，调动农户创业积极性

创业活动是在一定的社会背景下发生的社会活动，而社会文化环境对创业的产生、形成以及发展过程发挥重要作用。通过经验总结、成功案例示范、政府导向以及积极的创业教育等措施能够有效地培育创业氛围和文化，引导和调动农户自身及其家庭成员的积极性，激发其内在的创业动力，提高创业转化率；加强创业信息的媒体宣传力度和增加政策鼓励性支持都有助于农户获得创业机会。

（三）搭建创业平台，整合资源优势，提升创业项目竞争性

政府搭建创业平台对农村现有的资源进行整合，提升农户参与市场的竞争力。例如构建基于种养殖业的延伸产业链，从农业技术推广、农资农机供给到农产品粗加工、销售、储存、运输，实现一体化发展，实现产业链经营，提升创业项目竞争性水平。另外，政府可通过引导和规范农户通过技术入股、资金入股等方式，实现多样化经营，吸纳散户，整合现有的技术、技能、资金资源，争取做大做强，提升农户的综合竞争力。

（四）增强政府管理职能，提高市场透明度，改善农户参与市场交易的公平性

增强政府管理职能，提高市场透明度，降低市场经济活动环节中的交易成本，可以调动个体的积极性和主动性，让更多农户公平参与市场竞争。具体措施包括强化创业政策引导、完善市场信息平台以及改善公共基础设施，优化农户的创业环境条件；加强政府对金融资本的监管，降低个体的资金风险，改善资金资源获取成本；制定长期创业政策规划，提高创业环境稳定性，降低风险感知强度预期。

（五）增加农村教育投资，改进农村教育条件，提高农户专业技能

农村教育投资不只是基础教育，职业教育和成人教育同样重要。从现有实际情况来看，农户受教育程度普遍偏低，接受的教育以通识教育为主，较少接受职业技能培训和成人教育。引导农户致富，科技下乡是非常重要且有效的方式。一是通过当地政府与高校进行联合办学，将高校与科研机构的最新研究成果应用于农户创业，提高农户的专业技能；二是通过媒体和网络设立专业技能讲座，定期组织农户观看学习，并邀请技术专员现场指导；三是组织专业技术人员进村办班指导，针对不同情况设计特定培训内容，培育新型职业农民，提高技能水平，改善收入的知识性结构。

▶ 参考文献

阿马蒂亚·森，2002，《以自由看待发展》，任赜、于真译，中国人民大学出版社。

北京大学社会学系，2004，《21 世纪与中国社会学》，北京大学出版社。

蔡敦浩、利尚仁、林韶怡，2008，《创业研究的新趋向：叙说探究之应用》，《中山管理评论》第 2 期。

蔡莉、汤淑琴、马艳丽、高祥，2014，《创业学习、创业能力与新企业绩效的关系研究》，《科学学研究》第 8 期。

陈浩义、孙红霞、王文彦，2014，《国内农民工创业问题研究综述及理论分析框架》，《山东工商学院学报》第 2 期。

陈华山，1996，《当代美国农业经济研究》，武汉大学出版社。

程郁、罗丹，2009，《农户的创业选择——基于中国农户调查的实证分析》，《中国农村经济》第 11 期。

池仁勇、梁靓，2010，《生存型与机会型创业者的行业选择研究》，《科技进步与对策》第 5 期。

仇娟东、何风隽、艾永梅，2011，《金融抑制、金融约束、金融自由化与金融深化的互动关系探讨》，《天津大学学报》第 6 期。

褚保金、卢亚娟、张龙耀，2009，《信贷配给下农户借贷的福利效果分析》，《中国农村经济》第 6 期。

崔萌，2010，《对农民创业行为及其影响因素的研究——基于扬州市 5 县 495 名创业者的问卷调查》，《金融纵横》第 4 期。

德鲁克·彼德，1989，《创业精神与创新》，工人出版社。

邓道才、唐凯旋，2015，《信贷排斥、家庭资本与农民创业选择——基于安徽省 696 份农户调查数据》，《湖南农业大学学报》（社会科学版）第 1 期。

邓俊淼，2010，《农民工创业环境管理研究》，《农业经济》第 4 期。

邓锴、孔荣，2016，《收入质量对农民工信贷需求的影响研究——来自河南、山东、陕西的数据》，《经济经纬》第 1 期。

刁仁群、任书坤，2003，《关于我国农村金融抑制问题的思考》，《武汉金融》第 3 期。

董保宝、葛宝山，2008，《经典创业模型回顾与比较》，《外国经济与管理》第 3 期。

傅春、洪丹丹、李昌荣，2009，《支持农民创业的金融创新模式研究》，《金融与经济》第 10 期。

高进云、乔荣锋、张安录，2007，《农地城市流转前后农户福利变化的模糊评价——基于森的可行能力理论》，《管理世界》第 6 期。

高静、张应良，2013，《农户创业：初始社会资本影响创业者机会识别行为研究——基于 518 份农户创业调查的实证分析》，《农业技术经济》第 1 期。

古家军、谢凤华，2012，《农民创业活跃度影响农民收入的区域差异分析——基于 1997—2009 年的省际面板数据的实证研究》，《农业经济问题》第 2 期。

郭军盈，2006，《农民创业问题研究》，南京农业大学博士学位论文。

郭军盈，2006，《我国农民创业的区域差异研究》，《经济问题探索》第 6 期。

郭晓晶、何倩、张冬梅、许金芳、贺佳，2012，《综合运用主客观方法确定科技评价指标权重》，《科技管理研究》第 20 期。

国家统计局，2004，《2004 年中国乡镇企业年鉴》，中国农业出版社。

韩俊，2008，《改革开放以来农村经济社会转型研究》，《经济研究导刊》第 2 期。

郝朝艳、平新乔、张海洋、梁爽，2012，《农户的创业选择及其影响因素——来自"农村金融"的证据》，《中国农村经济》第 4 期。

胡豹，2007，《农业结构调整中农户决策行为研究》，浙江大学博士学位论文。

黄德林、宋维平、王珍，2007，《新形势下农民创业能力来源的基本判断》，《农业经济问题》第 9 期。

黄洁、蔡根女、买忆媛，2010，《农村微型企业：创业者社会资本和初创企业绩效》，《中国农村经济》第 5 期。

黄中伟，2004，《非均衡博弈：浙江农民创业的原动力》，《企业经济》第 5 期。

姜彦福、高健、程源、邱琼，2004，《全球创业观察 2003 中国及全球报告》，清华大学出版社。

蒋剑勇、郭红东，2012，《创业氛围、社会网络和农民创业意向》，《中国农村观察》第 2 期。

蒋剑勇、钱文荣、郭红东，2013，《社会网络、社会技能与农民创业资源获取》，《浙江大学学报》（人文社会科学版）第 1 期。

焦晓波、关璞，2012，《创业型经济的发展和中国农民创业问题理论研究动态》，《经济体制改革》第 1 期。

金迪、蒋剑勇，2014，《基于社会嵌入理论的农民创业机理研究》，《管理世界》第 12 期。

孔荣、Calum G. Turvey，2009，《中国农户经营风险与借贷选择的关系研究——基于陕西的案例》，《世界经济文汇》第 1 期。

孔荣、王欣，2013，《关于农民工收入质量内涵的思考》，《农业经济问题》第 6 期。

孔荣、王欣，2013，《收入质量内涵的思考》，《农业经济问题》第 6 期。

李嘉、张骁、杨忠，2010，《性别对创业行业进入的影响研究》，《科学管理研究》第 1 期。

李梅海，2000，《采取堵"虚"对策确保税收质量》，《经济工作导刊》第 8 期。

梁富山，2013，《基于 AHP 和熵权法的税收收入质量评价——基于国税系统 2011 年数据的实证研究》，《税务与经济》第 5 期。

刘杰、郑风田，2011，《流动性约束对农户创业选择行为的影响——基于晋、甘、浙三省 894 户农民家庭的调查》，《财贸研究》第 3 期。

刘唐宇，2010，《农民工回乡创业问题：研究述评与进一步研究的思考》，《上饶师范学院学报》第 2 期。

刘正君、宋太光，2010，《我国税收征管质量存在的问题及对策》，《财经界》（学术版）第 3 期。

卢亚娟、张龙耀、许玉韫，2014，《金融可得性与农村家庭创业——基于 CHARLS 数据的实证研究》，《经济理论与经济管理》第 10 期。

罗明忠、陈江华，2016，《资源禀赋、外部环境与农民创业组织形式选择》，《产经评论》第 4 期。

罗明忠、黄莎莎，2014，《农户创业的代际差异比较：问卷调查分析——基于人力资本视角》，《经济与管理评论》第 2 期。

罗明忠、黄莎莎、邹佳瑜，2013，《农民创业的代际传承因素实证分析：基于广东部分地区农民创业者的问卷调查》，《广东商学院学报》第 5 期。

罗明忠、邹佳瑜、卢颖霞，2012，《农民的创业动机、需求及其扶持》，《农业经济问题》第 2 期。

马光荣、杨恩艳，2011，《社会网络、非正规金融与创业》，《经济研究》第 3 期。

毛飞、王旭、孔祥智，2014，《农民专业合作社融资服务供给及其影响因素》，《中国软科学》第 7 期。

牛荣、罗剑朝、张珩，2012，《陕西省农户借贷行为研究》，《农业技术经济》第 4 期。

欧阳志刚，2014，《中国城乡经济一体化的推进是否阻滞了城乡收入差距的扩大》，《世界经济》第 2 期。

彭艳玲、孔荣、Calum G. Turvey，2013，《农民创业意愿活跃程度及其影响因素研究——基于需求与供给联立方程模型》，《经济与管理研究》第 4 期。

彭艳玲、孔荣、Calum G. Turvey，2016，《农村土地经营权抵押、流动性约束与农户差异性创业选择研究——基于陕、甘、豫、鲁 1465 份入户调查数据》，《农业技术经济》第 5 期。

乔梁，2000，《规模经济论》，对外经济贸易大学出版社。

秦建群、吕忠伟、秦建国，2011，《农户分层信贷渠道选择行为及其影响因素分析——基于农村二元金融机构的实证研究》，《数量经济技术经济研究》第 10 期。

任劼、孔荣，2016，《基于验证性因子分析的农户收入质量研究》，《重庆大学学报》（社会科学版）第 4 期。

盛立中，2015，《创业组织形式选择与税收策略（上）》，《首席财务官》第 6 期。

石婷婷、钱思烨、鲁燕妃，2015，《农民创业行为影响因素研究现状与展望》，《浙江农业科学》第 8 期。

石智雷、谭宇、吴海涛，2010，《返乡农民工创业行为与创业意愿分析》，《中国农村观察》第 5 期。

史清华、陈凯，2002，《欠发达地区农民借贷行为的实证分析——山西 745 户农民家庭的借贷行为的调查》，《农业经济问题》第 10 期。

宋克勤，2002，《生产运作管理教程》，上海财经大学出版社。

苏岚岚、彭艳玲、孔荣，2016，《创业资本对农户创业绩效影响的实证研究——基于陕、甘、豫、鲁农户调查》，《农林经济管理学报》第 2 期。

天津市税收收入质量调研课题组，2004，《构建地方税收收入质量评价体系研究》，《天津经济》第 2 期。

王阿娜，2010，《农民创业的专业合作经济组织形式探讨》，

《福建农林大学学报》（哲学社会科学版）第 6 期。

王春超、叶琴，2014，《中国农民工多维贫困的演进——基于收入与教育维度的考察》，《经济研究》第 12 期。

王国华，2009，《农民创业现状及其影响因素研究》，扬州大学博士学位论文。

王国星，2002，《试论地方财政收入质量》，《当代财经》第 12 期。

王西玉、崔传义、赵阳，2003，《打工与回乡：就业转变和农村发展——关于进城民工回乡创业的研究》，《管理世界》第 7 期。

王小华、温涛、王定祥，2014，《县域农村金融抑制与农民收入内部不平等》，《经济科学》第 2 期。

王小林、Sabina Alkire，2009，《中国多维贫困测量：估计和政策含义》，《中国农村经济》第 12 期。

王欣、孔荣，2014，《农民工和农民、城镇居民的收入质量与横向公平比较》，《软科学》第 1 期。

危旭芳、罗必良，2014，《农民创业研究：一个文献综述》，《中大管理研究》第 3 期。

韦吉飞，2010，《新形势下农民创业问题研究》，西北农林科技大学博士学位论文。

韦吉飞、王建华、李录堂，2008，《农民创业行为影响因素研究——基于西北五省区调查的实证分析》，《财贸研究》第 5 期。

温锐，2004，《农民增收关键在强化农民自我创业四项功能》，《福建师范大学学报》（哲学社会科学版）第 3 期。

温忠麟、侯杰泰、张雷，2005，《调节效应与中介效应的比较与应用》，《心理学报》37 卷第 2 期。

翁辰、张兵，2015，《信贷约束对中国农村家庭创业选择的影响——基于 CHFS 调查数据》，《经济科学》第 6 期。

吴开亚、金菊良，2008，《区域生态安全评价的熵组合权重属性识别模型》，《地理科学》28 卷第 6 期。

吴小立、于伟，2016，《环境特性、个体特质与农民创业行为研究》，《外国经济与管理》第 3 期。

吴烨、余泉生，2015，《信息结构、融资渠道与金融改革》，《世界经济文汇》1 卷第 4 期。

西蒙，赫伯特 A.，2004，《管理行为》，詹正茂译，机械工业出版社。

肖芳华、包晓岚，2011，《农民创业的信贷约束——基于湖北省 930 家农村微型企业的实证研究》，《农业技术经济》第 2 期。

谢雅萍、黄美娇，2016，《创业学习、创业能力与创业绩效——社会网络研究视角》，《经济经纬》第 1 期。

谢玉梅，2006，《农村小企业融资实证分析——以江苏为例》，《财经论丛》第 11 期。

熊彼特，1934，《经济发展理论》，商务印书馆。

许朗，2004，《创业家素质与创业资金的筹措》，《南京社会科学》第 z2 期。

尤小文，1999，《农户：一个概念的探讨》，《中国农村观察》第 5 期。

余长春、黄蕾，2008，《构建农民创业能力的提升体系》，《农业考古》第 3 期。

郁义鸿、李志能、西斯瑞克，2000，《创业学》，复旦大学出版社。

张海洋、李静婷，2012，《村庄金融环境与农户信贷约束》，《浙江社会科学》第 2 期。

张海洋、袁雁静，2011，《村庄金融环境与农户创业行为》，《浙江社会科学》第 7 期。

张立军、袁能文，2010，《线性综合评价模型中指标标准化方法的比较与选择》，《统计与信息论坛》第 8 期。

张秋惠、刘金星，2010，《中国农村居民收入结构对其消费支出行为的影响——基于 1997~2007 年的面板数据分析》，《中国农村经济》第 4 期。

张新民，2001，《农村金融与信贷政策》，中国农业出版社。

张义祯，2000，《西蒙的"有限理性"理论》，《中共福建省委党校学报》第8期。

张应良、汤莉，2013，《农民创业绩效影响因素的研究——基于对东部地区284个创业农民的调查》，《华中农业大学学报》（社会科学版）第4期。

张玉利、杨俊、任兵，2008，《社会资本、先前经验与创业机会——一个交互效应模型及其启示》，《管理世界》第7期。

郑风田、孙瑾，2006，《从生存到发展——论我国失地农民创业支持体系的构建》，《经济学家》第1期。

钟王黎、郭红东，2010，《农民创业意愿影响因素调查》，《华南农业大学学报》（社会科学版）第2期。

钟涨宝、陈小伍、王绪朗，2007，《有限理性与农地流转过程中的农户行为选择》，《华中科技大学学报》（社会科学版）第6期。

钟振强、宋丹兵，2005，《论财政收入质量评价指标体系建设》，《财会研究》第6期。

周劲波、杜丽婷，2007，《西部地区农民创业面临的问题及对策——以广西临桂县为例》，《经济纵横》第12期。

周菁华、谢洲，2012，《农民创业能力及其与创业绩效的关系研究——基于重庆市366个创业农民的调查数据》，《农业技术经济》第5期。

周文文，2005，《新的平等：阿马蒂亚·森的"可行能力平等"》，《理论界》第1期。

周彦文、陈莉霞，1998，《试论财产收入的概念、性质和功能》，《中南财经大学学报》，第1期。

朱红根、康兰媛，2013，《农民工创业动机及对创业绩效影响的实证分析——基于江西15个县市的438个反向创业农民工样本》，《南京农业大学学报》（社会科学版）第5期。

朱红根、康兰媛、翁贞林等，2010，《劳动力输出大省农民工返乡创业意愿影响因素的实证分析——基于江西省1145个返乡农民工的调查数据》,《中国农村观察》第 5 期。

朱明芬, 2010,《农民创业行为影响因素分析——以浙江杭州为例》,《中国农村经济》第 3 期。

朱守银、张照新、张海阳等, 2003,《中国农村金融市场供给和需求——以传统农区为例》,《管理世界》第 3 期。

庄晋财、芮正云、曾纪芬, 2014,《双重网络嵌入、创业资源获取对农民工创业能力的影响——基于赣、皖、苏 183 个农民工创业样本的实证分析》,《中国农村观察》第 3 期。

Afrin I, Ahmend S. U. 2008, A Multivariate Model of Micro Credit and Rural Women Entrepreneurship Development in Bangladesh [J]. *International Journal of Business and Management*, 3 (8): 169 – 185.

Aiken L S, West S G. 1991, *Multiple Regression: Testing and Interpreting Interactions* [M]. California: Sage Press.

Ajzen I, Fishbein M. 1975, A Bayesian Analysis of Attribution Processes [J]. *Psychological Bulletin*, 82 (2): 261 – 277.

Ajzen, I. , and Fishbein, M. 1975, A Bayesian analysis of attribution processes [J]. *Psychological Bulletin*, 82 (2): 261 – 277.

Ajzen, I. 1991, The theory of planned behavior [J]. *Organizational Behavior and Human Decision Processes*, 50: 179 – 211.

Alkire S. 2007, The Missing Dimensions of Poverty Data: Introduction to the Special Issue [J]. *Oxford Development Studies*, 35 (4): 347 – 359.

Bandura A. 1986, *The Social Foundations of Thought and Action* [M]. Englewood Cliffs: Prentice Hall.

Bandura A. 1977, Self-efficacy: Toward a Unifying Theory of Behavioral Change [J]. *Psychological Review*, 84 (2): 191 – 215.

Bandura, A. 2001, Social Cognitive Theory: An Agentic Perspective [J]. *Annual Review of Psychology*, Vol. 52.

Baron R A, Tang J. 2009, Entrepreneurs' Social Skills and New Venture Performance: Mediating Mechanisms and Cultural Generality

[J]. *Journal of Management*, 35 (2): 282 – 306.

Baydas M, Meyers R L, Aguilera-Alfred N. 1994, Discrimination Against Women in Formal Credit Markets: Reality or Rhetoric? [J]. *World Development*, 22 (7): 1073 – 1082.

Black S E, Strahan P E. 2002, Entrepreneurship and Bank Credit Availability [J]. *Journal of Finance*, 57 (6): 2807 – 2833.

Blanchflower D G, Andrew J O. 2005, Well-being Over Time in Britain and the USA [J]. *Journal of Public Economics*, 88: 1359 – 1386.

Blinder A S. 1973, Wage Discrimination: Reduced Forms and Structural Estimates [J]. *Journal of Human Resources*, 8: 436 – 455.

Boucher S R, Carter M R, Guirkinger C. 2008, Risk Rationing and Wealth Effects in Credit Markets: Theory and Implications for Agricultural Development [J]. *American Journal of Agricultural Economics*, 90 (2): 409 – 423.

Boucher S, Guirkinger C, Trivelli C. 2005, Direct Elicitation of Credit Constraints: Conceptual and Practical Issues with An Empirical Application to Peruvian Agriculture, Selected Paper Prepared for Presentation at the American Agricultural Economics Association Annual Meeting, Providence, Rhode Island.

Brush C D. 1992, Research on Women Business Owner: Past Trends, a New Perspective, and Future Directions [J]. *Entrepreneurship and Theory Practice*, 16 (4): 5 – 30.

Buera F. J. 2009, A Dynamic Model of Entrepreneurship with Borrowing Constraints: Theory and Evidence [J]. *Ann Finance*, 5: 443 – 464.

Bygrave W D, Bygrave W D. 1989, The Entrepreneurship Paradigm (I): a Philosophical Look at Its Research Methodologies [J]. *Social Science Electronic Publishing*, 14.

Bönte W, Falck O, Heblich S. 2009, The Impact of Regional Age Structure on Entrepreneurship [J]. *Economic Geography*, 85 (3):

269 - 287.

Cagetti M, De-Nardi M. 2006, Entrepreneurship, Frictions and Wealth [J]. *Journal of Political Economy*, 114 (5): 835 – 870.

Cantillon, Richard. [1755] 1959, Essai sur la Nature du Commerce en General [and other essays]. Henry Higgs, ed. and trans [M]. London: Frank Cass.

Carroll C D. 2001, Theory of the Consumption Function, With and Without Liquidity Constraints [J]. *Journal of Economic Perspectives*, 15 (3): 23 –45.

Charles K K, Hurst E. 2003, The Correlation of Wealth Across Generations [J]. *Journal of Political Economy*, 111: 1155 – 1182.

Cole A. 1968, The Entrepreneur: Introductory Remarks [J]. *American Review of Economics*, May: 60 – 63.

Cracolici M F, Peter N. 2009, The Attractiveness and Competitiveness of Tourist Destinations: a Study of Southern Italian Regions [J]. *Tourism Management*, 30: 336 – 344.

Croes R, 2012, Assessing Tourism Development from Sen's Capability Approach [J]. *Journal of Travel Research*, 51 (5): 542 –554.

De la Rica, S. 2004, Wage Gaps Between Workers with Indefinite and Fixed-term Contracts: the Impact of Firm and Occupational Segregation [J]. *Moneda y Crédito*, 219: 43 –69.

Di Tommaso M L. 2006, Measuring the Well-being of Children Using a Capability Approach an Application to Indian Data.

Ellis F. 1988, *Peasant Economics* [M]. Cambridge, UK: Cambridge University Press.

Evans D S, Jovanovic B. 1989, An Estimated Model of Entrepreneurial Choice Under Liquidity Constrains [J]. *Journal of Political Economy*, 97 (4): 808 – 827.

Felce, D. and Perry, J. 1995, The Extent of Support for Ordinary Living Provided in Staffed Housing: The Relationship between Staffing

Levels, Resident Characteristics, Staff: Resident Interactions and Resident Activity Patterns [J]. *Social Science and Medicine*, 40 (6), 799 – 810.

Ferris G R, Blickle G, Schneider P B. 2008, Political Skill Construct and Criterion-related Validation: A Two-study Investigation [J]. *Journal of Managerial Psychology*, 23 (7): 744 – 771.

Fisher G M. 1992, The Development of the Orshansky Poverty Thresholds and Their Subsequent History as the Official U. S. Poverty Measure [J]. *Social Security Bulletin*, 55 (3): 3 – 14.

Fortunato M W P. 2014, Supporting Rural Entrepreneurship: A Review of Conceptual Developments from Research to Practice [J]. *Community Development*, 45 (4): 387 – 408.

Frank M. Andrews and Stephen B. Withey. 1976, Social Indicators of Wellbeing: American Perceptions of Quality-of-Life [M]. New York: Plenum Press.

Gabriel P. 2012, Rural Entrepreneurship: Between Economic Objectives and Traditional Culture [J]. *Journal of Community Positive Practices*, 12 (2): 204 – 221.

Gartner W B. 1985, A Conceptual Framework for Describing the Phenomenon of New Venture Creation [J]. *Academy of Management Review*, 10 (4): 696 – 706.

Gartner W B. 1993, Words Lead to Deeds: Towards an Organizational Emergence Vocabulary [J]. *Journal of Business Venturing*, 8: 231 – 240.

Hazelkorn E. 2010, Community Engagement as Social Innovation. In: L Weber and J Duderstadt (eds) University Research for Innovation [M]. London and Geneva: Economica.

Hellman T., Murdock K., and Stiglitz J. 1997, Financial Restrain: towards A New Paradigm in the Role of Government in East Asian Development: Comparative Institutional Analysis [M]. M. Aoki, H-

K. Kim, M. Okuno-Fujiwara eds. , Oxford: Clarendon Press, 163 – 207.

Hennon C. 2008, Beyond the Concept of 'Getting Big or Getting Out': Entrepreneurship Strategies to Survive as A Family [J]. *Entrepreneurship and small business*, 6 (3): 479 – 495.

Holtz-Eakin D, Joulfaian D, Rosen H S. 1994, Entrepreneurial Decisions and Liquidity Constraints [J]. *Journal of Economics*, 25 (2): 334 – 347.

Hurst E, Lusardi A. 2004, Liquidity Constraints, Household Wealth and Entrepreneurship [J]. *Journal of Political Economy*, 122 (2): 319 – 347.

Jack Sarah L. , Anderson Alistair R. 2002, The Effects of Embeddedness on the Entrepreneurial Process [J]. *Journal of Business Venturing*, 17 (5): 467 – 487.

Jaffee D. M. , Russell T. 1976, Imperfect Information, Uncertainty, and Credit Rationing [J]. *Quarterly Journal of Economics*, 90: 651 – 656.

Jayaraj, D. 2004, Social Institutions and the Structural Transformation of the Non-farm Economy. In Rural Lndia Facing the 21st Century: Essays on Long Term Village Change and Recent Development Policy [M]. ed. B. Harriss-White and S. Janakarajan, London: Anthem Press, 175 – 191.

Kaufman A S, Horn J L. 1996, Age Changes on Tests of Fluid and Crystallized Ability for Women and Men on the Kaufman Adolescent and Adult Intelligence Test (KAIT) at Ages 17 – 94 Years [J]. *Archives of Clinical Neuropsychology*, 11 (2): 97 – 121.

Kaushik S K, Kaushik S, Kaushik S. 2006, How Higher Education in Rural India Helps Human Rights and Entrepreneurship [J]. *Journal of Asian Economics*, 17 (1): 29 – 34.

KautonenT. , DownS. , MinnitiM. 2014. Ageing and entrepreneurial preferences [J]. *Small Bus. Econ.* , 42: 579 – 594.

Kirzner L. 1973, *Competition and Entrepreneurship* [M]. Chicago: University of Chicago Press.

Klappera L, Laevena L, Rajan R. 2006, Entry Regulation as A Barrier to Entrepreneurship [J]. *Journal of Financial Economics*, 82 (3): 591 – 629.

Knight F. H. , 1921, Risk, Uncertainty and Profit [M]. New York: Hart, Schaffner and Marx.

Kon, Y. , Storey, D. , 2003. A Theory of Discouraged Borrowers [J]. *Small Business Economics*, 21: 37 – 49.

Leigh Andrew, Justin Wolfers. 2006, Happiness and the Human Development Index: Australia is not A Paradox [J]. *Australian Economic Review*, 39 (2).

Lovell C. A. K. , Travers P. , Richardson S. , Wood L. 1994, Resources and Functionings: A New View of Inequality in Australia. In: Eichhorn W. (eds) Models and Measurement of Welfare and Inequality [M]. Springer, Berlin, Heidelberg.

Low M B, Macmillan I C. 1988, Entrepreneurship: Past Research and Future Challenges [J]. *Journal of Management*, 14 (2): 139 – 161.

Lévesque M, Minniti M. 2006, The Effect of Aging on Entrepreneurial Behavior [J]. *Journal of Business Venturing*, 21 (2): 177 – 194.

Ma. 2002, Social-capital Mobilization and Income Returns to Entrepreneurship: The Case of Return Migration in Rural China [J]. *Environment and Planning*, 10: 45 – 58.

Mckinnon R. 1973, *Money and Capital in Economic Development* [M]. Washington D C: Brookings Institution.

Mohapatra S, Rozelle S, Goodhue R. 2007, The Rise of Self-employment in Rural China: Development or Distress? [J]. *World Development*, 35 (1): 163 – 181.

Moreno-Ternero D J, John E R. 2006, Impartiality, Priority, and Solidarity in the Theory of Justice [J]. *Econometrica*, 74 (5):

1419 – 1427.

Newman A. 1995, Risk-bearing and "Knightian" Entrepreneur-ship [M]. Mimeo, Columbia University.

Nussbaum M. , Glover J. 2000, *Women and Human Development*: *A Study in Human Capabilities* [M]. Cambridge, UK: Cambridge U-niversity Press.

Nussbaum, Martha C. 2006, Poverty and Human Functioning: Capabilities as Fundamental Entitlements. In Poverty and Inequality [M]. edited by David B. Grusky and Ravi Kanbur, Stanford: Stanford University Press, 2006.

Oswald A J. 1997, Happiness and Economic Performance [J]. *Economic Journal*, 107: 1815 – 1831.

Papzan A, Zarafshani T M, Papzan M. 2008, Determining Factors Influencing Rural Entrepreneurs' Success: A Case Study of Amidst Township in Kerman Shah Province of Iran [J]. *Journal of Agricultural Research*, 3 (9): 597 – 600.

Paulsona A L, Townsend R. 2004, Entrepreneurship and Finan-cial Constraints in Thailand [J]. *Journal of Corporate Finance*, 10: 229 – 262.

Petrick, J. F. 2004, The Roles of Quality, Value, and Satisfac-tion in Predicting Cruise Passengers' Behavioral Intention [J]. *Journal of Travel Research*, Vol. 42, May, 397 – 407.

Popkin S L. 1979, *Rational Peasant*: *The Political Economy of Rural Society in Vietnam* [M]. California CA: University of California Press.

Radiah A. K. , Mohd R. B. , Mohamad Ab. Azid Hj. Che Ibra-him, 2009, Success Factors for Small Rural Entrepreneurs under the One-district-one-industry Programme in Malaysia [J]. *Contemporary Management Research*, 5 (2): 147 – 162.

Satty T. 1985, Partial Differential Equations: An outline [J].

Computers and Mathematics with Applications, 11 (s1-3): 1 - 4.

Schokkaert Erik, Luc Van Ootegem. 1990, Sen's Concept of the Living Standard Applied to the Belgian Unemployed [J]. *Recherché Economiques de Louvain*, 56 (3 - 4): 429 - 450.

Schultz T. W. 1975, Investment in Man: An Economist's View [J]. *Social Service Review*, 33: 109 - 117.

Schultz, T. W. 1975, The Value of the Ability to Deal with Disequilibria [J]. *Journal of Economic Literature*, 13 (3), 827 - 846.

Schumpeter J. A. 1942, Creative Destruction. Capitalism, Socialism and Democracy.

Schumpeter, J. A. , 1934. *The Theory of Economic Development: An Inquiry into Profits, Capital, Credit, Interest, and the Business Cycle* (Vol. 55), Transaction publishers.

Sen Amartya. 1982, *Poverty and Famines: An Essay on Entitlements and Deprivation* [M]. Oxford: Clarendon Press.

Sen Amartya. 1990, Development as Capability Expansion [J]. *In Human Development and the International Development Strategy for the 1990s*, edited by Keith Griffin and John Knight, London: McMillan, 41 - 58.

Sen Amartya. 1993, *Capability and Well-being: The Quality of Life* [M]. Oxford: Clarendon Press.

Sen Amartya. 1985, *Commodities and Capabilities* [M]. New York: Elsevier Science.

Sen Amartya. 1997, *On Economic Inequality* [M]. Oxford: Clarendon Press.

Sen Amartya. 1999, *Development as Freedom* [M]. Oxford: Oxford University Press.

Sen Amartya. 2000, A Decade of Human Development [J]. *Journal of Human Development*, 1 (1): 17 - 23.

Shane S, Venkataraman S. 2007, *The Promise of Entrepreneurship as a Field of Research* [M]. Springer Berlin Heidelberg.

Shane S, Ventakaraman S. 2000, The Promise of Entrepreneur-ship as A Field of Research [J]. *Academy of Management Review*, 25 (1): 217 – 226.

Shaw E S. 1973, *Financial Deeping in Economic Development* [M]. Oxford: Oxford University Press.

SinghG. , DeNobleA. 2003, Early Retirees as the Next Genera-tion of EntrepreneursEntrep [J]. *Theory Pract.* , 23: 207 – 226.

Sr. Brockhaus R. H. , Bygrave W. D. , Churchill N. C. 1989, *Fron-tiers of Entrepreneurship Research* [M], Boston: Babson College Cen-ter.

Stevenson H. H. , Roberts M. J, Grousbeck H I. 1999, *New Busi-ness Ventures and the Entrepreneur* (5th edition), Irwin, Homewood.

Stiglitz J E, Weiss A. 1981, Credit Rationing in Markets with Im-perfect Information [J]. *American Economic Review*, 71 (3): 393 –410.

Thorgrena S, Sirénc C, Nordströmd C, Wincenta J. 2016, Hybrid Entrepreneurs' Second-Step Choice: the Nonlinear Relationship Be-tween Age and Intention to Enter Full-time Entrepreneurship [J]. *Journal of Business Venturing Insights*, 5: 14 – 18.

UNDP. 2010, *Report on Human Development in Central America 2009 – 2010* [M]. New York: Oxford University Press.

Vishal K. Gupta, Anne S. York. 2008, Attitudes toward Entre-preneurship and Small Business [J]. *Journal of Enterprising Communi-ties: People and Places in the Global Economy*2: 4, 348 – 366. Online publication date: 17 – Oct – 2008.

Weber J G, Key N. 2015, Leveraging Wealth from Farmland Ap-preciation: Borrowing, Land Ownership, and Farm Expansion [J]. *Land Economics*, 91 (2): 344 – 361.

Wolf P D, Mcelwee G, Schoorlemmer H. 2007, The European Farm Entrepreneur: Comparative Perspective [J]. *International Jour-*

nal of Entrepreneurship and Small Business, 4 (6): 350 – 369.

Yesuf M, Bluffstone R. 2007, Agricultural Extension and Risk in Low-income Countries: Experimental Evidence from Ethiopia. Working paper. Addis Ababa, Ethiopia: Environmental Economics Policy Forum for Ethiopia, Ethiopian Development Research Institute.

Zara, S. and Dess, G. 2001, Entrepreneurship as A field of Research: Encouraging Dialogue and Debate [J]. *Academy of Management Review*, 26 (1).

图书在版编目（CIP）数据

中国农户创业选择：基于收入质量与信贷约束作用视角 / 彭艳玲，孔荣著. -- 北京：社会科学文献出版社，2017.11

（中国"三农"问题前沿丛书）

ISBN 978 - 7 - 5201 - 1342 - 7

Ⅰ. ①中… Ⅱ. ①彭… ②孔… Ⅲ. ①农户 - 创业 - 研究 - 中国 Ⅳ. ①F325.15

中国版本图书馆 CIP 数据核字（2017）第 211642 号

中国"三农"问题前沿丛书

中国农户创业选择
—— 基于收入质量与信贷约束作用视角

著　　者 / 彭艳玲　孔　荣

出 版 人 / 谢寿光
项目统筹 / 任晓霞
责任编辑 / 任晓霞　冯莹莹

出　　版 / 社会科学文献出版社·社会学编辑部（010）59367159
　　　　　地址：北京市北三环中路甲29号院华龙大厦　邮编：100029
　　　　　网址：www.ssap.com.cn
发　　行 / 市场营销中心（010）59367081　59367018
印　　装 / 三河市尚艺印装有限公司

规　　格 / 开本：787mm × 1092mm　1/16
　　　　　印张：20.75　字数：287千字
版　　次 / 2017年11月第1版　2017年11月第1次印刷
书　　号 / ISBN 978 - 7 - 5201 - 1342 - 7
定　　价 / 89.00元

本书如有印装质量问题，请与读者服务中心（010 - 59367028）联系

▲ 版权所有 翻印必究